福島香織

権力闘争がわかれば中国がわかる

反日も反腐敗も権力者の策謀

さくら舎

まえがき――対日方針、七つの策謀

2012年秋、習近平《しゅうきんぺい》政権が成立した当初、習近平は〝尖閣《せんかく》諸島（釣魚島）を奪うつもりだった〟らしい。まさか、と思う人が大半だったろう。私も、中国の政権にも解放軍にも、そのような実力はない、と考えている。だが、そう口にすることが、権力闘争の意味をもつとわかれば、納得できるかもしれない。

香港で2014年秋に出版されたゴシップ本『習近平内部講話』（廣度書局）の中に、2012年9月13日付の「第18回党大会前の時局においての個人的見解」と題した胡錦濤《こきんとう》（当時の国家主席）、温家宝《おんかほう》（当時の首相）および長老宛ての習近平の手紙が収録されていた。これはちょうど習近平が「謎の失踪」（2012年9月1日～14日）によって、ヒラリー・クリントンら要人との面会をドタキャンして、様々な憶測を呼んだころの日付となっている。多くのメディアでは水泳中、プールサイドでめまいをおこし、転んで背中をけがしたと報じている。だが、実際はこのとき、習近平はけがを理由に2週間の休暇をとり、ブレーンの一人の王滬寧《おうこねい》と二人で、この手紙を書いていたそうだ。

その手紙には、こんなことが書いてあった。

「現在の最大の変化の要素は日本の騒動でしょう。日本は長期の経済低迷に、天災人災が相次ぎ、社会存亡の危機に見舞われています。右翼勢力の台頭、戦後の国際秩序への挑戦をしています。日本政府が釣魚島を『国有化』するなど、これは愚かな行動の一例でしょう。我々は、アジア太平洋と世界の平和環境、秩序維持、国内の発展のために、かなり我慢して譲歩してきましたが、最近の事態は我慢の限界です。釣魚島は東海の中国大陸棚の資源に関係するだけでなく、国家の長期的戦略的経済利益に関係します。また、中華民族の近代から現代にいたる屈辱的な歴史と民族の痛みにも関係します。

我が国民衆の民族の自尊、国家の尊厳、国家領土主権の防衛という正当な要求のほか、社会の各種矛盾、積怨、不満の爆発のはけ口も見つけることができます。

我々がもし、（人民の不満蓄積に対する）正確な処理を導き果断に政策を決定することができなければ、その結果起きることは、想像に耐えられません。五四運動（中国で1917年5月4日から始まった日本帝国主義反対運動）爆発の歴史は我々だけでなく、日本人、米国人もはっきり覚えているでしょう。ですから、我々は一定の民意に従い、同時に正確に誘導し、日本が運んできたこの重い石を、自分の足の上に落とさせるようにしましょう。我々が提案するのは以下、七つの方針・策略です。

【1】国内の反日デモは抑えつけない。しかし秩序と文明理性を堅持するよう導く。日貨の打ちこわし、その他騒動も恐れることはありません。なぜなら、我々が愚かにも自分でその胸を突き出さないかぎり、民衆は公に矛先を我々に向けることはありません。

【2】米国との協調を徹底し、お互いが戦後国際秩序を守る立場で、日本の軍国主義と拡張主義復活に対する警戒を喚起する。

【3】台湾と密接に接触し、共同で釣魚島は中国の主権にあると宣言する。具体的には両岸で共同保護、両岸三地（中国、台湾、香港）民衆、漁民による非暴力形式の中国主権の主張。民間の自発形式をもちいて、千万の漁船を派遣して釣魚島付近で作業させてもいい。必要であれば日本の艦艇を何隻か包囲する。もし、両岸三地の人員が日本側に拘束されたり、生命や財産に損害を受けた場合、両岸政府が協調して、両岸三地公民の保護、救出のために一切の管轄権利を行使する。

【4】国連に正式なプロセスにのっとって、釣魚島の主権を訴える。必要なときには、国連および関係国際機構に、この問題に対する討論表決を行うよう働きかける。同時に外交攻勢をしかける。米国があえて釣魚島帰属問題に対して日本に肩入れするような明確な表明をしないという前提のもと、本当に公の立場で日本の味方になる国家は暁の星ほど少ないでしょう。

【5】日本に対する強硬な外交姿勢を強め、経済貿易制裁など有形無形で発動する。中国経済が一時的に悪影響を受けるかもしれませんが、わが党の執政と安定性には大きな圧力とはなりません。むしろ抗戦の歴史および民族的情緒から、わが党の指導に対して説得力をもたらし、

わが党の力量と体制の擁護と支持に結びつくでしょう。

【6】軍事的な釣魚島防衛の準備をする。日本が〝国有化〟を進めるならば、台湾方面と強調し漁民漁船作業の保護の名義で軍艦を釣魚島付近に派遣します。米国の態度があいまいなままであれば、日本は孤立するので、その海域で軍事演習を行います。

【7】宣伝部に大胆に世論を開放させ、釣魚島問題に関する民衆の言論を開放させ、公式メディア上で討論をさせる。これはわが国の公民言論思想の自由開放に向けた段階的実験となり、米国や日本の民主の規範にも符号しており、同時に米国、日本に我々の最終的狙いが何かを知らせずにすむでしょう」

この手紙が本物かどうか、という疑いは私も多少残している。だが、確かに習近平政権が成立した当初の対日政策は、〝軍国主義復活を企てる日本〟の孤立化をはかり、日米離反を狙う戦略を頭に描いていたと思われるフシが垣間見える。結果から言えば習近平政権は対米政策で大きなミスを犯し、また安倍晋三《あべしんぞう》政権の対米外交が効いたこともあって、日米同盟はむしろ強化された。思ったより安倍政権が長期化しそうな気配もあって、習近平政権は当初の対日強硬姿勢を少し調整している。だがそれでも「抗日戦争勝利記念日」の9月3日、「南京大虐殺犠牲者哀悼日」の12月13日、「烈士記念日」の9月30日を国の記念日として制定するなど、対日強硬姿勢はやはり習近平政権の一つのカラーといえるだろう。

これは単に共産党執政の正統性を担保するのが「抗日戦争勝利の歴史」しかないという点以外に、習近平にとっての最大の政敵である胡錦濤派、すなわち共産主義青年団派（団派）が歴代親日路線をとってきたことと関係がある。日中関係の蜜月は鄧小平《とうしょうへい》が切り開き、団派である胡耀邦《こようほう》政権が確立した。１９８４～８５年３月の日中青少年交流の中国側青年代表団の団長は若き日の胡錦濤である。80年代の中国の高度経済成長と発展は日本からのＯＤＡや企業投資や技術供与がかなり大きな役割を果たした。

だが、親日姿勢というのは、政敵から見れば恰好の攻撃目標でもあった。胡耀邦の失脚は、彼が進める政治改革、特に言論の自由化が民間の反体制世論、つまり鄧小平の独裁化を懸念する声を誘発したため、鄧小平が胡耀邦の忠誠に疑いを持ったこと、あるいは政治家として民衆の支持を集めていることに対する〝男の嫉妬〟が本質的な原因だろう。

だが、１９８７年1月16日の政治局拡大会議で胡耀邦が総書記を解任されたときの理由には、「ブルジョワ自由化に寛容だった」ことなどの政治的原則問題のほか、独断で日本の青年３０００人を招待したことも挙げられた。胡耀邦は失意のうちに１９８９年4月に心筋梗塞で死亡、その追悼集会が学生の民主化要求デモへと発展し、あの天安門事件が起きるのである。

天安門事件後、鄧小平を後ろ盾にして総書記となった江沢民《こうたくみん》は、反日路線を取った。それは江沢民の複雑な出自も関係しているのだろうが、胡耀邦が反面教師であったかもしれない。江沢民の次に総書記となった胡錦濤は、胡耀邦の薫陶を受けた面もあり、また日本訪問中、持病が悪化した時、非常に親身な看護を受けた経験があるらしく、本質的には親日派だった。だが、おりしも小泉純一郎《こいずみじゅんいちろう》政権の〝靖国神社参拝〟が政治問題化し、胡錦濤政権一期目は親日色を出せなかった。小泉政権から第一次安倍政権に代わったあと、胡錦濤政権としてはやっと対日重視路線に舵を切ろうとしたが、日本の安倍政権、福田康夫《ふくだやすお》政権、麻生太郎《あそうたろう》政権と連続短命政権であり、胡錦濤が思い描くような日中関係は続かなかった。特に福田政権と胡錦濤政権が合意した東シナ海ガス田共同開発は、江沢民はじめとする保守派長老および解放軍から、中国として譲歩のし過ぎであると猛批判を受け、胡錦濤は非常に立場が悪くなった。

このころ、解放軍海軍の東シナ海海域での対日示威行動は、ほとんど政権の意向と関係なく、外交部の記者会見で記者に質問されるまで事実確認ができていないケースもしばしばあった。

そして中国とのパイプをほとんど持たない民主党政権下で、２０１０年９月に尖閣諸島沖漁船衝突事件がおき、その事後処理のまずさから、その秋、暴徒化も伴う大規模反日デモが起きるのだった。こうして胡錦濤政権の対日重視路線はとん挫した。

２０１２年９月10日、野田政権下で尖閣諸島の国有化が決定されると、中国各地で日中国交正常化以来最大規模の反日デモが広がり、日系の工場が焼き討ちに遭い、日系スーパーや百貨店で掠奪《りゃくだつ》破壊が行われた。この国有化決定前、ウラジオストックのＡＰＥＣ会場で野田と胡錦濤が立ち話をして、胡錦濤が国有化をやめてほしいと訴えていたこともあって、胡錦濤の立場はますます悪くなった。

そういう日中対立先鋭化の空気の中で、次期総書記の習近平は「反日デモを抑えずにガス抜きに利用した方がよい」と胡錦濤や長老たちに手紙で提案したわけである。そして結果として、習近平の提案どおりに当初の事態は展開した。これは対日重視路線に拘《こだわ》った胡錦濤への牽制球となったことだろう。胡錦濤が当初の予想を裏切って党中央軍事委主席に留任せず、完全引退したのは、対日路線の失敗により習近平にトドメを刺されたことも関係あるかもしれない。

このように中国の権力闘争は、多くの人民を巻き込み、ときに外国を巻き込む甚だはた迷惑なものである。江沢民政権以降は、鄧小平が在命中に導入した集団指導体制により、カリスマ性を持たない小粒の政治家たちによって権力闘争も矮小化してしまうが、それでも彼らは年がら年中権力闘争をして、経済や社会の安定、外交などに大いに悪影響を与えてきた。日本人としては、中国でビジネスをやるにしても、あるいは国家として外交戦略を考えるにしても、共産党内部で起きている権力闘争の構図がわかっていないと、手痛い目に遭う。反日デモが突如巻き起こるのも、日中友好ムードが急に盛り上がるのも、中国の権力闘争が関係しているとなれば、中国の権力闘争を中国内政の問題だと軽く見るわけにもいかないだろう。

しかも、習近平政権になってからは、権力闘争は急激に激化し、これまでの「権力闘争のルール」、たとえば「政治局常務委経験者は司法上の罪に問われない」「解放軍上将クラスは罪に問われない」といった暗黙の了解を無視する例が相次ぎ、文化大革命時代に戻るつもりかといわんばかりの、政敵の潰しあいを展開している。

もっとも権力闘争は建前と情報戦のベールで隠されて、なかなか真相がはっきりしない。毛《もう》沢東《たくとう》や鄧小平の権力闘争は路線対立の建前で行われていたが、今の権力闘争は汚職摘発の建前で行われている。しかも、香港メディアや欧米メディアを通じたリーク合戦で煙幕がはられ、ガセネタも多い。

本書はそうしたなかなか可視化されにくい中国の権力闘争を江沢民、胡錦濤、習近平政権を中心にまとめてみた。今中国で行われている権力闘争の構図、人間関係をあまり中国に関心のない人でも理解できるように書いたつもりである。

参考資料として香港で出版されている「内幕本」とよばれるゴシップ本を多く引用しているが、可能な限り多方面から確度を検証し、疑わしいものは疑わしいと断りを入れることにした。実は、疑わしい情報も、後で見れば「情報戦」の一環として興味深いものもある。信じてはだめだが、知っておく価値があるネタを盛り込んだ。

権力闘争というものがわかれば、中国で起きている社会現象、その国民性、国の成り立ちに対する理解も深まるのではないか。最後まで面白く読んでいただければ幸いです。

◆目次

第二章　恩人も容赦なし！　反腐敗キャンペーンの非情

薄熙来と習近平の確執

第三章　江沢民VS.胡錦濤　苛烈な覇権争い

江沢民の上海閥形成の道のり

共青団のトップ・胡錦濤の受難

第四章　権力者をめぐる女たちの全身全霊の闘い

図解　CCTV（中国中央テレビ）の花園　173

ファーストレディ彭麗媛

解放軍の女たち　張瀾瀾と湯燦

権力闘争がわかれば中国がわかる
——反日も反腐敗も権力者の策謀

黒竜江省
ハルピン
長春
吉林省
瀋陽
遼寧省
内蒙古自治区
寧夏回族自治区
ウルムチ
新疆ウイグル自治区
北京市
フフホト
石家庄
河北省
天津市
甘粛省
太原
山西省
陝西省
銀川
済南
山東省
青海省
西寧
蘭州
西安
鄭州
河南省
江蘇省
安徽省
西蔵（チベット）自治区
南京
上海市
合肥
湖北省
ラサ
四川省
成都
武漢
杭州
浙江省
南昌
長沙
江西省
重慶市
貴州省
湖南省
福建省
福州
貴陽
台北
台湾
雲南省
昆明
広西チワン族自治区
広東省
広州
マカオ
香港
南寧
海口
海南省

中国の全体図

主な登場人物（順不同）

◆現政権

【習近平】（一九五三年六月一日―）現在の中国共産党中央委員会総書記兼党中央軍事委員会主席兼国家主席。父は八大建国元老の一人・習仲勲。太子党（父親が政治家・官僚）で紅二代（革命に参加した父親を持つ）。独裁的な権力集中を進め、反汚職キャンペーンなどで、自分より目上や恩義のある政敵も容赦なく失脚させている。

【王岐山】（一九四八年七月一日―）現習近平政権の党中央規律検査委員会書記で、反腐敗キャンペーンの陣頭指揮を執る。胡錦濤政権時代は温家宝内閣の第一副首相を務めた経済通。李鵬内閣で筆頭副首相を務めた姚依林の女婿で太子党に分類されていたが、最近は習近平閥と呼ばれている。習近平とは幼馴染。

【李克強】（一九五五年七月一日―）現在の首相。前指導者の胡錦濤からの信頼を得て共産主義青年団（共青団）のホープとして、かつては習近平と総書記候補の座を争ったことがあるが、目下ほとんど存在感がない。

【その他政治局常務委員】張徳江（上海閥、全人代常務委員長）、兪正声（太子党、政治協商会議全国委員会主席、江沢民に近いといわれるが、最近は陝西閥＝習近平閥と言われることも）、劉雲山（共青団出身だが、江沢民に近く上海閥に分類される。党中央書記処書記、党中央精神文明建設指導委員会主任）、張高麗（上海閥、副首相）

【その他政治局委員】馬凱（副首相）、王滬寧（江沢民、胡錦濤、習近平三代にわたる政策ブレーン、党中央政策研究室主任）、劉延東（副首相、太子党で団派）、劉奇葆（中央宣伝部長、団派）、許其亮（中央軍事委副主席、胡錦濤寄り）、孫春蘭（党中央統一戦線部長、団派）、孫政才（重慶市党委書記、団派）、李建国（中華全国総工会主席、李瑞環が天津市党委書記時代の大番頭）、李源潮（国家副主席、太子党で団派）、汪洋（副首相、団派のホープ）、張春賢（新疆ウイグル自治区党委書記、胡錦濤寄り）、范長龍（党中央軍事委副主席、習近平に抜擢されたが、派閥は不明）、孟建柱（中央政法委員会書記）、趙楽際（党中央組織部長、団派）、胡春華（広東省党委書記、団派のホープ、ポスト習近平と目される)、栗戦書(党中央弁公庁主任、習近平の信頼が厚い)、郭金龍(北京市党委書記だが近く左遷の噂もあり、胡錦濤寄り)、韓正(上海市党委書記、共青団出身だが上海閥にも近く日和見)。

◆長老

【江沢民】(一九二六年八月一七日—)鄧小平引退後の最高指導者。鄧小平に抜擢される形で総書記に。現役の間に上海閥を形成、その基盤を使って引退後も厳然とした影響力を保ち続けたが、習近平との権力闘争に敗れていよいよ失脚との噂が。

【曾慶紅】(一九三六年七月—)曾山と鄧六金という革命英雄夫婦を両親に持つ太子党・紅二代の筆頭。江沢民政権時代に党中央組織部長として人事権を握った江沢民の懐刀。胡錦濤政権一期目に国家副主席を務めた後に引退。実はインテリジェンス部門や芸能界を通じて強い影響力を持ち続けていた。最近は習近平・王岐山との対立姿勢を強めている。

【胡錦濤】(一九四二年一二月二一日—)2002年から2012年まで総書記を務めた前国家最高指導者。鄧小平の欽定で総書記に就いた後も、長老の江沢民の院政のもと、苦労させられた。共青団派(団派)のトップ。習近平ともいずれ対立を深めると見られているが。

【温家宝】(一九四二年九月—)胡錦濤政権の首相。団派。人民に同情してよく涙ぐむ〝親民宰相〟。本人は良い人そうだが、妻・張培莉と息子の温雲松に不正蓄財の噂。

【李鵬】(一九二八年一〇月—)天安門事件当時の首相。太子党で紅二代。三峡ダムの推進者で電力利権を掌握。

【朱鎔基】(一九二八年一〇月—)江沢民政権(一期目)の首相。大胆な経済改革を推進し鬼の朱鎔基と呼ばれる。

【李瑞環】(一九三四年九月—)元政治協商会議全国委員会主席。共青団出身の開明派。

◆失脚した政治家・官僚・軍人

【周永康】(一九四二年一二月—)胡錦濤政権時代の党中央政治局常務委員、中央政法委員会書記。上海閥。習近平との権力闘争に敗れて2015年6月に無期懲役判決を受けて服役中。

【令計画（劃）】（一九五六年一〇月―）胡錦濤政権時代に党中央書記処書記、党中央弁公庁主任などを務め、胡錦濤政権の大番頭と呼ばれる。団派のホープだったが周永康の失脚に連座する形で2015年7月に党籍剥奪され失脚。

【薄熙来】（一九四九年七月―）元重慶市党委書記。父親が八大元老の一人・薄一波の太子党で紅二代。胡錦濤、習近平らとの権力闘争に敗れて失脚し服役中。

【徐才厚】（一九四三年六月―二〇一五年三月一五日）胡錦濤政権時代の党中央軍事委員会副主席。解放軍内の江沢民の代理人と呼ばれる上海閥。習近平との権力闘争に敗れ2014年6月に党籍剥奪され、翌年3月に病死。

【郭伯雄】（一九四二年七月―）胡錦濤政権時代の党中央軍事委員会副主席。徐才厚とともに江沢民の代理人として軍内の実権・利権を握り続けた。習近平との権力闘争に敗れ2015年7月党籍剥奪され失脚。

【李東生】（一九五五年一二月―）元公安副部長。周永康の腰巾着。CCTV副局長時代、周永康にCCTV美女たちで性接待をして出世した。2014年6月、党籍剥奪。

【谷俊山】（一九五六年一〇月―）元解放軍総後勤部副部長。徐才厚の金庫番。巨額の汚職蓄財を行い北京の中央商務区に「将軍府」と呼ばれる豪邸を建てた。2012年12月に失脚。2015年8月に執行猶予付き死刑判決を受ける。

【周本順】（一九五三年二月―）元河北省党委書記。周永康が党中央政法委員会書記のとき、その秘書長を務める。2015年7月に党中央規律検査委の取り調べを受け失脚。

【阮志柏】（一九五〇年一二月―二〇一二年五月一三日）元成都軍区副司令。中将。周永康、薄熙来とともに政変を企んでいたという噂も。薄熙来失脚後、謎の死を遂げる。

【馬建】（一九五六年―）元国家安全部副部長。曾慶紅とつながっているという噂。2015年1月に拘束される。

◆女性たち

【彭麗媛】（一九六二年一一月―）習近平の妻。解放軍総政治部歌舞団団長の国民的歌姫。少将。

【湯燦】（一九七五年六月―）解放軍北京軍区文

工団所属の歌手。数々の官僚・政治家・軍人と関係を持ち失脚させてきたが……。
【張瀾瀾】（一九八〇年九月―）習近平の弟・習遠平の妻。元軍属の司会者・女優で〝軍中一の美女〟〝中国のマリリン・モンロー〟のあだ名もある。
【斉橋橋】（一九四九年三月―）習近平の姉。習近平の権力を利用した不正蓄財疑惑がある。
【谷開来】（一九五八年一一月―）薄熙来の妻。息子の元家庭教師である英国人ニール・ヘイウッドを殺害したことがきっかけで薄熙来を失脚させる。執行猶予付き死刑判決を受けて現在服役中。
【谷麗萍】（一九五九年四月―）令計画の妻。山西省の利権グループ西山会を仕切る。ＣＣＴＶ人気キャスターの芮成鋼を愛人にしていたという噂も。
【宋祖英】（一九六六年八月―）解放軍海軍政治部文工団団長の軍属歌手。少将。江沢民の庇護を長らく受けていた。
【沈冰】（一九七六年七月―）元ＣＣＴＶキャスター。周永康の愛人スキャンダルで名が売れ、赤裸々な自伝も出した。
【王小丫】（一九六八年一月―）元ＣＣＴＶキャスター。周永康の愛人の一人と噂された。最高人民検察院検察長の曹建明の妻。
【葉迎春】（一九七〇年一月―）元ＣＣＴＶキャスター。周永康の愛人。周永康が身柄拘束前、最後に会っていた女性と言われる。
【蔣梅】元ＣＣＴＶキャスター。曾慶紅の息子・曾偉と結婚。
【胡舒立】（一九五三年―）米スタンフォード大学留学経験もある敏腕ジャーナリスト。人気時事経済誌・財経や財新メディアを創刊。米タイム誌が選ぶ世界で最も影響力のある１００人に選ばれた（２０１１年）。王岐山と親密だと言われている。

◆実業家
【令完成】令計画の弟。新華社勤務を経て王誠の偽名で実業界入り。現在、習近平政権を脅かす〝国家機密〟を持ったまま米国に逃亡中。
【郭文貴】（一九六七年二月―）〝闇の政商〟とあだ名される。北京オリンピック公園にある七つ星ホテル盤古大観の事実上のオーナー。曾慶紅と親密だと噂される。国家安全部副部長・馬建から受け取った習近平政権に不利な機密情報を持ったまま米国に逃亡中？

【李友】（一九六六年—）北大方正集団ＣＥＯ。郭文貴と確執がある。令計画・李麗萍夫婦のために京都の不動産を購入したという噂も。

【王健林】（一九五四年一〇月—）大連万達集団会長。父親が紅軍に参加した紅二代で本人も元軍人。習近平ファミリーと昵懇。

第一章　反腐敗キャンペーンは権力闘争である

習近平政権の反腐敗キャンペーン

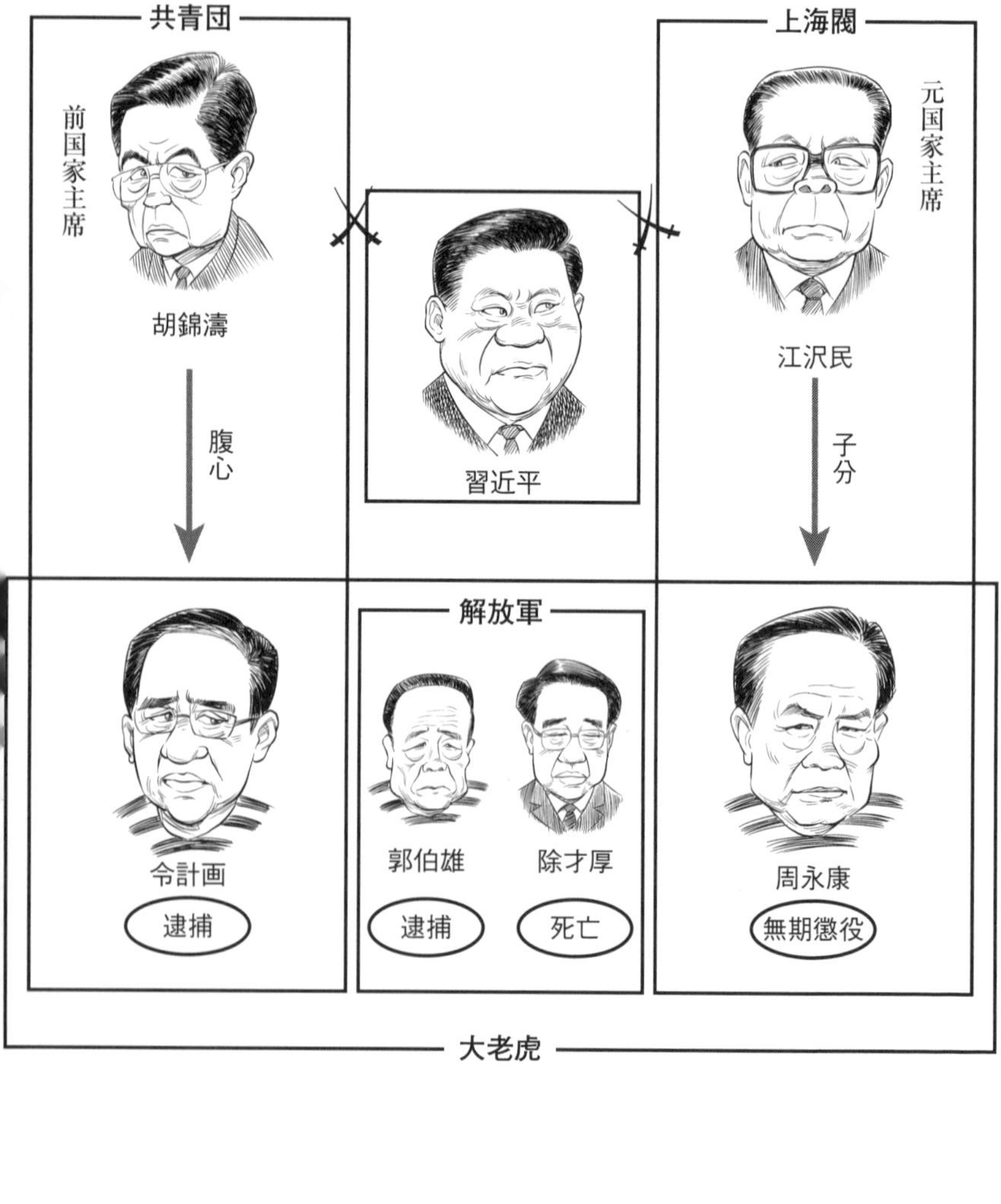

一人目の大トラ　前政権序列9位・周永康の前代未聞の逮捕

被告人となった最高幹部

２０１５年6月11日、天津人民中級法院。被告席に周永康《しゅうえいこう》が立っていた。胡錦濤《こきんとう》前政権下の序列９位、かつての最高指導部の一人で政治局常務委員、司法・公安権力の最高責任者である党中央政法委員会（政法委）書記にまで上り詰めた男。習近平《しゅうきんぺい》政権が２０１２年より展開する反腐敗キャンペーンのターゲットの中で、この時点で最も大物、「大虎中の大虎」である。

「百鶏王」と呼ばれ、その権力でもって女と金をほしいままにした現役時代は、黒々と髪を染め、まるでヤクザ映画に出てくるドンのようなかっぷくのよい強面が印象にのこっている。だが、ＣＣＴＶ（中国中央テレビ）の「新聞聯播」の画面に映し出された法廷に立つ彼の髪は真っ白で、頬はこけ、老人特有のシミがこめかみあたりに浮いていた。

丁学君裁判長が判決文を読み上げる。「被告人、周永康。収賄罪を犯し、無期懲役と判決を下す。権力乱用の罪を犯し、懲役七年、故意の国家機密漏洩の罪を犯し懲役四年を下す。合わせて政治権利を終身剝奪し、個人財産没収とす……」。神妙な顔で、判決文を聞き終わった周永康は「法廷の判決に従います。上訴しません。……自分が違法の罪を犯し、党の事業に損失を与えていたことを認識しました。罪を認め、悔います」と述べ、少し口元を震わせて、うつむいた。

文化大革命が終わって以降の約40年、政治局常務委員経験者という党中央最高幹部が法廷で裁かれたのはこれが初めてである。それは、「刑不上常委」（政治局常務委員は司法上の罪に問われない）という共産党中央内の不文律が崩れたことを意味した。これは「刑不上大夫」という中国の古典『礼記』にある言葉をもじった表現だ。士大夫＝高級官僚は当然高い倫理規範を持っているので、刑罰の対象にならないという古代中国のしきたりが今に通じるという皮肉でもある。だが、この不文律によって、権力闘争の激しい中国で、なんとか集団指導体制が瓦解せずに維持されてきた、ともいえる。

なぜなら、中国では「汚職を裁く」ということは、法治の精神にのっとったフェアな司法の執行ではなく、明らかな「権力闘争」の手法だからだ。中国において、共産党トップの習近平から末端の農村の書記にいたるまで、まったく「汚職」に手を染めていない官僚・政治家はほとんどいない、といっても過言ではない。本当にフェアに司法が執行されれば、中国に官僚・政治家は一人もいなくなってしまうではないか。つまり、「刑不上常委」とは、少なくとも党中央の最高指導部内で、本気で権力闘争してはならない、最高指導部が決定的に分裂すれば、共産党体制そのものが瓦解する、という鄧小平以来の戒めであったのだ。

その意味で、周永康裁判は、中国共産党体制の未来を左右しかねない重大事件だったといえる。彼は、いったいなにをやったのか。なぜ、権力闘争に負けたのか。

かつては貧農出身の朴訥な青年エンジニア

周永康とはどんな人物だったのだろう。彼はいわゆる紅二《こうに》代《だい》（革命英雄の子弟）でもなければ、太子《たいし》党《とう》（中国共産党高級幹部の子弟）でもない。民国時代の1942年、江蘇《こうそ》省無錫《むしゃく》市の貧農家庭で生まれた。周永康失脚が発表された2014年7月29日から、まもなくして、中国メディアの記者たちがその村を訪れ、周永康の生い立ちと人となりをリポートし始めた。

この村は122世帯と小さい。ほとんどは周姓を名乗り、北宋時代の哲学者・周敦頤《しゅうとんい》の末裔たちだとされている。父親は陸義生、母親は周秀金といい、父は他所の村から、この周家に婿入りし、周姓になった。子供は周永康（本名・周元根）を長男に、周元興、周元青と三兄弟だった。民国時代の周家はとにかく貧しくて、いつも身に合わぬぼろ服を着ていたという。だが父は田うなぎ釣りがうまく、それで農業以外の現金収入を得ることもできた。そして三人の息子に教育を受けさせたという。この中で周永康の成績は特に優秀で、中学教師たっての推薦で蘇州《そしゅう》の重点中学（現蘇州中学、高校に相当）に進学した。弟二人の成績はそれほどでもなく、中学を卒業すると故郷で農業に従事するようになった。

周永康

周永康は努力型の秀才であったという。数学と化学が得意で常に学年のトップクラスだった。成績以外にも「政治的覚悟」がしっかりしており共産主義の模範学生でもあった。１９６１年19歳で北京石油学院（現中国石油大学）勘探学部に入学。石油エンジニアとしての道を歩み始める。当時、石油事業は中国の近代化を支える産業として優秀な若者の憧れだった。文化大革命が始まった年に卒業し、一年待って67年に中国石油の聖地、大慶油田からの配送の要地である遼寧《りょうねい》省にエンジニアとして配属される。このころ、周永康は酒も飲まず、タバコも吸わず、着古した作業着がぼろぼろになっても膝に当て布を縫ってまだ着るような質素で倹約家で朴訥な青年エンジニアだったという。

70年には遼河油田開発の作戦指揮部に配属され、そこで成果をあげて副局長にまで出世した。このころ、妻・王淑華と結婚する。

前妻の謎の死

王淑華は中国経済観察報などによると河北《かほく》省籍の労働者階級出身。美人でもなく色黒で、専門学校卒で、しかも姉さん女房であったことから、北京石油学院卒のエリートである周永康と釣り合わない結婚だと噂された。だが働き者のよい嫁さんだった、という証言もある。

この遼河油田時代、周永康は一つの不幸に見舞われる。母の自殺だ。父親は周永康の出世を見ないまま故郷の農村で病死したあと、母親は二男家庭に身を寄せていたが、二男の嫁とそりが合わなかったらしい。周永康のいる遼河油田までやってきて一緒に暮らすようになった。だが、遼寧という東北の気候は無錫の温暖の地から来た人間には厳しく、また河北省出身の王淑華とも仲が悪かったらしい。

結局1997年、母親の問題もあって、周は王淑華と離婚する。そして石油企業のエンジニアからいよいよ官僚、政治家の道に入る。翌年には朱鎔基《しゅようき》内閣の国土資源部長（閣僚）に任ぜられる。ところが99年、王淑華は北京市郊外で軍用ナンバープレートの車にはねられて死亡するのだ。この交通事故が周永康による謀殺ではないかという噂がある。

王淑華の交通事故は謎に包まれている。彼女は離婚後も中国石油勘探学院の講師として周永康とは仕事仲間でもあった。北京の十三陵付近の石油療養院で開かれた会合に出席していたが、その休み時間に外に散歩に出たところ、事故に遭遇した。

この時の運転手は身柄を一時拘束されたものの、そのまま保釈されたことが、怪しいと噂された。また、二男・周涵はこの事件の黒幕が周永康であると疑っており、以降、父親とは絶縁状態だ。今なお二男の行方は知れない。

王淑華はなかなか嫉妬深い女性のようで、離婚前は浮気が絶えない周永康を責めたてることが多かったらしい。石油部での会議の場に、「外に女がいるでしょ」と血相を変えて乗り込んできたこともあるという。彼女は周永康の故郷の村の周家の墓の前で、大声で泣いていた姿も目撃されたことがあった。

王淑華の死は謎のまま、二年後の2001年、周永康は28歳も年下の元CCTV（中国中央テレビ）美人リポーター、賈暁燁と結婚するのだった。香港のゴシップメディアによると、彼女は元国家主席、江沢民《こうたくみん》の妻・王冶坪の妹の娘ではないか、という説がある。王淑華の「交通事故」は、周永康が時の国家指導者と縁戚関係を結び出世するために、離婚したとはいえ、嫉妬深い前妻の妨害を予想して謀殺したのではないか、という仮説がここで浮かび上がってくるのだが、これはどうしても裏のとれない話ではある。

CCTV美人キャスターと愛人関係

周永康のあだ名が「百鶏王」と言われ始めたのはこのころからだ。精力絶倫の女好きであったことは1990年代から広く知られていた。国土資源部長時代から2000年に四川《しせん》省党委員会（党委）書記に転出した後の四川省時代にかけてから、派手な女性関係があったとささやかれる。

賈暁燁と周永康を引き合わせたのは当時、CCTV副局長の李東生《りとうせい》（後に公安副部長に出世した後、周永康汚職事件に連座する格好で失脚）だった。周の女好きを知って、CCTVの選りすぐりの美女キャスターを「貢いで」いた。その一人の賈を一番気に入り結婚したのだが、そのほかの女性美人キャスター、葉迎春《ようげいしゅん》、沈冰《しんひょう》らとも愛人関係にあったという。彼女らは2014年初めからテレビに姿を現さなくなっており、周永康汚職問題に絡み、身柄を拘束されたと噂された。周永康のCCTV愛人問題については、第四章で改めて語りたい。

しかし、タバコも酒もたしなまない、質素勤勉の朴訥な石油勘探エンジニアが、いったいいつから、金と色欲に溺れるように変わったのだろうか。

墓掃除に警察動員！　目立ち始めた権力の乱用

１９９０年代、中国石油天然ガス集団公司の副総裁として、北京勤務だったころ、著名な高僧に人相を見てもらい、人相は悪くないが墓相が悪いと指摘を受けた。これを受けて95年ごろ、周永康は西前頭村の祖先の墓を整備し、周辺の桑の木を伐り、樟《くすのき》に植えかえるなどしたという。また例年の清明節（四月五日、中国ではこの日に墓参する）に必ず徹底した墓掃除をした。この墓整備ののち、周永康には中央官僚の道が開けるので、確かに高僧のお告げは効果があったのだろう。

だが、このころから権力の乱用が目立ち始めた。墓掃除は周永康の出世に伴い大規模になり、公安部長になったころには墓掃除のためだけに武装警察が駆り出されるまでになった。

また故郷の弟・周元興一家の羽ぶりも急激によくなってくる。特に周永康が四川省の書記に転出したあとの増幅ぶりは目を見張るものがあったという。周の実家はセカンドハウスを持つようになり、周元興の息子・周暁華が五糧液（四川省の高級酒）の代理店を任されるようになった。周永康が中央にもどり公安部長になるころには、地方の書記や大富豪が警察沙汰のトラブルをもみ消してもらおうと、周元興のもとに、大金を携えて頼みにくるようになった。アウディやベンツの高級車の列が、周家の実家の前にいつもできていたという。一族には石油、クリーンエネルギー、レアアース、軍とメディアにかかわる娯楽・文化事業の利権を分散し、弟、息子それらの妻やその親族に企業の総経理職や主任などの責任あるポジションを与えた。

周永康は中国石油時代にいわゆる石油閥という利権構造を作り、四川省時代には四川閥と呼ばれる利権構造を構築。そして2002年から公安部長をへて中央政法委書記に駆け上がるまでに政法委利権を作り上げた。薄熙来《はくきらい》との癒着は政法委時代に、薄熙来の掲げる「打黒」（官僚マフィア汚職一掃キャンペーン）に全面的に協力する中で深まった。

薄熙来とクーデター画策？

周永康が、習近平の反腐敗キャンペーンのターゲットとして徹底的に追い詰められた背景には、この薄熙来との関係がある。

薄熙来は、元重慶《じゅうけい》市党委書記で2012年3月、全国人民代表大会（全人代、国会に相当）閉幕翌日に失脚が発表され、2013年秋に収賄罪、横領罪、職権乱用罪などで無期懲役判決が確定した。彼が失脚した理由もまた権力闘争に敗れたからだ。

薄熙来は2012年秋の党大会で政治局常務委員会（常務委）入りを目指し、「唱紅打黒《しょうこうだこく》」（革命歌唱和と腐敗撲滅キャンペーン）という大衆運動でアピールしていたのだが、その権力への野望があまりにあからさまなため、当時の国家主席の胡錦濤、次期国家主席の習近平らから警戒され、ついに潰された。そのきっかけとなったのが、薄熙来の側近で当時重慶市公安局長だった王立軍《おうりつぐん》の「四川省成都《せいと》市米総領事館駆け込み事件」、いわゆる王立軍事件である。薄熙来の妻・谷開来《こくかいらい》の犯したヘイウッド殺害事件の処理をめぐって対立、薄熙来から命を狙われると思った王立軍が、薄熙来失脚の決定的証拠をもったまま、成都市の米総領事館に逃げ込んだ事件である。

これで薄熙来のさまざまなスキャンダルが表ざたになり、失脚を避けられなくなった。薄熙来が本当に失脚させられた理由は単なる収賄や横領、職権乱用程度ではない。彼の野望が政治局常務委入りにとどまらず、習近平から政権の座を奪うことであった、といわれている。いわゆる薄熙来クーデター説である。その片棒を担ぐと約束したのが周永康であった、といわれている。

この説を最初に報じたのは、統一教会系の米国紙ワシントン・タイムズのビル・ガーツ記者だったのだが、この情報の出所は、王立軍が米総領事館に持ち込んだ録音だったという。

私も又聞きの又聞きなのだが、その録音には、薄熙来が、父親薄一波《はくいっぱ》（中国八大元老の一人）ゆかりの成都軍区雲南第14軍の力を背景に２０１４年に強制的に習近平を引退させ、薄熙来が政治の実権を握る計画を周永康に相談している声が入っており、その時、周永康は「機が熟したときには、私も３００万銃（公安警察、武装警察ら周永康指揮下にある武力）を引き連れて味方しますよ」と発言したとか。この録音の存在が、米国経由で習近平の耳に入り、序列第9位の政法委書記と重慶市党委書記の軍事クーデター共謀説の根拠となった、らしい。冷静に考えると、軍事クーデターなど、そうそう簡単に実現できるものではないので、自分より年下で能力が下だと見くびっていた習近平が総書記出世コースに乗ったことに僻んで、鬱屈した薄熙来が「おれは

薄熙来

いつか天下とってやるぞ！」と与太話をしたのに対して、愛人も共有する大親友の周永康が「わかった、わかった。その時は、俺も加勢してやる」となだめた程度のものかもしれない。

もっとも香港のゴシップ本『北京319政変始末』（雙豊出版）などには、薄熙来の野心を利用して習近平から政権の座を奪取する計画を中心になって練っていたのはむしろ周永康の方で、薄熙来の政治局常務委入りが失敗に終わった後も政変の陰謀を捨てず、クーデター勃発直前までいったのを、当時の中央軍事委員会（軍事委）主席でもあった胡錦濤に先手を打たれて阻止されたいきさつが、まるで小説のような生々しい描写で描かれている。クーデター計画発覚で、追い詰められた周永康は政法委員会のあるビル・政法大楼の地下で銃を頭に当て、自殺直前までいったらしい。だが、江沢民が胡錦濤に直接電話をしてとりなし、救われたとか。もっとも、この本は少々整合性に欠けるので、フィクションとして読み飛ばすのが良い。

習近平暗殺指令？

同じく香港ゴシップ本『中央警衛局政変始末』（廣度書局）は、周永康が習近平の暗殺計画を立てていた、と指摘している。この本は、2015年3月3日に起きたと噂される「中央警衛局の政変未遂」についての憶測と考察がまとめてある。3月の全人代期間中に、党中央の要人警護に当たる中央警衛局の局長・曹清と副局長の一人、王慶が突如更迭され、中央警衛局全体の1割におよぶ200人の大人事異動が行われた背景には、中央警衛局による政変未遂事件があった、という。これも、誰にも裏がとれない。確かに3月初めに、北京市のＡＴＭが一時使えない騒動があったり、北京市の天寧寺橋（国家資産管理監督委員会事務所のあたり）で突然の自動車検問がしかれたり、ただ事でない気配はあった。だが、ちょうど両会（全人代と全国政治協商会議の二つの会議、国会のようなもの）開幕のころなので、トラブルが起こりやすい時期であると見過ごされていた。のちに香港から、この時期に「政治局および退職幹部の命で、中央警衛局が習近平、王岐山《おうきざん》（党中央政治局常務委員）を軟禁して政治を糺そうとした政変の未遂」があったという噂が流れた。しかも、その「政変決行に政治局の過半数にあたる25人の政治局メンバーの支持があった」とか。

中央警衛局の政変といえば、１９７６年、華国鋒が中央警衛局の支援を得て、毛沢東夫人・江青《こうせい》ら四人組を逮捕した例が思い出されるが、同じようなことを、政治局と長老らが画策するも未遂に終わった、というのだ。

習近平

この本では、「中央警衛局政変」以外に、中国で起こりうる政変の可能性と、あったかもしれない政変未遂について解説しているのだが、その中で、２０１３年に習近平は2回、暗殺未遂にあっており、その首謀者が周永康であるという中南海《ちゅうなんかい》（北京の故宮博物院の西側にある地区、政治の中枢がある）筋の話を紹介している。

２０１３年８月の北戴河《ほくたいが》会議（毎年夏、河北省の避暑地・北戴河で行われる非公式の党中央幹部会議）前後に、習近平は2回、暗殺未遂に遭遇した。1回は会議室に時限爆弾が仕掛けられていたのを事前に発見した。もう1回はそのしばらく後、北京の３０１軍病院でメディカルチェックを受ける際、用意されていた注射針の中に、毒針が混じっていたのが見つかった。習近平はこれを含めて少なくとも6回にわたって暗殺未遂に遭遇した、と香港メディアなどが報じている。

北朝鮮への国家機密漏洩疑惑

周永康が裁判で問われた罪の中で、気になるのは「故意の国家機密漏洩罪」だ。要人との会談の際に、うっかり、話してしまった、という程度の機密漏洩ではなく、わざわざ「故意の」と付け加えているあたり、それは国家への裏切り、スパイ罪的なニュアンスが漂う。裁判に関する報道では、この国家機密の内容には一切触れていない。曹永正という気功師（風水師）が証言台に立って語ったところによると、周永康の事務所で警察の捜査記録など五部の「絶密文書」を見かけたといい、またある機密文書の中身を見せてもらったという。なぜ、ここで気功師が出てくるのか、と驚かれるかもしれないが、周永康は１９９０年代に高僧の「墓相が悪い」というお告げを信じて墓掃除をしたところとんとん拍子に出世した経験から、こういった神秘的人物の助言を信じる傾向にあったと聞いている。

この五部の絶密文書の中身は何なのか、いろいろ想像が働くのだが、一つの可能性は、ヘイウッド（英国人）殺害事件にからむ捜査資料だという。薄熙来の妻・谷開来がしでかした殺人事件の後始末は主に王立軍がやったのだが、王立軍の裏切りにより、ヘイウッド事件の再捜査が始まり薄熙来は窮地に立たされた。周永康は、その捜査資料の中味を教えることで、ともにクーデターを画策している盟友・薄熙来を救おうとしたのだ、といわれている。

もう一つは、2015年2月に香港紙東方日報などが報じていたのだが、北朝鮮のナンバー2の張成沢《チャンソンテク》と胡錦濤との非公開の会談内容を若き独裁者・金正恩《キムジョンウン》に漏らしたという疑惑だ。絶密文書の一つはこの会談記録の可能性がある。

張成沢は、金正日《キムジョンイル》の実妹・金敬姫《キムギョンヒ》を妻とし、金正日の側近を務め、金正日の死後は、甥である金正恩の後見人として、北朝鮮労働党副委員長と行政部長を務める事実上ナンバー2の政治的影響力を持つ人物だ。同時に、中国要人と太いパイプを持つ北朝鮮親中派の筆頭でもあり、また後継者争いに敗れながらも中国の庇護を受けている金正日の長男、流浪の王子こと金正男《キムジョンナム》に対しては、幼少期から親がわりになって世話していたことから、特別親密な関係であったとも言われる。なので、金正恩はもともと、張成沢の忠誠心に対しては疑うようなところがあった。

2012年8月17日、張成沢は北京を訪問し胡錦濤国家主席と会談した。この時の訪中目的は中朝合同経済開発区に関わる会議への参加で、胡錦濤との会談内容については、双方に関心のある国際情勢についての意見交換、中朝友好の確認と報じられている。だが、一部香港情報によれば、この時、張成沢は北朝鮮の指導者を金正恩から金正男に変えたい考えを示したとか。胡錦濤はこれに答えなかった。この極秘会談内容を、周永康は盗聴し、金正恩サイドにリークした。薄煕来失脚以降、いつ逮捕されてもおかしくない状況であった周永康は北朝鮮への政治亡命をその情報提供の見返りに求めようと考えたらしい。

この話も裏のとりようのないものなのだが、周永康が逮捕された２０１３年12月１日から一週間後に張成沢は逮捕され、その四日後の12日に凄惨な処刑を受けたと報じられている。張成沢だけでなく、北朝鮮国内の親中派が芋蔓式にことごとく粛正されたため、実際、中国が受けた外交上の損失は計り知れなかっただろう。

かりに、周永康の起訴事実にある国家機密漏洩罪の中身が、これだとすると、国家最高指導者を盗聴し、国外に漏らし、多大な外交的損失を与えたということになるので、本来なら死刑判決であっても不思議ではない。

失脚した国家安全部副部長・馬建との関係

周永康の盗聴や機密文書の入手に協力していたのが、２０１５年１月に突如失脚した国家安全部副部長（次官）馬建ではないか、と言われている。国家安全部とは中国の対外諜報防諜機関、つまり馬建は中国インテリジェンスの中枢にいる人物である。中国メディアが報じたところでは、彼が犯した「重大な規律違反」とは、６つの別荘と6人の情婦と2人の私生児をもうけたという腐敗以外に、諜報機関幹部の立場を利用して、指導者たちの会話を盗聴するなど非合法な活動もしていた、という。

馬建はかつて安全部第十局（対外保防偵察、海外の中国人駐在員や留学生の監視）の任務なども負っていた諜報現場のプロ。２００６年に副部長に昇進、当時は次期部長候補とも目されていた。その昇進を推したのが元国家副主席の曾慶紅《そうけいこう》という。曾慶紅は両親とも長征経験者というもっとも由緒正しい革命家の血筋を受け継ぐ太子党の筆頭。胡錦濤政権半ばで国家副主席の座を離れ政治の表舞台に出てこなくなったが、実はこの馬建を懐刀として、若き太子党を取りまとめ、陰のドンとして中南海の舞台裏に君臨していると言われている。馬建の盗聴問題は、後に詳述する元統一戦線部長の令計画《れいけいかく》の事件にも関わってくるが、彼が曾慶紅の子分的存在である周永康のためにも働いていたとしても不思議ではないのである。そもそも周永康を石油業界から政治の世界に引き抜いたのは、同じく石油業界で実務経験をつんでから官僚政治家に転身した曾慶紅であった。曾慶紅、周永康はともに石油閥利権の中心を形成し、その関係は義兄弟のように深い。諜報活動に従事したことがない周永康が自分で盗聴器を仕掛けるのは不可能なので、おそらく馬建が彼の代わりにやったのだろう、と言われている。

この馬建の盗聴対象には習近平も含まれていたらしく、彼は習近平に関する様々なスキャンダルの証拠を握っていたと見られている。

周永康が漏らした国家機密の中には、２０１２年６月にブルームバーグが報じた習近平ファミリーの不正蓄財疑惑で、習近平の姉らが３・76億元を蓄財しているというスクープが含まれる、という説がある。この報道が習近平の逆鱗に触れ、ブルームバーグは中国当局の強制捜査を受けたり、記者のビザをなかなか更新してもらえなかったりという嫌がらせを受けたことは日本でも大きく報道された。香港紙蘋果《ひんか》日報《にっぽう》の報道によれば、このブルームバーグのスクープのネタ元は李東生・元公安副部長（失脚済）らしい。

李東生はすでに触れたように、元ＣＣＴＶ局長でテレビマン時代に周永康にＣＣＴＶ美人キャスターや二度目の妻、賈暁燁と引き合わせた周永康の側近中の側近。ただ、李東生に、国家指導者ファミリーの口座を調べる能力があるかというと疑問なので、実際の情報収集は馬建が行い、それをテレビマン時代のルートを使って外国メディアにリークしたのは李東生かそのＣＣＴＶ内の部下ではないか、と言われている。

もう一つ、２０１４年1月に世間を騒がせた「中国オフショア金融の秘密」報告も、周永康サイドのリークではないかと見られている。これは国際調査報道ジャーナリスト連合に匿名で送り付けられたデータを連合に加盟するメディア記者たちが手分けして裏をとり、習近平や温《おん》家宝《かほう》の親族がどれほどの財産を租税回避地のオフショア金融に隠し持っていたかを報じたもの。誰がこの特ダネデータを送り付けたかは不明ながら、このオフショア金融リストに、当然入っているはずだと思われてきた江沢民、周永康、曾慶紅の名前が入っておらず、上海閥、つまり周永康筋がネタ元であるという推測はされていた。

習近平の反撃で周永康グループ崩壊

政変画策、暗殺未遂、盗聴、国家機密リーク、スキャンダルリーク、本当に周永康がこれだけのことをしでかしたというのなら、習近平の怒りと恨みは計り知れなかったことだろう。習近平は２０１２年12月に、周永康の側近の李春城・元四川省党委副書記を失脚させたのち、郭

永祥・元四川省文聯主席、王永春・元中国石油天然ガス集団副社長、李華林・元中国天然ガス集団副社長、冉新権・元中国石油天然ガス株式会社副総裁、王道富・元中国石油天然ガス株式会社勘探開発研究員、蔣潔敏・元国務院国有資産監督管理委員会主任、李東生・元公安副部長、李崇禧・元四川省政治協商委員会主席、冀文林・元海南省副省長、余剛・元中央政法委員会弁公室副主任、譚力・元海南省副省長、沈定成・元中国石油国際事業有限公司副総裁……と、周永康と利権供与関係にある石油閥、四川閥、政法委閥をことごとく摘発。

さらに、周永康と通じていたといわれる元解放軍総後勤部副部長で中将の谷俊山《こくしゅんざん》、元中央軍事委副主席で退役上将の徐才厚《じょさいこう》らを汚職容疑で失脚させ、李東生を通じて作ったCCTV内の周永康閥も一掃した。

そして、周永康の息子の周濱とその親友の富豪・劉漢《りゅうかん》、周永康の弟の周元青とその妻・周玲英とその息子・周峰を逮捕。劉漢はすでに死刑となった。周元興の預かる実家は二度にわたりガサ入れが行われ、骨がん末期の病床にいた周元興はショックで、その2カ月後の2014年2月に急死。賈暁燁も拘束、その妹の賈暁霞・中国石油国際カナダ公司社長は失踪中。周濱の妻の米国籍の黄婉・中旭陽光能源科学会長やその父親・黄渝生と母親・詹敏利も太陽エネルギー利権はじめ、複数の利権に絡んでいたため、拘束された。

まさしく、一族郎党ともがらまで、ひっとらえた感がある。なるほど、中国式の族誅の習いはまだ生きていたかと思う一方で、一族郎党ともがらまで共犯になっている中国の汚職のものすごさを思い知る。こうして関係者約300人が不正に懐にいれた金はわかっているだけで9

００億元に上るという。

思うに、貧農から努力で這い上がった秀才が、個人一人の幸せを追求すればいいだけなら、このような汚職構造はできなかっただろう。一族のエリートは一族郎党全員の未来を担い、一族全員友人にいたるまで富ませねばならない、という責任があるのだ。

中国人エリートの汚職とは、中国の伝統的ファミリー観と「関係（グワンシ）」と呼ばれる独特の人間関係を揺籃にとめどなく広がる、文化であり宿命だ。もちろん、汚職討伐の指揮を執っている習近平や王岐山とて中国人である限り、この宿命から自由であるわけがない。結局、汚職を罰する者も罰せられる者も、程度の問題はあるもののこの構造の中に生きている。だから一族友人にまで栄達の果実を分け与えた立派な成功者となるか、一族郎党で利権を独占した腐敗者と断罪されるかは、政治の問題であり、権力闘争の結果といえる。

こうした権力者の潰しあいを権力とも成功とも富とも縁のない庶民は喝采を送り、一級の娯楽として楽しむだけだ。投票権もない庶民にとっては、政治は関与することのできない別世界。権力闘争であろうが汚職討伐であろうが、それは中国社会の構造を糺すことでもなく、偏った富の分配を是正することにもつながらず、また新たな、より強大な汚職を生み出すことにしかならないことも、皆がわかっていることでもある。

なぜ死刑にならなかったのか

貧農から党中央序列９位にまで上り詰めながら、ついに権力闘争に敗れ、無期懲役の判決を受けた周永康。だが、一方で、なぜクーデターや暗殺未遂や国家機密漏洩を重ねながらも死刑判決がでなかったのか。そもそも、普通の政商や民間人であれば、1億元を超える贈収賄で死刑判決となる。周永康事件に連座した企業家劉漢は死刑になったのだ。習近平自身とて、本当は死刑にしたかったらしい。だが、できなかった。

それは、この裁判がやはり司法の裁きではなく、権力闘争であるからだ。

習近平の権力闘争はまだまだ続く。これから戦わねばならない大物長老、党中央幹部との駆け引きのためにも、周永康は生かして利用する方が得策であるという判断が働いたかもしれない。

「党内闘争で殺戒を開いてはならない（人を殺してはならない）」という党内不文律を犯すことに、習近平とてためらいがあるのかもしれない。この言葉は、文化大革命を引き起こした罪で逮捕・起訴された毛沢東の妻・江青ら四人組に対する判決を討議する場で時の副首相・陳雲《ちんうん》が発した。中央政治局内のほとんどが江青の死刑判決を支持していたのに対し、陳雲だけはこれに強く反対し「党内闘争で殺戒を開いてはならない。でなければ、後の世代がうまく機能しない」と主張した。「どうしても死刑にしたいなら、陳雲一人が反対した、と記録に残してくれ」とまで言ったとか。これは党史に残る有名な話で、以来、党中央においては権力闘争敗北者を死刑にしないという不文律ができたという。

党内闘争で人を殺せば、党内の疑心暗鬼は広がり団結は崩れ、共産党統治は続かないと、陳雲は言いたかったわけだ。天安門事件の後、大規模な権力闘争自体が起きにくくなるように、権力が個人に集中しなくする集団指導体制が導入され、「政治局常務委は（司法による）罪に問われない」ことも暗黙のルールとなった。

　習近平は「政治局常務委は罪に問われない」という不文律を周永康起訴で破ったので、もう一つの「権力闘争で人を殺さない」という不文律も破るのではないかと言われていたのだが、明日は我が身と思う党中央幹部、長老たちが必死で抵抗したのだろう。習近平と、反腐敗キャンペーンの指揮を執る規律検査委書記の王岐山も必ずしも清廉潔白というわけではないので、妥協せざるをえなかったということか。

　しかし、周永康が習近平の「虎退治」の「最大の大虎」でないとしたら、中国の党内権力闘争でいずれ殺戒が開かれる事態がくるかもしれない。

二人目の大トラ　胡錦濤の腹心・令計画失脚の内幕

新四人組の中で唯一の共青団派

「新四人組」という言い方がある。

四人組とはいわずもがな、文化大革命を主導し、政敵を次々迫害、死に至らしめた毛沢東夫人・江青、張春橋《ちょうしゅんきょう》、姚文元《ようぶんげん》、王洪文《おうこうぶん》のことを指す。毛沢東の死後、党政治局常務委員の葉剣英《ようけんえい》の支持を受けた華国鋒との権力闘争にやぶれ、「クーデター計画罪」で裁かれ、死刑（執行猶予付き）などの刑を受けた共産党史最大の悪役である。この四人組に匹敵する、政権の敵として新たなに名前が挙がったのが、新四人組こと、薄熙来、周永康、徐才厚、令計画である。この四人は、ともに利権でつながり、巨額の汚職を行い、そして反習近平で共闘していたと言われる。

だが、令計画だけ少々毛色が違う。元重慶市党委書記の薄熙来、元政法委書記の周永康、中央軍事委副主席の徐才厚は、いずれも元国家主席の江沢民の派閥に近いが、令計画は明らかな胡錦濤派、共産主義青年団派（団派）のエースだからだ。第三章で解説するが、江沢民と胡錦濤は長らく権力闘争を続けてきた政敵同士であるはずだ。令計画は胡錦濤の腹心中の腹心、しかも真面目で堅物で、中央弁公庁主任時代は朝4時から夜10時まで仕事に没頭しており、とても汚職と享楽に勤しむタイプではない、という人物評も聞く。彼が周永康の汚職や政変計画に加担していた、あるいはＣＣＴＶ内に複数の愛人がいた、などとはでっちあげの冤罪だ、という人もいた。

　では、なぜ令計画が新四人組として、習近平の権力闘争のターゲットになったのか。

共青団派のエース

令計画とはどんな人物なのか。１９５６年、山西《さんせい》省平陸県の生まれだ。76年に入党。令という姓はもともと令狐という珍しい複姓で、魏の時代から山西省あたりに伝わる。三国志演義にも令狐愚《れいこぐ》という官吏が登場する。

　令計画の父は令狐野という党の医師であり、八大元老の一人、薄一波（薄熙来の父）と延安《えんあん》時代からの親友であった。広い意味では、令計画らもまた革命家世代の二代目、「太子党《たいしとう》」「紅二代」に属するといえる。文革時代は知識青年として労働に従事、平陸県の印刷工場で働いていた。文革後、平陸県の共産主義青年団（共青団《きょうせいだん》）に入り、官僚の道に入る。優秀なので79年に共青団中央宣伝部弁公室に抜擢され、そこで党官僚の仕事と並行して、エリート養成コースでもある中国青年政治学院での就学を許された。途中、96年に湖南大学工商管理碩士（ＭＢＡ）も取得。共青団宣伝部長などの要職も経験した後、胡錦濤に抜擢される形で党中央の中枢である中央弁公庁に異動。胡錦濤政権下で、中央弁公庁主任や党中央総書記の秘書である中央書記処書記に上り詰め、共青団派ホープとして注目されていた。非常に有能で、胡錦濤も頼りにし、その職位から胡錦濤の大番頭とも呼ばれていた。兄弟は異母姉をいれて５人いる。令一族とほとんど絶縁状態の異母兄弟の長女・令愛女についてはほとんど情報がない。長兄・令方針はすでに死亡、二番目の兄・令政策は山西省官僚として順調に出世し、山西炭坑利権も握って山西省政治協商会議副主席にまで上り詰めたが、２０１４年6月19日に汚職で失脚した。妹・令狐路線は、令兄弟の中で唯一、複姓を受け継いだ。いわゆる普通の地方官僚の奥さんだが、彼女の夫・山西省運城市副市長の王健康も汚職疑惑がかかっている。

末弟・令完成《れいかんせい》は吉林《きつりん》大学経済学部を卒業後、国営新華社通信に入社、「瞭望」誌の編集記者などを経て、新華社傘下の広告会社・中国広告連合総公司のトップにまで出世した。

令計画

令完成は「王誠」の名で実業界にも進出、得意のゴルフで国内外ビジネス界に人脈を広げ、流行りのＰＥ（プライベートエクイティファンド）企業を立ち上げて、国内外の幅広い企業に投資し、巨額の富を築いた。その中には日本企業が関与するものも若干あり、実際に完成と一緒にゴルフをした日本人ビジネスマンもいるのではないか。

新華社のメディアコントロール工作も担い、中国、香港、マカオメディアにも巨額の投資をしてきた。動画ポータルサイトの楽視はじめ、ネットメディアへの投資も大きい。離婚歴があり、二度目の妻はＣＣＴＶの美人キャスター李平だ。令政策失脚の噂を聞いて、「中南海機密文書」を持って姪とともに米国へ脱出を図った、と言われている。この令完成と「中南海機密文書」については後述する。

しかし、令家兄弟の名が、長兄から末弟まで、方針、政策、計画、路線、完成というのは、時代を感じさせる。

失脚の始まりはフェラーリ事件

令計画の失脚が発表されたのは2014年12月22日だった。当時は中国共産党中央統一戦線部長の地位にあった。この役職は民主派党派との連携、また少数民や宗教、海外における祖国統一工作などを担う部署のトップであるが、彼の本来の経歴、つまり中央弁公庁主任から政治局入りというエリートコースから外れたという点で、実は一度、失脚しているといえる。その最初のつまずきが今回の完全失脚のきっかけとなった。

最初のつまずきとは中央弁公庁主任時代の2012年3月18日未明、息子・令谷が運転するフェラーリ・スパイダーが北京市内で道路の側壁に激突して即死するという謎の交通事故である。これは同乗の二人の女性たちが素っ裸であったというスキャンダラスなものであり、事故発生当時は、大物政治家の息子が運転していたという噂だけが流れ、運転していたのが令計画の息子であるということはほとんどの人が知らなかった。一時は賈慶林《かけいりん》（中国政治協商会議主席＝参院議長に相当）の息子ではないか、というガセ情報が流れた。

この3月18日から3月19日にかけての中南海周辺の混乱は、後に「3・19政変（未遂）」と呼ばれる事件が発生した、という裏のとれない情報が飛び交う根拠となった。

一般に中国メディアが報じている情報を整理すると、次のような筋書になる。令谷が酒に酔ってツーシートのフェラーリに二人の女性と一緒に乗り込み、裸でふざけあって猛スピードで運転しているうちに女性の体がじゃまになってギア操作ができず、北京四環路の壁に激突、運転していた令谷は死亡。同乗の女子大生は瀕死《ひんし》の重傷を負った。ちなみに女性のうち一人は青海《せいかい》省公安庁副庁長の娘で、中央民族大学卒業生。もう一人はチベット活仏の娘で政法大学学生。政法大学生の方は、足を太ももから切断、両手を骨折、半身にやけどを負い二週間意識不明の後、死亡したと伝えられている。

この事件は一般目撃者があり、黒のスパイダーの大破写真がネット上にアップされたが、すぐ削除され、情報封鎖された。令計画が、公安権力を握っていた失脚前の周永康の力を借りて警察内に緘口令をしき、また、当時中央弁公庁主任であった権限を乱用し、配下の中央警衛局警護団（旧８３４１部隊）を出動させて現場封鎖をしたという。中国メディア・財新ネットは、令計画は事件もみ消しのために周永康と政治取引をした、と報じた。（その後、記事を撤回）

香港紙サウスチャイナ・モーニングポストによれば、フェラーリに同乗していた女性やその家族たちへの数千万元の慰謝料は周永康の口利きで、当時のペトロチャイナ会長の蔣潔敏が支払ったという。

一部香港情報では、この令計画の独断が胡錦濤の不興を買ったともいうが、現実の動きをみると、胡錦濤は令計画を守ることを選択する。同年3月19日にその年最初の胡錦濤の外遊となるソウル核安全サミットに関する概要を発表したのだが、令計画を同行させる予定をあえて変えなかった。それは事故と令計画の関係を疑う噂に対して、一時的な打ち消し効果があった。だが6月には、大破した黒のフェラーリの事故現場写真とともに、事故の「真相」がネットニュースで暴露されてしまう。胡錦濤はそれでも令計画を擁護、令は中央弁公庁の仕事は失わざるを得なかったが、完全失脚ではなく、2012年秋に党中央統一戦線部長という新しい役職に転出を果たした。統一戦線部長という職位は、影響力は中央弁公庁主任に劣るがけっして悪い役職ではない。令計画の弟の令完成が元新華社傘下の宣伝工作任務についており、香港メディアを通じた世論誘導工作に従事していたことと合わせると、適材適所の人事異動とも言えた。

だが、習近平は令計画の完全失脚をあきらめなかったわけだ。

フェラーリ事故の不自然さ

実はこのフェラーリ事件は、単なる高級官僚のドラ息子のご乱行、という以上に複雑な背景がある。

フェラーリ事故には不自然な部分があった。まず、令計画が独自の判断で中央警衛局警護団（旧8341部隊）を出動させて、事故現場を封鎖させた、とされているが、中南海に詳しい地元特派員によれば、旧8341部隊は本来、毛沢東の親衛隊から始まった軍部組織。現在、組織図上は中央弁公庁傘下の組織となっているが、弁公庁主任の一存で中央警衛局の警護団は動かせない、という。確かに四人組逮捕のときも、華国鋒個人が中央警衛局警護団を動かしたのではなく、解放軍の実力者、葉剣英の指示があった。ちなみに８３４１というのは毛沢東愛用の銃についていた番号で、生涯その銃を使用することはなかったのだが、彼の護身の象徴の番号であった。毛沢東は83歳、党中央の権力を握って41年目に死去したという奇妙な符号を持つ数字でもある。

フェラーリ事故当時の中央警衛局長・曹清は葉剣英時代に警衛局入りした生え抜きであり、政治局委員にすらなっていない令計画個人が独断で動かせるような人物ではない、というのだ。つまり、フェラーリ事故の現場封鎖にあたったのが中央警衛局であるとすれば、それは当時の党中央軍事委主席、胡錦濤の指示があったはずで、令計画が胡錦濤を裏切って周永康と一緒になって事件もみ消し工作を図ったという説はあり得ない、となる。

もう一つの不自然な点というのは、令谷の人となりである。令谷は２０１１年に北京大学国際関係学院を卒業後、北京大学教育学院に進学。同学の顔見知りの話を又聞きで聞いたところでは、人々が勝手にイメージする「どうしようもない金持ちドラ息子」ではなく、地味で真面目そうな様子で、父親の仕事のために、できるだけ人から注目されないように気を使うような人物であった。とても夜の幹線道路を酔っ払ってフェラーリでぶっ飛ばすような性格には見えなかったという。

一説によれば大学に入りたてのころ比較的まじめだった令谷は、薄熙来の息子・薄瓜瓜が愛車の赤いフェラーリの写真をブログにアップするのを見て、父親の権力に擦り寄ろうとする山西省の石炭炭坑主にフェラーリをねだってみたら、買い与えられた。事故直前にあるパーティに参加して酔っ払ったというが、そのパーティを主催していたのも周永康の息子・周濱の取り巻きの政商であった、という。

このため、令計画自身が、息子はスキャンダラスな交通事故に見せかけた謀殺にあったのではないか、疑っていたという。だから、周永康配下の北京交通警察ではなく、中央警衛局に事故調査をさせた。令谷の遺体を収容したのは事故後15分に駆け付けた北京交通警察で、令計画は中央警衛局を通じて警察に遺体の引き渡しを要求。その時、警衛局と警察の間で一時間以上のにらみ合いがあり、威嚇発砲まであったとか、なかったとか。この「銃声」騒ぎが、後にネットで話題となる「3・19政変」の噂と絡み合うことになる。

かりに周永康の仕組んだ謀殺だとすると、その動機が謎だ。これも香港発の噂話だが、令計画と周永康、薄熙来は2009年から政治同盟関係にあったが、その年の3月14日、令計画が中央警衛局を率いて薄熙来の身柄を拘束したことに対し、周永康がこれを裏切りだとみて報復を企んだという。もっとも、薄熙来拘束は令計画の独断でもなく、胡錦濤政権としての決断で、令計画が恨まれる理由にならないので、この説も今一つ説得力に欠ける。

「3・19政変」はあったのか？

ここで、たびたび登場する「3・19政変」という言葉について説明しておこう。

フェラーリ事故が起きたのは3月18日午前4時ごろ。その翌日の3月19日夜、「北京でクーデターがおきたかも!?」という噂が、中国のネットのSNS微博《ウェイボー》などで広がった。ちょうど、私はこのとき広州《こうしゅう》に滞在中だったので、驚いて関係情報を検索したものだ。

「長安街に軍用車両が大量に出現」「街中、私服警官だらけ」「中南海と釣魚台《ちょうぎょだい》の迎賓館のところに外国人記者が集まっている」といった内容が次々と流れた。最後の中南海と釣魚台迎賓館に外国人記者が集まっていたのは、6カ国協議再開を話し合うために北京入りしていた北朝鮮首席代表の張り番をしていたからであり裏がとれたのだが、その他の情報は確認できず、中には「銃声を聞いた」という書き込みまで流れてきた。

なかでも大手デベロッパーSOHO会長の潘石屹《はんせききつ》が「今晩は微博の様子がおかしい。ある種の言葉が発信できない」とつぶやいたり、北京文化人の張志遠が「江胡の決戦が予定より早く始まったみたいだ」とコメントしたり、証券市場週刊紙編集委員の李徳林が「軍の車が林のように多い。私服警官がどの通りにもいる」と書き込むなど、著名人たちの何やらきな臭い発言が、完全なデマ情報とも思えない緊張感をもたらした。かなりの人が半信半疑ながら「政変か？」と一瞬緊張した。

結局、この騒ぎは後に、18日未明のフェラーリ事故の対応に出た中央警衛局の動きが原因である、ということで片づけられ、大方の人たちは納得したのだが、それでも本当に「政変未遂」があったという説が根強くある。

すでに今一つ信用できない究極のゴシップ本として触れた『北京319政変始末』（雙豊出

版）は、本当に政変未遂があった、としている。それによれば、3月19日正午半、河北省に所在する第38集団軍113師団が中央軍事委主席の胡錦濤および副主席郭伯雄《かくはくゆう》の命で出動し、その夜8時50分までに北京市燈市口にある中央政法大楼、つまり政法委書記の周永康の事務所があるビルを包囲したのだという。つまり周永康、薄熙来がクーデターを画策しており、薄熙来失脚によって、周永康のアクションが早まると見た胡錦濤が、奇襲によって身柄を取り押さえクーデターを未然に防ぐ作戦を決行した、というストーリーである。フェラーリ事件に巻き込まれて政治生命を危うくしている腹心・令計画を守るため、でもあるという。

この時、政法大楼の事務所にいた周永康は進退窮まって地下室で銃を頭にあてて自殺しようとした、とか、それを周永康の腹心の公安副部長・李東生（後に失脚）と成都軍区副司令・阮志柏（同年5月自殺？）が必死になだめて、江沢民に助命を求めるようアドバイスしたとか、武装警察600人が政法大楼前に集結し、113師団と対峙し武装警察の威嚇発砲が北京の夜空に響いたとか、まるで見てきたかのようなドラマチックな描写で書かれている。同書によれば、周永康から助けを求められた江沢民が胡錦濤および郭伯雄に電話して強く叱責して、軍を撤退させた、ということになっている。

さすがにこれが事実なら、いくらなんでももう少し大騒ぎになっているだろう、ありえない、というのが一般的な受け止め方である。だが3月18日のフェラーリ事件に続いて3月19日夜、何かが発生していたことは確かだろう。それが何か、というのは後年、徐々に明らかになるのだろう。

共青団派・汪洋の演説に習近平激怒？

２０１２年３月に決定的な危機を迎えながらも、なんとかその年の党大会をやり過ごし、官僚政治家として延命できた令計画だが、習近平政権の追撃は執拗だった。

２０１４年６月に令計画の兄の令政策（当時、山西省政治協商会議副主席）が汚職で失脚し、いよいよ令計画も逃げ場を失っていた。だが、それでも２０１４年秋の党の重要会議、四中全会（党中央委員会第四回全体会議）で、失脚しなかった。それどころか12月15日発売の党中央理論誌『求是』に署名原稿を発表し、統戦部長として偉大なる民族の大復興について八つの必須事項を論じ、習近平への忠誠をアピールしていたのである。なので、22日に失脚が公表される直前まで、令計画は必死の防戦の中にいた、と見るべきである。少なくとも『求是』の原稿掲載が中央宣伝部の審査を経た12月初旬までは、彼の政治生命には猶予が与えられていた。それがなぜ、急に失脚となったのか。それは12月18日、シカゴで開催された第25回中米合同商業貿易委員会に出席した副首相・汪洋《おうよう》の演説が、習近平の怒りを買ったからだと言われている。

共青団のホープ、汪洋はこう語った。「世界を導いているのはアメリカだ。アメリカは既に秩序とルールを主導している。中国はこの秩序に参加したい、規則を尊重したい」「中国には、アメリカの指導的地位に挑戦する考えもなければそのような能力もない」

これは習近平が国内で日頃主張している「中国民族の偉大なる復興」が意味するアジアにおける中華秩序の樹立や、西側の普遍的価値観に対抗するイデオロギー政策の徹底や、中国を米国に匹敵する大国と位置付ける「新しい大国関係」（米中Ｇ２時代）といった方針に真っ向から挑戦する考えだからだ。中国メディアは汪洋のこの発言の部分は国内で報じなかった。

習近平はこの汪洋の発言を、共青団派からの挑発だと受け取って激怒したと仄聞《そくぶん》している。インテリジェンスと謀略の塊のような国である米国はかつて、さまざまな手を使って、第三国の世論工作や情報操作でもって政変や革命を仕掛けてきた。つまり、汪洋の発言は、米国に対し、習近平政権から共青団派政権に変わった方が、米国の国益に合致する、というメッセージを発したようなものである。

これをもって習近平は共青団派も、政権の座をいよいよ奪いにきたのだと認識し、一旦保留にしていた令計画の排除を決めたのだという。

西山会（山西省閥）蓄財ネットワーク

令計画の失脚は、おそらく、周永康、薄熙来のクーデター計画に加担したからではなく、共青団そのものに権力闘争のターゲットが移ったからととらえるべきだろう。警衛局出動は胡錦濤の指示である可能性が強く、フェラーリ事件の隠ぺいを強引に周永康との「政治同盟」につなげるには客観的に無理がある。

だが、令計画と周永康にまったく接点がないかというと、そうでもない。

令の罪状について、公式報道されているものを整理すると、最大の容疑は、山西省籍の政治家、官僚を中心とした「西山会《せいざんかい》」（山西省閥）という産官一体の派閥を２００７年ごろからつくり、汚職による蓄財ネットワークを形成していたことだという。

月刊誌「財経」副編集長で著名ジャーナリスト羅正平の著書『打鉄記』にも背景が出ていた。『打鉄記』自体は汚職・愛人問題で失脚した大物官僚、劉鉄男《りゅうてつなん》（江沢民派、元国家発展改革委副主任で元国家エネルギー局長）を中心に書かれたノンフィクションだが、この背後に令計画率いる「西山会」の存在があったと指摘している。

劉鉄男や鉄道汚職で失脚した元鉄道相の劉志軍《りゅうしぐん》に連座した愛人で山西の女実業家の丁書苗などども西山会のメンバーだった。この西山会では、官僚ポストが売買され、中央は令計画、地方は令政策が仕切っていたという。市長ポストは相場１０００万元だとか。

令計画の妻、谷麗萍《こくれいへい》は北京大学（分校）法学部を卒業後、北京検察院に配属された法科エリートだったが、令計画の出世にともない実業家に転身。ＩＴ企業の総裁などを歴任する傍ら青少年育成公益事業なども展開した。実業家としてのセンスがよく、西山会を仕切り、ビジネスを拡大していった。元鉄道相・劉志軍を通じて、高速鉄道ビジネスにも関わり、約40億元の利益を上げたとも言われているが、このビジネスには周永康も関わっていたと噂されている。

また周永康の二番目の妻、賈暁燁の父は山西省大同市出身であり、山西省芸術学院を卒業し二胡奏者として大同芸術学校に勤めたという。元山西省呂梁《ろりょう》市長の丁雪峰（失脚済）は大同芸術学校卒業生で、在学中に賈暁燁の父親と知り合い、賈父娘を通じて周永康と山西閥利権を繋げたとされる。

悪妻・谷麗萍の脇の甘さ

この汚職・売官の温床である西山会を実質仕切っていたのは、令計画の妻、谷麗萍であったという。令計画を仕事だけの真面目人間だ、と擁護する人も、谷麗萍は確かに、夫の権力を使って性欲と金銭欲を満たす悪妻の典型であったと漏らす。

夫婦仲については冷え切っていたようで、令計画にはCCTV美人キャスターの愛人がいたことが暴露されているが、谷麗萍も20歳年下のCCTV人気キャスター・芮成鋼《ぜいせいこう》と肉体関係があったとされる。彼は周永康、李東生の失脚にともない明らかになったCCTV汚職に連座して失脚したが、この事件については第四章で詳述する。

この芮成鋼と谷麗萍との関係は、令計画失脚に連座する形で失脚した中国最大の民間銀行・民生銀行頭取の毛暁峰《もうぎょうほう》が引き合わせたものだったという。

令計画と毛暁峰の関係は深く、令計画も卒業した湖南大学工商管理学院で毛暁峰もMBAを取得。令計画にとって毛暁峰は優秀な期待の後輩であった。当時共青団中央宣伝部長だった令計画は、口実を見つけては湖南大学に立ち寄り、毛暁峰との親交を深めていたという。毛暁峰は少年時代から神童と言われるほど頭がよく、1999年から2002年まで共青団中央弁公庁総合処副処長、処長を歴任、団中央実業発展センター主任助理などを歴任しつつ、この間、ハーバード大学ケネディスクールの公共行政管理学修士の学位をとっている。

2002年、共青団中央から突如、民間の民生銀行総行弁公室副主任に「天下り」し、2008年には副頭取、役員会秘書となった。当時年収425万元の最も高給取りの「秘書」と噂された。2014年8月、上場銀行における最年少頭取となる。この若き頭取の行内の評判は非常によく、優秀で、仕事熱心で、残業をいとわず、また物腰もハイソで柔らかであったとか。

毛暁峰は、自分に目をかけてくれる令計画の恩に報いるために、谷麗萍に民生銀行傘下の子会社の役職を用意した。これは国有、民間問わず中国の大企業ではよくあることで、政治的便宜を図ってもらうために権力者の妻や子供に、高い給与をつけた実務の伴わない職位を与えるのである。事実上の賄賂である。民生銀行内には、銀行の仕事を実際にしていないのに、ナントカ主任などの肩書きだけ与えられて給料をもらっている政治家・官僚の夫人たちが谷麗萍以外にも10人以上おり、彼女らは「夫人クラブ」と呼ばれていた。

谷麗萍のほか元政治協商会議副主席の蘇栄（2014年6月失脚済）夫人などがメンバーにいた。この夫人たちは出社するも、実際に仕事はないので、銀行側が用意した部屋で遊んでいるわけだが、そこにホストとして芮成鋼がよばれ、聞くに堪えない乱行が繰り広げられたらしい。

谷麗萍

谷麗萍は、また北大方正集団CEOの李《り》友《ゆう》とも「特殊な関係」だったと言われている。李友は西山会の大口スポンサーでもある。この李友のネットワークは北京大学同窓生を中心に形成され、谷麗萍とも北大ネットワークでつながっている。一部ゴシップ報道では、令計画失脚が確実になったとき、谷麗萍は李友を頼って国外脱出をはかろうとしたという。2014年12月16日、その脱出計画相談のために北京大学構内にあるホテルで二人が落ち合っていたところを、規律検査委当局が踏み込んだらしいのだが、この時は李友が手下を使って彼女を逃したとか。

李友は谷麗萍の逃亡先として日本を想定していたそうで、日本での生活に必要な書類や住宅はすでに用意されていたともいう。令一族は日本の三菱東京UFJなどに100億元相当の口座をもっていて、シンガポールの口座と合わせると、その金融資産は少なくとも370億元相当にのぼる、という情報も一部で流れた。結局、谷麗萍が高跳びする前に、令計画は失脚したので逃亡は未遂に終わったが、もし谷麗萍が日本に逃げて来たら、日本政府はどう対応しただろうか。

ちなみに李友が谷に贈った日本の豪邸とは、京都河原町の石塀小路にある高級旅館・潤心庵《じゅんしんあん》と一部で報道されている。財経誌記者の調べでは、登記上の名義は元モルガン・スタンレー香港支社長の張頌義という。張頌義自身が、李友と会ったことはあるが深いかかわりはないと主張している。

もっとも、共産党の官僚が、自分の名義で外国不動産を購入することはありえないので、名義が違うということで無関係とは言い切れない。李友ら方正集団幹部は、規律検査委の取り調べに「協力」する形で一時拘束されたが、2015年夏の段階では、まだ首の皮一枚つながっているもようだ。

習近平が恐れる「中南海機密」

令計画は失脚したものの、まだ起訴には至っていない。それは、弟・令完成がとある「中南海機密」を握って、米国にまんまと逃亡を果たしたからだという。それは「核爆弾級」の情報とも噂されている。

香港ゴシップ本『中央警衛局政変始末』（廣度書局）によれば、それは令計画が中央弁公庁、中央書記処書記といった党中央中枢にいた間に集めた外交、軍事、内政に関わる2700件に及ぶ国家機密文書および、習近平、王岐山を含む党中央幹部たちのスキャンダルだという。

令完成については、2014年10月の段階で、香港メディアがすでに身柄を拘束されて中央規律検査委の取り調べを受けていると報道した。だがそれは、「ガセ情報」だった。

実のところ、この時、令完成はシンガポールにおり、そこで姪の令狐剣と合流し米国に入国。中国当局は様々なルートを通じて米国に二人の強制送還を求め「彼らを迎えにいくために専用機を飛ばす」との提案までしたという。

また、100人以上におよぶ私服エージェントを米国に派遣して、彼らを捕えようともしたという。2015年3月11日の一部香港報道によれば、令完成たちは、党中央の人脈を通じて、習近平サイドに令計画および令一族への追及をこれ以上続けるようであれば、習近平政権のスキャンダルおよび政治機密を米国で公表する、と伝えてきたという。

で、その問題の核爆弾級機密、スキャンダルとは何か、であるが一説では、習近平のセックスキャンダルビデオではないか、と言われている。

これは90年代、習近平が福建省《ふっけん》副書記時代に遡る。軍部も加担した中国建国史上最大規模の密輸・汚職事件・遠華《えんか》密輸事件（アモイ事件）が1999年に発覚した。この事件の主犯は頼《らい》昌星《しょうせい》という企業家で、遠華事件の呼び名は彼が総裁を務めていた厦門《アモイ》の貿易会社遠華集団からとられた。

頼はこの会社を94年に創設。不正に得た金額が96〜99年にかけて少なくとも530億元（8000億元という説も1000億元という説も）に上る。

密輸といっても、酒やたばこみたいな可愛いものだけではない。外車や石油製品といった大物を軍艦に護送させ、ごっそり密輸した。石油製品については、当時中国で使用される石油の25％がこのルートで国内に入って来たと言われ、この事件の摘発後にガソリンが値上がりしたほどだった。

頼昌星は、この密輸にかかわる役人や軍人を通称「紅楼」と呼ばれた赤茶色の7階建のビルで接待した。役人や軍幹部らは選りすぐりの美女の〝特別接待〟を受け、その美女らとのあられもない姿は盗撮され、頼昌星が協力要請を引き出す材料にしていたと言われる。

この接待を受けた中に、当時福建省党委書記であった賈慶林と副書記であった習近平がいたと言われる。

だが、このとき江沢民政権。賈慶林は事件発覚前の97年に福建省から北京市党委書記に江沢民の腹心として昇進したばかりで、また習近平も上海閥のホープとして期待されはじめていたので、彼らのスキャンダルをもみ消した。賈慶林の妻の林幼芳は遠華集団の理事も務めていたのだからほぼ完全に「クロ」だったにもかかわらず。同時に、江沢民はこの事件を利用して、江沢民に批判的な軍長老の劉華清や張震の影響力を完全に削ぎ、軍権掌握の大きなステップとした。

この事件は1000人以上の福建省、アモイ市、中央、軍の高官らが関わったとして取り調べを受け、うち20人が死刑、または執行猶予付き死刑判決を受けた。事件捜査の指揮をしていた李紀周・公安次官を筆頭にアモイ市党委副書記、アモイ税関長、アモイ副市長などアモイ市幹部（いずれも当時）など、軒並み死刑か執行猶予付きの判決を受けた。

主犯の頼は香港パスポートを持っており香港から家族とともにバンクーバーに逃げおおせた。中国側はカナダに彼を引き渡せと言い続けてきたが、カナダ政府は引き渡せば彼の死刑は免れないと思い、なかなか引き渡せずにいた。

頼は帰国すれば死刑にされるかあるいは獄中で殺害されるとして、難民申請を続けてきた。その12年後、胡錦濤政権時代に強制送還される。胡錦濤は2012年5月、頼を無期懲役として、対習近平カードとして温存したと言われている。

この幻の「習近平の紅楼での美女接待ビデオ」を令計画は手に入れており、令完成に託して米国に逃亡させた、というのだが、これも誰も裏のとれない話である。

もう一つの説は、「王岐山のスキャンダラスなビデオ」と言う。王岐山が北京市長時代に、五輪汚職で失脚した元北京副市長の劉志華《りゅうしか》とともに、性接待を受けていたビデオが存在する、という噂がある。ただ、その王岐山スキャンダルがあるとすれば、それを米国に持ち出したのは、令完成ではなく、曾慶紅の腹心の政商・郭文貴ではないか、と言われている。郭文貴の話は、第四章で紹介したい。

こうやって令計画の人間関係を見てみると、単に共青団派、上海閥といった単純な対立で整理できない込み入った人脈が見てとれる。山西の地盤を基礎にした血縁・親族関係、父親同士の関係を基礎にした太子党関係、大学同窓グループ、実業界との利権関係、そして世論工作に必要なメディアへの支配。

令計画は、一見地味な感じではあるが、その利権と蓄財規模、メディアを通じた影響力など、党内屈指の勢力を形成していたとも言え、薄熙来、周永康らの「クーデター」に加担していたかどうかはともかく、習近平が恐れるだけの強い独自派閥と野心を持っていたのは確かなようだ。

２０１５年7月20日、令計画の公職追放、党籍剝奪が決定され、司法機関への送致がきまった。一方、8月10日にニューヨークタイムズ（ＮＹＴ）が米高官筋の情報として、弟・令完成が米国で政治亡命の申請手続きを開始していると報じた。ＮＹＴが報じるということは、米国政府の中国政府へのメッセージと受け取ってよいだろう。

習近平政権を揺るがす核爆弾級の機密が、セックススキャンダルなのか、あるいは汚職・不正蓄財の証拠なのかはまだ不明ながら、それが米国政府の対中外交カードとして切られる可能性も出て来たわけだ。

こうなってくると権力闘争はもはや内政問題とは言えなくなってくる。

第二章　恩人も容赦なし！　反腐敗キャンペーンの非情

三、四人目の大トラ　人民解放軍の超大物・徐才厚と郭伯雄の終わり

死期間近の軍長老もターゲットに

中国人民解放軍のナンバー2、制服組トップまで上り詰めたことのある当時71歳の退役上将・徐才厚《じょさいこう》が完全失脚したのは2014年6月30日、建党93周年を前日に控えた党中央政治局会議の決定によるものだった。党籍を剝奪され、即時逮捕であった。香港紙によれば、上将の地位も剝奪されたという。彼は末期の膀胱《ぼうこう》がんのため、北京の301医院で治療中だったが、3月15日に中央軍事委規律検査委に無情に連行された。このとき妻と娘も一緒に連行されたとか。事実上の失脚は早くに伝えられてはいたが、徐才厚ほどの地位の人間が、党籍剝奪にまで至ると確信していた人は少なくとも2013年の段階ではほとんどいなかったと思う。

徐は先の党大会の際に円満退役。病は重く、先は長くない。江沢民政権時代に軍長老として厳然と影響力を発揮していた劉華清、張震の両退役上将（ともに元軍事委副主席）らと違い、何の影響力ももはやない。しかも、習近平《しゅうきんぺい》に対しては、かつては上海閥の期待のエースとして軍内の後見人役を買ってでた、いわば恩人である。習近平夫人の彭麗媛《ほうれいえん》とも深い親交があった。これだけ地位が高く、しかも老い先短い無力な老人、しかも大恩のある相手に、今さら厳しい刑事責任を科す、というのは従来の共産党的秩序からは考えられなかった。徐才厚は2015年3月15日、起訴を待たずにがん悪化による多臓器不全で死亡。だが、これは病死というより

憤死に近い、と党内でも噂になった。

徐才厚が公式の舞台に最後に姿を見せたのは２０１４年1月20日。軍の春節文芸演出晩会で中央軍事委主席として出席する習近平の傍らに、白髪の老いた姿で立っているのをＣＣＴＶ（中国中央テレビ）がとらえていた。病のせいだけとは言い難い、憔悴した姿だった。

２０１４年3月、徐才厚が双規《そうき》（規律検査当局による取り調べ）にあったという噂が駆け巡ったが、3月17日付の香港紙サウスチャイナ・モーニングポストは、北京消息筋の話として「徐才厚は病状悪化によって、双規から除外された」と報じ、その噂を打ち消していた。その一方、米国を拠点におく華字ネットニュース・明鏡ニュースネット（3月22日発）は、3月14日の段階で北京３０１医院東院南楼6階に入院中の徐才厚が、鉄格子窓のはまった病室に軟禁状態だと報じた。中央軍事委の命令で空軍から派遣された50人の兵士が交代で24時間警備しており、付近には狙撃手まで配置されていた様子をリアルに伝えたうえで、北海艦隊に所属していた徐才厚の元秘書・董振波を専用機で北京に連行し軟禁、すぐさま董が設立している企業の資金20億元の凍結措置を取ったという。

徐才厚

この一連の措置は解放軍検察院長が直接、習近平に報告したため、軍事委副主席の范長龍《はんちょうりゅう》、許其亮《きょきりょう》、総政治部主任の張陽《ちょうよう》は全く知らなかったという。総参謀部主任の房峰輝《ほうほうき》については書かれていないが、習近平と仲が悪いと噂にまでなっている房が事前に関知していたとは考えがたい。また明鏡は徐才厚案件に絡む現職・退役中央軍事委員は15人に上ると伝えた。

結果から推測するに、サウスチャイナ・モーニングポスト紙に偽リークを放ち煙幕を張りながら、水面下では軍制服組幹部を出し抜く形で、習近平は徐才厚閥を一気呵成に潰していったということである。改めて、習近平の権力闘争の容赦のなさを思い知らされる。

農村から名門ハルビン軍事工程学院へ

中国国内の報道によれば、徐才厚は1943年、遼寧《りょうねい》省大連《だいれん》市瓦房店《がぼうてん》市に属する長興島《ちょうこうとう》の農家に生まれた。一部では革命の功労者、徐向前元帥の息子ではないかと噂されていたが、それは完全なガセ情報だった。両親は普通の農民で豊かな家庭とはいいがたかったようだ。水の少ない土地で、小さな子供も早起きして一番の仕事は水汲みだったという。だが祖父が教育熱心で、徐家唯一の男子であった徐才厚を都市の学校に行かせることにした。12歳のとき、父とともに島を出て大連市西崗《せいこう》区の小学校に入学する。徐才厚はおとなしく寡黙であったが成績は際立ってよく、14歳には大連市の進学中学に編入。ついにハルビン軍事工程学院という名門大学に進学する。ちなみにハルビン軍事工程学院は当時、いわゆる国防校で、成績的には北京大学や清華大学並のレベルが要求され、さらに身体検査や行政審査もある難関中の難関である。この中学からその年、同学院に進学できたのは徐才厚ともう一人だけだった。

在学中の徐才厚を知る人の証言によれば、特に突出したところのない地味な男だったらしいが、唯一、音楽の才能があったそうだ。当時としては非常に珍しいことに、五線譜を見てすぐに歌が歌え、音楽隊の指揮を務めたともいう。後に軍の歌舞団の歌手や芸能人を好んで愛人にしたのは、持ち前の音楽好きも関係ありそうだ。

大学3年時に文化大革命がおき、ハルビン軍事工程学院も「造反派」と「八八団」の派閥に分かれ武闘が始まったが、武闘が一番激しかったころには、徐才厚はこれには与せず、この間、家に帰って、勉強していたという。要領のよい人物であったのだろうか。

卒業時、ハルビン軍事工程学院はハルビン軍事工程大学と名称がかわり、国防校から一般大学に変わった。このため、徐才厚らこの年の卒業生たちは軍籍にあらず、従来の軍事関連施設への配属はなかった。文革中であり再教育の名のもと農村へ下放されることになった。

だが3年の農場労働従事のあと、解放軍は知識分子の幹部候補生の必要性を感じ、下放されていた同校の卒業生300〜400人中から20人を選抜して軍幹部候補生として入隊させた。そのうちの一人に徐才厚は選ばれた。

彼は一度も実戦を経験したことはないが、その真面目さと要領の良さと運の良さで1982年までに吉林《きつりん》軍区の副団長クラスにまで出世していた。ただ当時は、そこが自分の頂点だと、達観しており、早々に退役して故郷に帰るつもりだったという。

江沢民の後押しで「東北の虎」に

だが、彼の出世街道はそこがむしろスタートだった。退役するつもりが、北京解放軍政治学院（現国防大学）に進学するよう上層部から提言された。ちょうど、鄧小平《とうしょうへい》の改革開放の号令とともに、軍の最大実力者、楊尚昆《ようしょうこん》・楊白冰《ようはくひょう》兄弟の派閥「楊家将」が整理され、新たな実力者として台頭していたのが、徐才厚と同郷の于《う》永波《えいは》だった。

2年間の解放軍政治学院での研修をへて彼は政治将校の道を進む。吉林省軍区、瀋陽《しんよう》軍区、陸軍第十六集団軍で政治将校の経験を積み、解放軍総政治部入りした。

解放軍を仕切るのは主に四つの部署に分けられる。戦争の作戦指揮を執る総参謀部、軍内の人事、政治を仕切る総政治部、軍の装備・管理を仕切る総装備部、軍の兵站《へいたん》・ロジスティックスなど後方勤務を仕切る総後勤部。これらを四大総部という。うち総政治部こそ、解放軍を単なる軍隊ではなく政治体たらしめる存在だ。建前、軍に対する党の監視、統制という名目で存在するのだが、軍内人事・昇官の実権を握り、軍内派閥を形成し、腐敗の温床ともなりやすい部署だ。徐才厚はそこのトップに上り詰める。

彼の出世を後押ししたのは、当時の国家主席・江沢民《こうたくみん》だった。1989年の天安門事件を契機に、鄧小平の欽定で総書記・党中央軍事委主席の地位を得た江沢民は当初、軍部制服組の楊尚昆・中央軍事委副主席、楊白冰・中央軍事委秘書長の「楊兄弟」の軍権掌握の下、苦労させられていた。この時、江沢民の味方となったのは当時中将だった于永波である。彼は85年から4年にわたって南京軍区政治部主任を務め、当時上海市長、上海市党委書記を歴任していた江沢民とともに仕事をし、意気投合していた。

軍で孤立無援だった江沢民は于永波を2階級特進させて総政治部副主任に任じ、協力して軍内で楊兄弟に対抗できる派閥の形成を試みる。おりしも、軍内に絶大な影響力を持ち始めた楊兄弟に対しては、鄧小平は警戒を深めていた。そこに、江沢民と于永波が、楊兄弟が軍内鄧小平人脈を排除して楊人脈による支配を固めようとしていると訴えたために、鄧小平は長年自分を支えてきた楊尚昆を切り捨てる判断をしたのだった。

一説によると南巡講話に対し、楊白冰が鄧小平に迎合するために「為改革開放保駕護航」（改革開放の護送船団となる）と表明したことが、軍に政治干渉の意志あり、と逆に警戒されたともいう。鄧小平は92年の一中全会（第一回中央委員会全体会議）で楊兄弟を中央軍事委から排除した。「楊家将」たちも一線を退かざるをえなくなった。

この穴を埋めるように、江沢民と于永波による江沢民派閥の形成が行われる。そこで取り立てられたのが、于永波と同郷の遼寧省大連市瓦房店市出身の徐才厚だった。92年、于永波が総政治部主任に昇格すると、徐才厚を総政治部主任助理とした。于永波が２００２年に退役すると、その後を継ぐように総政治部主任、中央軍事委員などの要職についた。

２００４年に江沢民は党中央軍事委主席を胡錦濤《こきんとう》に譲るとともに、徐才厚を党中央軍事委副主席にし、事実上、自分の代理人とした。人事を通じて軍内をコントロールする徐才厚は「東北の虎」と恐れられるようになった。一方、江沢民に対する恩は忘れず、八一大楼（解放軍中央軍事委事務所がある）内に〝江沢民事務所〟を設置し、江沢民を「軍事委首長」と呼び続けた。（徐才厚失脚とともに閉鎖）。胡錦濤政権になっても、江沢民は徐才厚を通じて軍に厳然とした影響力を持ち続け、胡錦濤は中央軍事委主席を名乗りながら、在任中、ほとんど軍を掌握することができなかった。

金庫番・谷俊山からの賄賂は100キロ以上の黄金

徐才厚はどれほどの汚職を行い、蓄財していたのだろうか。

こんな話が一部香港紙で流れたことがある。徐才厚の縁戚とみられる22歳の女性が2013年暮れ、香港に徐才厚の家族・親族分の八つの通帳100億香港ドル相当を資金洗浄しようとしたところを香港の金融監督当局に見つかり、司法当局に移送されて半年間拘束されていた。2014年1月、徐才厚が3000万香港ドルの保釈金を支払い、解放軍駐香港部隊の保護を受けて中国に返されたという。100億香港ドルとは、当時の日本円にすれば1500億円といったところか。

また徐才厚入院後、軍事委弁公室内から約800枚の銀行カードが見つかり、その総額は8億元を超えていたとか。広さ2000平方メートルの豪邸の自宅の地下室からはドル、ユーロ、人民元など重さにして1トンを超える現金や100キロ以上の玉や翡翠、唐、宋、元、明代の骨董品や書画が見つかったとか。

谷俊山《こくしゅんざん》・元総後勤部副部長（失脚済、執行猶予付き死刑判決）から3600万元の賄賂を、家族を介して受け取ったことは証拠固めされているようだ。

谷俊山汚職については、少し解説しておこう。

2012年春節すぎに「双規」（規律検査当局の取り調べ）を受け失脚した谷俊山と徐才厚

の関係は結構古い。徐才厚は済南《さいなん》軍区政治委員時代に谷俊山から賄賂を受けて、昇官させ、済南陸軍指揮学院副院長などのおいしいポストを与え続けた。徐が中央軍事委員に昇格すると谷も北京に呼び寄せられ、総後勤部基建営房部副部長、少将に昇進。これは兵舎建設など解放軍の不動産に係るきわめて利権の大きいポジションだった。徐才厚のいわば金庫番となった谷俊山はこの後、徐の権力増大に合わせて11年に中将に昇進するまで出世し続ける。谷は軍の不動産利権によって北京の中央商務区（ＣＢＤ）の一等地に御殿のような私邸〝将軍府〟を構え、その金満ぶりを隠すこともなかった。その汚職による蓄財額は３００億元以上と、「鳳凰週刊」誌は報じていた。

谷俊山の徐才厚に対する賄賂は常軌を逸していて、例えば徐才厚の娘が結婚したときは、２０００万元を入れた銀聯カード（デビットカードのようなもの）をお祝いに贈ったとか。また、１００キロ以上の黄金を積んだ12気筒ベンツを賄賂にプレゼントしたとか。

この谷俊山の汚職を告発したのが劉源《りゅうげん》上将（総後勤部政治委員）である。文化大革命で毛沢東に失脚させられ非業の死を遂げた劉少奇の息子、革命サラブレッドの一人である。彼は根っからの軍人ではなく、河南《かなん》省の官僚を務めたあと横滑りで武装警察部隊の政治将校となる。武装警察は軍の下部組織だが命令系統は中央政法委員会がトップとなる。彼が解放軍に転任したのは２００３年。江沢民がまだ中央軍事委主席のころである。ただ、彼を上将に引き上げたのは胡錦濤（当時の軍事委主席）で、しかも劉源は習近平とは幼馴染みで仲がよかった。劉少奇ブランドのおかげで、特定の派閥に属さず、誰とでも仲良くでき、単独で出世が可能な立場にあり、その分、恐れも知らない様子である。

なので、２０１１年12月25日から28日に開かれた軍事委員会拡大会議の場で、１００人以上の解放軍幹部の前で劉源が〝将軍府〟について、「ある将校が、億を上回る金を使って北京一等地に大豪邸を建造しているほか、三つの別荘をもっている。あまりに贅沢だ」と告発し、目の前に座っている徐才厚、郭伯雄《かくはくゆう》、梁光烈《りょうこうれつ》の軍事委員会三巨頭に向かって、「指導的地位に長年おりながら、この軍内腐敗の現状の責任がないとは言わせない」と詰め寄ったのだった。

軍内で部下が上官に向かってこのような批判を公式の場で行ったのは建国後初めてだと、会議は騒然となったという。この一カ月後の２０１２年１月27日、谷俊山は更迭され、事実上失脚した。怖い物知らずの劉源にこのような告発をさせたのが誰なのか。一説では、当時まだ中央軍事委主席であった胡錦濤が軍内江沢民派である徐才厚の影響力をそぐために仕掛けた、と言われている。

だが、その後の谷俊山側の抵抗は粘り強かった。彼の背後には徐才厚、郭伯雄といった軍事委巨頭の援護があり、その背後には江沢民が存在するのである。強気にもなる。一説によれば、劉源の暗殺未遂（食事に放射性物質を混入）も行ったとか。その後、香港メディアで流れた劉源にまつわるネガティブ記事（薄熙来を擁護したなど）は、江沢民派がリークしたとも言われている。

胡錦濤が２０１２年11月に中央軍事委員会主席の座をすんなり習近平に譲り渡したのは、この件から江沢民派との軍内対立が激化し、難しい駆け引きの中で、軍内胡錦濤派筆頭の房峰輝《ほうほうき》を総参謀部主任の要職につけるなど、次期軍幹部の人事を有利にもっていくには、完全引退の条件を飲むしかなかったということらしい。ただ、江沢民にしてみれば、肝心の軍事委主席の習近平は上海閥メンバーであるので、軍に対する影響力は持続できるという目論見であった。

ところが、そうはならなかった。２０１２年３月の薄熙来《はくきらい》失脚で、習近平は薄熙来や周永康《しゅうえいこう》らが、軍部と協力して自分から政権の座を奪うつもりでいたと考えるようになる。薄熙来と徐才厚の親密な関係も知る。

習近平は軍事委主席の地位を得ると、江沢民や徐才厚の傀儡ではなく自分で軍権掌握に動きはじめる。それが「戦える軍隊」建設をスローガンにした軍内腐敗粛正である。この結果２０１３年だけで、佐官級７６０人以上を含む実に４万５０００人の軍幹部が汚職容疑で処分された。

谷俊山の汚職問題に関し、軍事検察院が軍事法院に公訴したのは２０１４年３月31日。この後、習近平は谷俊山汚職に関わる人間を追い詰めるため、５月初めに中央軍事委として「中央精神を貫徹し、軍の腐敗を懲罰・予防するシステムの建設計画」を通達した。全国の軍区指令・副指令ら35人がこぞって解放軍報に習近平礼賛の文章を寄稿したのが４月だということを考えると、習近平が解放軍に切り込んだメスは、軍の幹部たちを浮き足立たせて、保身のための習近平への忠誠の大合唱になったのだ、と想像される。

２０１５年８月10日、中央軍事法院は谷俊山に対し、収賄、公金横領、職権乱用罪などで執行猶予付き死刑の一審判決を出した。

薄熙来との同盟関係

徐才厚が習近平政権の汚職摘発のターゲットに浮上したのは薄熙来事件以降である。周永康と同じく、薄熙来の失脚がすべての始まりだったといえる。

徐才厚と薄熙来の関係は、薄熙来が大連市長時代の90年代から急速に深まった。その時はすでに徐才厚は出世街道驀進中で、薄熙来は徐才厚の愛顧を得るために、徐の故郷の長興島開発に186億元を投じたという話もある。薄熙来が大連の政治に関わったのは1984年から2000年までのおよそ17年。その間、薄熙来は徐才厚の家族・親族にさまざまな便宜をはかり、徐の信頼を得ていった。

薄熙来の狙いは、徐才厚を通じて、江沢民の庇護を得ること、そして軍内最大勢力となっていた徐才厚閥（瓦房店閥）を味方につけることだった。建国元老の薄一波《はくいっぱ》の息子という革命サラブレッドの血筋の薄熙来が擦り寄ってきたことは、平民出身の成り上がり軍人の自尊心をくすぐったのかもしれない。徐才厚の薄熙来への肩入れぶりは、2007年に薄熙来が中央政治局入りしたあとは、隠しようもなく、主要な会議の場は、たいてい二人が仲良さげに並んでいる様子が目撃されている。薄熙来、徐才厚、周永康は、江沢民という共通の後ろ盾があったことと、いずれも無類の好色であったなど「趣味があった」こともあって、ある種の同盟関係が形成されていったという。それが、後に薄熙来の「政変計画」に加担していたという噂の根拠となっている。

習近平の出世を支えた徐才厚

ところで不思議なのは、習近平と徐才厚の人間関係である。膀胱《ぼうこう》がん末期の徐才厚を鉄格子の病室に軟禁してまで取り調べを行ったという仕打ちを見るに、習近平はよほど徐才厚を恨んでいたと見える。だが、習近平が上海閥のエースとして政治局入りし、総書記出世コースに乗った当初、徐才厚は習近平の軍内での後見人だとみなされていた。徐才厚は大恩ある江沢民から、「習近平が政権を継いだ暁には軍師として習政権をサポートしてやってくれ」と頼まれていた、という話がまことしやかに伝えられている。習近平が予定より早く中央軍事委副主席に着任するのではないか（２００９年四中全会）、という情報が流れたときも、その後押しをしていたのは江沢民と徐才厚だったといわれている。

そのころはまだ、胡錦濤が軍内に残る江沢民の影響をいかに排除しようかと懸命だった時代で、こういう説もそれなりに説得力があった。実際、解放軍少将でもある習近平夫人の彭麗媛主催のパーティなどでは、徐才厚がしばしば主賓として招かれ、習近平も顔を出して接待していたという。

少なくとも習近平が政権の座に就く前は、軍内における最大支持者は徐才厚だったはずなのに、なぜ彼らの関係はここまで悪化したのか。

一部香港メディアによると、習近平が中央軍事委副主席になった２０１０年秋（五中全会）

当時、徐才厚が郭伯雄（元中央軍事委副主席、失脚済）に、「（習近平が中央軍事委主席になったとしても）５年（一期）たったら辞めさせる」と語ったということが、軍内に広まっており、後に習近平の耳に入り関係が悪化したという。だが、２０１１年に入り習近平が七大軍区を順番に訪れ、各区の司令員や政治委員と次々個別に会見を行ったときなどは、徐才厚は古巣の瀋陽軍区に先回りして、きちんと習近平に忠誠を表明するように指示した、という話もある。このころ、徐才厚はしばしば用事もないのに習近平宅にたちより、彭麗援とも歓談し、みずから習近平の「兄貴分」であるというようなことも語っていたことが、香港ゴシップ本『中国第一弟婿　張瀾瀾』（廣度書局）などに書いてある。

憶測を言えば、この本のタイトルとなった張瀾瀾《ちょうらんらん》、そして湯燦《とうさん》という徐才厚の大のお気に入りの二人の軍属歌手（芸能人）と習家とのかかわりが、徐才厚と習近平の関係に決定的な亀裂を入れたのかもしれない。それは第四章で詳述しよう。

「西北の狼」郭伯雄が失脚

そして徐才厚に続いて、郭伯雄・元中央軍事委副主席が失脚した。私の記憶では、郭伯雄が双規にあったと日付や状況を含めて正確に最初に報じたのは日本の産経新聞（２０１５年４月16日付）ではなかったかと思う。もっともすでに郭伯雄の息子の郭正鋼《かくせいこう》（元浙江《せっこう》省軍区副政治委員）の失脚が報じられており自宅軟禁状態であり、失脚発表は秒読みだった。多くの中国専門家が全人代閉幕と同時に郭伯雄が拘束されるものだと思っていたが、徐才厚が突然死亡したこともあり、予定が狂ったのではないかとみられていた。

郭伯雄は「東北の虎」と呼ばれた徐才厚と並んで、「西北の狼」と称される江沢民時代から軍を牛耳っていた上将である。産経新聞によれば、北京市内で軟禁状態にあった郭伯雄を、党中央軍事規律検査委員会副書記の杜金才（中将）が4月9日に訪ね、「双規」を通告した、という。この情報を裏付けるように、解放軍七大軍区幹部らに9日、中央軍事委および解放軍規律検査委が郭伯雄とその家族に対する取り調べを決定したという通達があったとサウスチャイナ・モーニングポスト（20日付）も報じている。七大軍区幹部らは思想教育の名目でこの日、北京に召集されていた。米国に本部を置く華字ニュースサイト博訊《ボシュン》によれば、郭伯雄は北京の秦城監獄に収容されているという。２０１５年7月30日、正式に収賄などで党籍剥奪が決定された。

香港ゴシップ本『軍中第一虎　郭伯雄』（内幕出版社）によれば、①谷俊山から受け取った金品②郭の妻と息子、および秘書が受け取った大量の賄賂③軍にはびこる腐敗体質における責任、の三つが主な容疑という。習近平は、郭伯雄の処理については党籍剥奪に至るまで一切公開することを許さずと通達したという。軍内の安定に影響が出るという判断らしい。

郭伯雄

江沢民に見いだされた郭伯雄

郭伯雄とはどんな人物であったか。徐才厚同様、彼もまた革命貴族「紅二代」ではない、平民の出であった。そしてともに江沢民に見い出されて出世してきた、江沢民の軍内の代理人でもある。徐才厚が軍内政治の代理人であり、郭伯雄が軍の戦略指揮の代理人というわけである。

１９４２年、陝西《せんせい》省出身で16歳の時、地元の軍工場学徒労働者となる。３年の勤務満了後、解放軍陸軍第19軍55師団に配属。19軍55師団は、かつて抗日戦争期に薄一波が率いた旅団が起源という。郭伯雄はこの55師団１６４部隊に所属して、１年後に中印国境で戦闘に従事。この功績で64年に兵役満了後も軍残留を認められ、幹部コースに昇進。その後も順調に出世し、81年には19軍55師団参謀長となる。83年には19軍の参謀長となり、85年に解放軍の編成改変で19軍がなくなると、蘭州《らんしゅう》軍区の副参謀長となった。

92年、解放軍内の「楊家将」排除の権力闘争後の江沢民人事によって、蘭州軍区司令員の傅全有が解放軍総後勤部部長に昇進、中央軍事委入りを果たすと、その部下の郭伯雄も北京軍区副司令、蘭州軍区司令などの要職を歴任。99年、江沢民の抜擢により徐才厚とほぼ同時に上将に昇進し中央軍事委入りし、解放軍常務副参謀長となった。２００２年には参謀長職を飛び越えて中央軍事委副主席に。２００４年に胡錦濤が中央軍事委主席に就いたときには、軍権は完全に江沢民の代理人である徐才厚と郭伯雄が仕切っており、２００７年の人事は、胡錦濤の意向を完全に無視して二人が取り仕切ったとも伝えられている。

不正蓄財100億元　100を超える別荘も

彼は、江沢民政権時代に軍内における利権をほしいままにしたと言われている。特に、すでに失脚している元総後勤部副部長の谷俊山（元中将）と組んで、大量の軍事用地を売りさばき、周永康（失脚済、元政治局常務委）や賀国強《がこくきょう》（引退、元中央規律検査委書記）と共謀して不正蓄財を謀ったとか。郭伯雄の蓄財額は2010年の段階ですでに100億元を超え、広東、福建、江蘇、北京、雲南《うんなん》、広西《こうせい》、陝西、甘粛《かんしゅく》などに100を超える不動産を所有。いずれも億を超える豪華マンション、別荘であったとか。しかも郭伯雄は精力絶倫であり、愛人を十数人も抱えていたとか。郭伯雄は自分のお気に入りの愛人を徐才厚を通じて軍の歌舞団に入団させてもいたとか。こうした話は、米国に本部を置く華字ネットニュースサイト博訊が北京の三つの異なるソースから確認したものだという。

また香港報道を総合すると、解放軍内では昇進に具体的な賄賂額が暗黙に決まっており、事実上の将官位の売買が行われていたという。その額は、たとえば大軍区の将官は1000万元から、軍区級の将官は500万元から、師団級の将官は100万～300万元などと、相場が決まっていたという。

女装で国外脱出⁉　ガセ情報が飛び交う失脚前夜

徐才厚とともに軍内覇権を築いていた郭伯雄だが、その黄昏は谷俊山の失脚から始まり、徐才厚の失脚によって一層決定的になった。

徐才厚失脚で、郭伯雄はいよいよ自らの身に危険を感じたので2014年7月、国外脱出を図ったと噂されている。7月14日夕方、南京軍区の軍事演習による管制という理由で北京と上海間の飛行機100機以上の離陸の取り消しあるいは遅延があり、道路封鎖やテレビやネットで情報統制も敷かれた事態があったが、この時ネットに流れた噂では、郭伯雄が女装して偽パスポートで国外脱出を図ろうとしたのを取り押さえたのだと言われていた。

もっともその後の8月1日の建軍記念日の酒宴に、郭伯雄はわざわざ姿を現し、政治的に健在であることをアピール。この「女装で逃亡失敗説」はガセ情報であった。だが、この酒宴で郭伯雄が、范長龍《はんちょうりゅう》・軍事委副主席に近づいて話しかけようとしたら、范長龍はそっぽを向いて一切、目を合わさなかったという目撃情報がある。

范長龍は、習近平の肝いりで中央軍事委副主席に抜擢されたことから、軍内習近平閥とみなされていたが、遼寧省の徐才厚の故郷に近い村の出身で部下であった時期も長く、徐才厚からの覚えもめでたかったことから、いわゆる「瓦房店閥」（徐才厚閥）ともみなされていた。だが、この范長龍の態度からみても、郭伯雄がすでに、次に習近平に狩られる「大虎」であることは、確定していたという。

2014年8月6日、一部ゴシップメディアで、范長龍と総参謀部長の房峰輝と国防部長の常万全がクーデターを画策しており、その背後にいるのは郭伯雄だ、という情報が流れた。8日には香港紙蘋果《ひんか》日報が、この情報は信頼度が低い、ちょうど北戴河《ほくたいが》会議（河北省の避暑地・北戴河でひらかれる共産党中央の非公式会議）で軍の人事が動いている最中なので、ガセ情報で混乱させようという狙いだろう、と報じた。震え上がったのは范長龍で、自分が郭伯雄の仲間だと思われてはたまらないとばかり、8月18日に青海部隊の視察に訪れたとき、軍事委主席・習近平の決定政策を貫徹し、周永康と徐才厚の取り調べを支持することを解放軍と武装警察に求める演説を行った。習近平への忠誠をアピールし、なんとか連座を免れようと、必死だったようだ。

この年の9月30日夜の国務院主催の国慶節パーティにも、郭伯雄は出席、まだ無事であることが確認されたが、翌日の人民日報はじめ公式メディアの記事には郭伯雄の名前は出ていなかった。

国内外のチャイナウォッチャーたちは、こうした公式メディアの郭伯雄の扱いなどに、彼がまさに、失脚秒読みに入っているのではないかと勘繰っていた。

徐才厚失脚後、郭伯雄が失脚しそうでなかなかしなかったのは、10年以上軍権を掌握していた二人が一度に失脚してしまうと、軍内が一気に不安定化するとの周辺の懸念が習近平・王岐山の辣腕にブレーキをかけたと言われている。東北の虎と西北の狼、この2派閥と全く関わりのない幹部将校は解放軍内にほとんど存在しない。徐才厚が失脚したならば、徐才厚派の将官が次に頼みにするのは郭伯雄しかおらず、軍内では誰も郭伯雄を失脚させたくなかったという。

郭伯雄の息子・郭正鋼のスウェーデン逃亡計画

そこで習近平は外堀から固めていく方針をとる。２０１４年11月に、徐才厚、郭伯雄の息のかかった将校の大規模粛正に入る。その中には、郭伯雄の元秘書で北京軍区副司令の劉志剛なども含まれていた。

そして2015年にはついに郭伯雄の息子・郭正鋼《かくせいこう》（解放軍浙江省軍区副政治委員、少将）逮捕の情報が入る。3月2日付解放軍機関紙解放軍報が、解放軍高級将校14人が汚職容疑で取り調べを受けていることを伝え、その中には、少将昇官後わずか46日の郭伯雄の息子、郭正鋼が含まれていた。郭正鋼は1月14日まで公式の場に姿を見せていたので、急転直下の失脚である。郭伯雄についての報道は国内では統制されていたが、郭正鋼失脚報道については、その父親が郭伯雄であるということは一切触れずに、解禁されていた。しかし名前こそださなかったが、父親は徐才厚と同じ階級の軍人、と中国の普通の読者にはまるわかりの報道であった。

「鳳凰週刊」誌などによると、郭正鋼は能力的には突出したものがなく、わがままな性格で、父親の七光で出世できただけの凡人であるという。結婚歴は二度あり、最初の妻は総参謀部の幹部の娘で、一種の政略結婚であった。彼の二度目の妻は呉芳芳という。郭正鋼より一つ年上で、いわゆる美女ではなかったが浙江省杭州《こうしゅう》で叩き上げの女企業家であった。2007年ごろから軍用地を利用した開発プロジェクトなどで、一財をなしたという。そのころ、おそらく、すでに郭正鋼と昵懇だったのかもしれない。

2012年、不惑を超えていた呉芳芳は郭正鋼の子供を妊娠し、郭正鋼は前妻と正式に離婚し、同年暮れには呉芳芳と結婚した。結婚後は、郭正鋼の軍内の利権とコネをフルに使い、かなりあこぎな投資話で、2000人以上から5億元以上をだまし取ったとされる。投資家たちが郭正鋼の家の前で「金を返せ！」と騒ぐトラブルなどもあった。彼女の辣腕が、この凡庸な息子の失脚を招いた。

『軍中第一虎　郭伯雄』によれば、郭正鋼は習近平の反腐敗キャンペーンのものすごさを目の当たりにし、自分もいつ失脚するかわからないとの思いから、妻の呉芳芳とともにスウェーデンに逃亡する計画を２０１４年４月ごろから練っていたという。当時、軍の公務で欧州出張の予定があり、また同年９月に欧州の某国の大使館に武官として勤務する内定もあったので、その機会に海外逃亡するつもりだったとか。だが彼の欧州出張も在外武官の人事も急に取り消され、その機会を失ったままだった。そうこうするうちに、２０１５年1月9日に浙江省軍区副政治委員に任ぜられ、少将に昇進した。この昇進の背景は謎である。おそらくは郭正鋼を油断させるためではなかったか。その昇進と同時に、実は秘密監視が付いたのだった。一説によると、2月10日、郭正鋼は身柄を拘束されたらしい。また妻の呉芳芳もほぼ同時期に逮捕されたようだ。

香港の政治ゴシップ誌「動向」によれば、軍事検察当局は、郭正鋼をわざと泳がせて、スウェーデン逃亡計画を実行するのを待ち構えて、偽名のパスポートで杭州から深圳《しんせん》までの航空チケットをとったところで逮捕に踏み切ったとか。彼らは、深圳経由で香港に入り、香港からスウェーデンに入る計画を立てていたが、すでに秘密監視がついていたため、失敗したという。郭夫妻は、９冊の偽名パスポートを用意していたとか。郭正鋼夫妻の逮捕によって、郭伯雄の「双規」は決定的となった。

解放軍を「戦争のできるプロフェッショナル集団」へ

軍権を事実上10年以上握っていた元制服組トップ2が、習近平によって刈り取られたことで、解放軍内は動揺が続いている。

今後の予想としては、現役国防部長の上将・常万全ら現役解放軍幹部まで粛正の手が伸びるのではないかともいわれている。徐才厚失脚後から2015年3月までの間に失脚した軍幹部は33人以上で、現役少将以上の軍幹部は14人以上。それ以外にも100～200人が取り調べを受けているともいう。また前国防部長で退役上将の梁光烈の失脚も近いと見られている。彼も江沢民政権時代に南京軍区司令から総参謀部長に抜擢された江沢民派の大物軍人である。あるいは元中央軍事委主席で元総書記の江沢民にまで、習近平の反汚職キャンペーンの追及の手は伸びるのではないか、という憶測もある。

こうした状況から、習近平政権と軍の関係についての見方はおおむね二つに分かれている。根強い江沢民派の軍長老・現役幹部の影響力、利権構造を根こそぎ排除した習近平は、自分のお気に入りの若手幹部を大軍区幹部などの主要地位につけて、解放軍内に新たな秩序を築いて軍の掌握をほぼ完璧にした、という意見。もう一つは、粛正の恐怖により表向きは習近平への忠誠をうたう軍幹部が増えているが、内心の不信、不安は募っており、これが一気に噴出する、つまりクーデターなどの懸念はむしろ高まっているのではないかという意見だ。

そして、こうした軍内の不信、不安のガス抜きをし、軍内の結束を固めて軍権を掌握するためには、習近平政権としては小規模な紛争も辞さないのではないか、というなかなか怖い見立てもある。

習近平としては、この軍内の反腐敗キャンペーンを利用して、政治体であった解放軍を「戦争のできるプロフェッショナル集団」としての近代軍に改革する方針も２０１３年に打ち出している。これは軍内の非戦闘機構、つまり政治や利権に関わる部署の将校を削減して、解放軍の政治性をそぎ落とす目的もある。政治性と利権があるからこそ、軍内派閥ができ、この軍内派閥の意向が党中央の政治を左右するほどの影響力を持つわけである。また、２０１５年の国防白書では、海軍重視の姿勢を打ち出し、従来の陸軍七大軍区制を改変して戦略軍区に改革したい意図も読み取れる。同時に「軍事闘争の準備」というテーマも盛り込まれ、実際の戦闘を意識させることを軍改革の推進力にしようとしているようにも読める。

逆に言えば、この改革が成し遂げられなければ習近平が真の軍権を掌握したとは言えないかもしれない。

そしてこの軍内粛正も改革もまだ序の口であり、武力という具体的手段を持つ解放軍幹部から根こそぎ利権を取り上げる剛腕も、心から従わせるだけのカリスマ性も、習近平にあるかどうかは、未知である。中国共産党的価値観から見て、長幼の序を無視し、恩を仇で返すような汚職退治の辣腕はむしろ、疑心暗鬼と恨み、反発を生む可能性もあるのではないか。軍内も当然一枚岩ではない。政権と軍の関係は今後もきな臭さを放ち続けるのである。

薄熙来と習近平の確執

ショーアップされた薄熙来裁判

2013年8月22日から山東《さんとう》省済南《さいなん》市の中級人民法院で始まった薄熙来裁判は、下手なテレビドラマよりも面白かった。「視聴者」の予想を完全に裏切る展開だった。少なくとも私は、薄熙来が完全失脚し、落ちぶれた姿をさらし、シオシオと罪状を認め汚職と職権乱用で懲役15年前後の判決を言い渡されて終わりか、と思っていた。

だが、彼は起訴状にある2件の収賄罪と横領罪、職権乱用についてはほぼ全面的に罪状否認。文化大革命を主導した四人組裁判で、激しい抵抗をみせた毛沢東夫人・江青《こうせい》を彷彿とさせる裁判ショーを国内外に見せたのだ。

起訴状をみると、収賄罪2件計2179万元ちょっと、横領罪500万元、妻の殺人事件の捜査を妨害するなどの職権乱用罪が挙げられている。薄熙来・谷開来《こくかいらい》夫婦が海外に不正蓄財した総額は60億ドルに上るといわれていたが、起訴状ではこんな少額の収賄・横領罪で立件した。おそらくは、政権側との間に、罪を軽くするかわりに、この法廷で、大人しく権力闘争の敗北を認めるように言われていたのだろう。だが、そのシナリオは裏切られた。

薄熙来は元重慶市党委書記で2012年3月、失脚した。父親が八大元老の一人の大物政治家・薄一波という太子《たいし》党で紅二代の（二世政治家、革命戦争の英雄の子女）サラブレッド。一時は政治局常務委入りするとの噂もあった。

彼が失脚したのは表向き汚職容疑と妻、谷開来のニール・ヘイウッド殺害事件のスキャンダルだが、実のところは重慶市で毛沢東の文革を彷彿させるような大衆動員の政治キャンペーン「唱紅」と、マフィア・腐敗官僚撲滅キャンペーン「打黒」（その実、政敵官僚の一掃）によって大衆の支持を得て、中央権力の座をもぎ取りにいこうとする野心のすさまじさに、恐れをなした党中央指導部が失脚させたのである。

つまり権力闘争の結果、薄熙来は政界から排除された。薄熙来つぶしを主導したのは、前国家主席・胡錦濤ら共産主義青年団の派閥（共青団《きょうせいだん》派＝団派）であるが、革命家の子弟たちの派閥・太子党に属する習近平国家主席も、薄熙来が自分の地位を脅かす存在とわかり、胡錦濤と組んだ。

この薄熙来排除の権力闘争はすさまじく、薄熙来の容疑を固めた中央規律検査委員会の担当者らは、薄熙来を党籍剥奪にまで追い込んだ後の慰労会を、北京五輪公園の近くにそびえ立つ七つ星ホテル盤古大観の最上階のレストランで開いたとき、全員、感極まって男泣きにむせび泣いた、そうだ。薄熙来を完全失脚させなければ、薄熙来を追い詰めた彼らが反撃に遭い、息の根を止められることになるからで、ホッとしたのだという。

だが党籍剥奪が決まった２０１２年９月から、起訴、裁判に持ち込むまで長かった。薄熙来を司法で裁くことに抵抗する勢力が党中央に存在したからだ。同じ太子党、革命戦争の英雄の子供たちである。彼ら太子党仲間には、互いに深い利権関係と家族・親戚のような情がある。習近平も八大元老の一人・習仲勲《しゅうちゅうくん》の息子である太子党サラブレッド。幼少期は兄弟のようにすごした薄熙来のことをお兄ちゃんと呼んで、後ろをついてまわったともいう。もっとも性格の悪い薄熙来は、習近平をかなりいじめたという話もあり、そのことで習近平は実は薄熙来を恨んでいた、という人もいる。

ただし、いじめの恨みがあったとしても、かつて「お兄ちゃん」と呼んだ人間を監獄にぶちこむには、周囲からの目もあり、心理的にも圧力を感じるだろう。薄熙来の兄弟・親戚・親友は習近平にとって兄弟・親戚・親友だ。文革で失脚した元国家主席・劉少奇《りゅうしょうき》の息子の劉源や軍長老の張震の息子の張海陽《ちょうかいよう》上将は薄熙来の親友だが、劉源などは習近平にとっても親友である。習近平が薄熙来を監獄に送りこんだら、彼らは、その仕打ちを非難の目で見ないか。君だって職権乱用ぐらいやっていただろう？　小さいころは、家族も同然だったじゃないか。情けかけてやれよ、という批判の視線を受けはしないか。

おそらく、そうした圧力に妥協を重ねた末、習近平が太子党仲間を説得し、6月ごろに起訴の方針が固まり、8月の北戴河会議で、量刑が話し合われた。胡錦濤らは、「執行猶予付き死刑」を望んでいたようだが、そこまではいかず、２４０万元程度の汚職で懲役18年の判決を受けた元上海市党委書記・陳良宇《ちんりょうう》（かつて胡錦濤が失脚させた上海閥のホープ）を思えば、同等程度の罪が妥当、ということで話がまとまった。その代わり、公判では薄熙来の完全敗北を印象づけるような演出をすることになったのだろう。

ところが、公判で、薄熙来は思わぬ抵抗を見せた。

法廷で断固否定の大暴れ

中国の裁判について若干説明しておくと、おおむね裁判ショーである。台本があり、判決もほぼ事前に決まっている。注目度の高い公判は何度もリハーサルし、カメラアングルを決め、裁判長の咳払いや水を飲むタイミングまで決めているそうだ。薄熙来裁判は済南《さいなん》市中級法院公式アカウントによる微博《ウェイボー》中継、テレビ中継という異例の透明性をみせた。文化大革命を主導した毛沢東夫人・江青ら四人組裁判なみの扱いではないか。

公判の透明性を高めたのは、失脚してなお熱烈な支持者があり、小毛沢東とも呼ばれた薄熙来の落ちぶれた負け犬ぶりを全国にさらすためだった、という見方がある。身長186センチある薄熙来の両横に、身長2メートル超えの警官（本モノの警官ではなく元バスケットボール選手を臨時に雇ったのではないか、と噂になっている）を立たせ、わざと貧相に見せるなど、「絵づら」も入念に考えてあった。精力旺盛な商務部長時代の面影を覚えている者としては、「落ちぶれたなあ」という感慨をもった。

だが、公判が始まると、薄熙来は雄弁だった。

「法廷に意見陳述があります」と断った後、収賄罪の事実はないと罪状を完全否定、当局の取り調べは誘導尋問の疑いがあると主張した。公訴人が提示した証拠に対して「公訴人の証言はすべて周辺の証言であり、本件とは直接関係ありません。……これは唐肖林（贈賄を証言した実業家）の陰謀です。十数年前に行われた陰謀を今日、法廷で証言するなんて、神聖なる法廷を汚す行為だと思います」と反駁《はんばく》した。

唐肖林について、詐欺師だ、陰謀だ、自作自演だ、と語気荒く非難し続けたため、裁判長が思わずたしなめたほどだ。公判二日目（23日）には、妻でヘイウッド殺害の罪で服役中の谷開来の証言記録が流されたが、薄熙来は「谷開来は頭が狂っているのです。いつも嘘ばっかり言っていた。精神が不正常な時に、巨大な圧力を受けて、嘘の証言をした」「谷開来がヘイウッドを殺害したとき、荊軻《けいか》が秦の始皇帝を暗殺した時の豪胆さを持ってやった、と自分で言っていました。明らかに精神がおかしい」と言いたい放題だ。

５００万元の横領についても全面否認し、裁判長の前で証人を問い詰める場面もあった。ついには証人に「十数年前のことで細かいことまで記憶していません」と言わせ、「証人の証言は矛盾しています。証言の内容と客観的事実が乖離している。……私には５００万元ねこばする肝っ玉はありません」と言ってのけた。

証言台に立った元重慶市公安局長の王立軍《おうりつぐん》に対しても、「王立軍はずっと明らかに嘘をついていた」「品性は下劣で、デマを広げ人を混乱させる人間で、こんな人間の証言を使ったら、法廷の公正さに対する信用を失います」と罵詈雑言。あまりに雄弁すぎて、これもシナリオのうちに違いない、という見方は当然あるのだが、私はこれら薄熙来の反撃は台本になかった、という説をとる。少なくとも胡錦濤や習近平の書いた台本にはなかった。あるいは党中央に別の台本が存在し、ひそかに薄熙来と打ち合わせしていた人物がいたとか。そういえば、薄熙来入廷のとき、彼が前で組んだ手の指が3本立てられていたのは何かのサインではないか、という噂がネットで飛び交った。

公判初日、CCTVがこの公判のニュースを取り上げなかった。人民日報も独自社説を見送った。微博中継など大々的にショーとして見せた裁判のわりには中央メディアの報道がおとなしいこと。これは、予定稿が使えなかった、ということではないか。

なぜ薄煕来がこの土壇場で抵抗したのか。薄煕来の起訴や量刑をめぐり党中央はかなり激しい太子党側と共青団側との駆け引きがあったはずで、薄煕来はおそらくそれを知っていた。公判が四人組裁判以来の「ショー」となることを知った薄煕来は、この機会を利用して公衆の面前で権力闘争の続きを見せたのではないだろうか。

法院の周辺には毛沢東の肖像画を掲げた薄煕来シンパも駆け付けていたという。今の国内情勢、特に貧富の格差に不満を持っている底層社会の人々は、薄煕来がやろうとした「毛沢東式」のいわばプチ文革、「地主」から財産をぶんどって貧しい者で山分けするような、階級闘争とも下剋上ともいえるやり方を支持している人々が少なからず存在していたのだ。公判での薄煕来の雄弁さは、今一度、公開の場で、大衆を煽ってみせ、自分の支持者の多さを政敵に見せつけようとしたのかもしれない。

習近平をイジメていた薄煕来

薄煕来はなぜ、かくも激しい、プチ文革とまでいえる手法で政治局常務委の座を奪いにきたのだろうか。あまつさえ、香港ゴシップメディアが正しければ、政治局常務委の周永康や成都軍区の幹部らとも組んで、習近平から政権の座を奪う企てまでしていたという。党中央の合意のもと、党総書記・国家主席に決定した習近平から政権を奪うなど、従来の共産党秩序から考えれば不可能であろう。それが可能だと考えた薄熙来の自信の根拠とは何だったのだろう。

この背景には薄熙来と習近平との人間関係があると、私は想像する。すでに触れたように、薄熙来と習近平の二人は共通点が多い。ともに八大元老の息子同士で、幼いころは兄弟のように育った。ともに思春期に文革を経験し苦労した。薄熙来は紅衛兵《こうえいへい》となり、その激しい性格から、反革命容疑に問われた父・薄一波に対して、率先して暴力を振るい、その胸を蹴りあげて肋骨3本を折った上、「父と一切の関係を断つ」と宣言したというエピソードは有名だ。だが、その後、父の罪に連座する形で、地方で強制労働に従事させられた。習近平の父、習仲勳も反革命罪で投獄され、習近平は陝西省北部の農村に下放された。二人とも、文革終了を期にそれぞれ北京大学歴史学部、清華大学化学工程学部に入学した。ただし、薄熙来は途中で中国社会科学院研究院に転学する秀才であったが、習近平はずっとコネ入学であったとささやかれている。二人ともほぼ同時期に地方官僚から、その政治家人生をスタートする。薄熙来は大連市金県の副書記、習近平は河北省正定県副書記が振り出しだ。ともに不倫の末、二度目の結婚で美人でやり手の年若い妻と結婚。それが谷開来であり、彭麗媛だ。そして、常に互いをライバル視しながら中央の権力を目指して競い合ってきた。

二人の差を言えば、薄熙来は野心家で豪胆、習近平は慎重で臆病、と言われている。幼少期から薄熙来の方が習近平を小ばかにしていて、いじめたりもしていた。政治家としての実力も薄熙来は自分が上だと信じて疑っていなかったようだ。だが、実際は、習近平はその慎重で臆病な性格ゆえに、激しい権力闘争の過程で警戒されず、江沢民ら上海閥にも、胡錦濤ら共産主義青年団派にも、集団指導体制の和を乱さない「人畜無害」な人物だとして、つぶされずに済んで、総書記出世コースに乗ったのだった。

このことに、自信過剰気味の薄熙来は我慢がならなかった。彼は習近平を無能呼ばわりしていたという。自分よりも能力が劣る習近平が総書記・国家主席という出世コースが決まっており、自分が政治局常務委にもなれないなどとは、そのプライドが許さない。

同じような境遇で、同じような経歴で、しかも年齢も能力的にも自分が上ではないか、と。

確かに薄熙来は習近平に比較して有能であった。政治能力の差は、国際センスや外国世論対策などに歴然と表れている。薄熙来は国際派で英語も流暢、日本人の中にも薄熙来のスマートさや1分でも時間を割いて外国人客と面会するフットワークの軽さを評価した人は少なくなかった。一方、習近平は外交センスに欠けたドメスティックな印象で、2009年の外遊先のメキシコで、国際社会からの人権問題批判などを受けて、「腹いっぱいでやることのない外国人が、中国の欠点をあげつらっている」と語ったことは、中国メディア記者からも、「副主席にふさわしくない言動」と呆れる声が出ていた。薄熙来は中国社会科学院研究院でマスコミ研究科を出ているだけあって、メディアの影響力を熟知しており、記者受けもいいので、メディアを使った世論誘導、宣伝工作力に長けていた。習近平はもともと記者受けが悪く、政権の座についてから、史上最悪といわれる記者管理強化、メディア統制強化を進めている。

薄熙来が失脚した今なお、客観的にみて薄熙来の方が有能であったという評価がある。こうした薄熙来の「自信」が、実力でもって、党中央が決めた総書記から権力を奪えると錯覚させたのかもしれない。

共産党秩序に対する挑戦

実のところ、総書記・国家主席の権力というのは、決して特別大きなものではなかった。中国の個人独裁は、鄧小平を最後に「集団指導体制」という名の寡頭独裁に切り替わった。

これはどういうことかというと、政治局常務委員の9人、あるいは7人（奇数人数）が「最高指導部」となり、話し合いで政治の方針を決定していく。最終的には挙手による多数決だ。なので、総書記がやりたいことでも、政治局常務委の過半数の同意がなければ、できない。この政治局常務委の意見は政治局の派閥の強い弱い、あるいは長老と呼ばれる引退政治局常務委の意向、あるいは軍幹部、軍長老の影響力を大いに受けるため、いわゆる権力闘争、派閥争いが行われる。しかしながら、この権力闘争によって党中央の結束が乱れては困るので、少なくとも、政敵にトドメを刺すようなまねをすることはまずしない。特に武力をもつ軍部が政治体として政権の方向性に大きな影響力を持っているので、行き過ぎの権力闘争は政権の転覆すら起こしかねないのだ。

この寡頭独裁のシステムは、鄧小平と趙紫陽《ちょうしよう》の権力闘争が1989年の天安門事件を引き起こし、一つ間違えば共産党独裁体制が転覆するかもしれないというほどの危機を経験した反省から生まれた。鄧小平は当時の総書記・趙紫陽を失脚させたあと、上海市党委書記だった江沢民を後継者に抜擢。江沢民の実の父親・江世俊は日本軍占領下の江蘇《こうそ》省で日本の特務機関に協力していた「漢奸《かんかん》」（売国奴）であり、江沢民は「売国奴の子」という出自を隠すために、共産党幹部で革命烈士でもあった叔父の養子となっていた。だが、天安門事件がなければ、国家指導者になる器ではないと見られていたし、本人もそう思っていたことだろう。

江沢民が抜擢されたのは、天安門事件の際に、いち早く保守派に擦り寄るなど時勢を見極める目があったからだが、これは政治の風向きを敏感に感じて権力闘争に巻き込まれないように無難に生きる中国官僚の習い性のようなものだ。江沢民の上海市党委書記時代に部下であった元官僚に聞いたところでは、鄧小平は江沢民の上海市運営、特に経済政策手腕に対しての評価が高かったそうだ。80年代、中央財政が弱体化したときに積極的に財政補てんに協力したのは、上海市の江沢民であり、中央への抜擢はその見返りという。鄧小平は、さらに江沢民の次の指導者候補として胡錦濤も抜擢した。胡錦濤の次の総書記候補は、長らく未定であった。江沢民と胡錦濤の激しい権力闘争の末、習近平が選ばれたのだった。習近平が国家副主席、中央軍事委副主席に就いた段階で、習近平の総書記の地位は党中央の総意として確定し、本来なら覆すことができない。

だが共産党最後の強人と呼ばれた鄧小平の遺産とも言えるその共産党集団指導体制に、薄熙来は刃向かおうとした。その手法が、かつての毛沢東が文化大革命を起こした大衆運動と非常によく似たものだったのだ。

薄熙来の紅と黒の力

薄熙来は大連市金県の副書記からその官僚・政治家人生をスタートしたのだが、文革期の紅衛兵経験と投獄経験から、権力掌握の本質は「強権暴力が真理」であるということが身に染みていた。強権とは共産党権力、つまり紅い力、暴力とはマフィア（黒社会）、黒道である。大連では、マフィアと癒着し、利権を与える代わりに、自分の前に立ちはだかる障害を暴力でもって排除する紅黒一体の手法をとった。また、社会科学院研究院で国際ジャーナリズムを専攻した彼はメディアの宣伝力をよく理解していたため、メディアの懐柔に動いた。

薄熙来は長身の美丈夫で、弁論も爽やか、テレビカメラ映りもよく、大衆に好感を与えた。さらに地元テレビ局、新聞のトップを次々自分の腹心に挿《す》げ替えていき、メディアに自分がいかに有能な指導者であるかを描写する記事を発信させた。

大連市長になると、風俗産業と建築市場をマフィアを使って独占、それを大連市の都市再開発の成功として報道させた。だが、薄熙来は出世するにつれ、昔利用したマフィアとの関係が邪魔になる。それで、マフィア同士の抗争が起きるように画策し、薄熙来の黒い過去を知るマフィアのボスは抗争中に殺害されたり、殺人罪で死刑になったりして、この世から消された。

こうした手法で、薄熙来は大連市の書記となりやがて遼寧省長となる。おりしも中国の国家プロジェクト東北振興政策が打ち出された。薄熙来は、妻・谷開来に取り入ってきた才能ある若き企業家・徐明（後の実徳集団ＣＥＯ、薄熙来事件に連座して失脚）に利権を与えることで、猛烈な勢いで大連市を「北方の香港」と言われるまでの都市に成長させた。

また社交家であり、人当たりのよい薄熙来は日系企業の責任者たちと気軽に面談し、日本からの投資を呼び込んだ。薄熙来は日本企業からの面会申し込みがあれば、たとえ10分でも時間を作って会うようにしたという。その一方で、彼は自分に敵対する官僚や企業に対しては、「マフィアとの癒着」「汚職」の名目で次々排除していった。それを子飼いのメディアに、腐敗と戦う清廉潔白な指導者の姿として報道させた。この時、片腕となったのが後に重慶市公安局長となって「打黒」政策を実行した挙句、薄熙来を裏切り、情報を持って成都市の米総領事館に逃げ込む王立軍である。

こうした遼寧省での順調な功績は、時の政権トップの江沢民が後押ししたことも大きい。江沢民は薄熙来の父、薄一波に対しては恩義があった。江沢民が鄧小平に抜擢された背景の一つには、建国元老の一人・薄一波の強い推薦があったからだ。上海からいきなり北京に異動し孤立していた江沢民を薄一波は後押しした。もちろん、それは北京派と対立する薄一波にとって、上海から来るよそ者の江沢民が後継者になる方が都合がよいからである。江沢民は薄熙来を取り立てることで薄一波に対する恩義に報いようとしたのだ。

２００２年の第16回党大会で薄熙来は党中央委員に出世し、東北振興政策にゴーサインが出され、その功績をもってして２００４年に商務部長ポストを得る。これは先任商務部長の呂福源が肝臓がんになって就任1年目で退任したという幸運も重なったが、呂福源の体調不良が噂になったときに、薄熙来が江沢民に自分の語学力の高さや東北振興政策での成果をアピールしてポストをねだったからだとも言われている。

こうして、紅黒両方の力を利用してようやく、薄熙来は幼少期からライバル視していた習近平と同じ中央の政治の舞台に立てたのである。

人気政治家の犯したミス

だが2007年の第17回党大会の結果は、薄熙来にとって非常に屈辱的なものとなった。習近平はこの年、政治局常務委員に昇進する。政治局委員を飛び越した二階級特進であった。一方、薄熙来は習近平より一つ格下の政治局委員であった。

薄熙来は、このとき翌春の全人代で引退するであろう副首相・呉儀《ごぎ》の後任に就けるように、江沢民に頼み込んだが、呉儀自身が、野心あからさまな薄熙来を強く嫌った。「薄熙来を後任にしないという願いを聞いてくれるなら、裸退（次のポストを用意されない完全引退）でよい」とまで言ったとか。

薄熙来はすでに敵が多く、しかも2007年1月に薄一波が死去しており、江沢民自身も薄一波に無理に義理立てする必要もなくなっていた。結果、薄熙来は重慶市党委書記に転出することになる。これは薄熙来にとっての挫折であり、彼の人生が狂う最初のつまずきであったかもしれない。

重慶で、薄熙来は必ず中央政府の要職に返り咲くという強い野心をたぎらせる。その手法が、いわゆる「打黒唱紅」という大衆動員型の政治運動である。重慶はもともと哥老会などの地元政治結社の伝統のある都市であり、地元結社（黒社会、マフィア）と企業と官僚の癒着の激しい地域でもあった。

薄熙来にしてみれば、その黒社会と癒着している官僚たちは、前任者で共青団のエースであった汪洋の部下たちであり、薄熙来にとっては邪魔であった。そこで彼らを「マフィアと癒着した汚職官僚」という形で徹底的に処分する。これを「打黒」と呼んだ。このとき薄熙来の右腕として辣《らつ》腕をふるったのが、遼寧省から呼び寄せられた王立軍である。

重慶は都市部分が小さく周辺の農村地域との格差が目立つため、農民・労働者の官僚に対する不満が大きかったこともあり、この「打黒」は庶民の喝采を浴びた。その一方で、農民や低所得者向けの住宅整備や、中央が問題と認識しながらなかなか着手できないでいた農民戸籍者の都市戸籍編入を積極的に行い、農民・労働者の強い支持を得るようになった。また、重慶市で根強い毛沢東時代へのノスタルジーを利用して、革命歌を歌う「唱紅」キャンペーンを展開。直轄都市とはいえ、さして娯楽のない地方都市の貧しい人々にとって、革命歌合唱イベントはまたとない娯楽となり、アッと言う間に広まった。

また商務部長時代に培かった人脈を生かし、外資導入を積極的に進める。この結果、重慶のＧＤＰは飛躍的に伸びた。薄熙来は外国メディアあしらいもうまかったので、彼の政策は海外から「重慶モデル」の呼び名で高い評価を受けた。中国メディアもこれを引用する形でポジテイブに報じた。国内著名経済学者たちがこぞって「重慶モデル」を絶賛するようになった。

その一方で、政治局常務委の周永康や解放軍制服組トップの徐才厚とも人間関係を強化していた。特に当時、公安権力のトップに位置した周永康は、「打黒」キャンペーンを高く評価したと言われるが、同じ精力絶倫型好色漢としてもウマが合い、薄熙来は周永康に28人もの選りすぐりの美女を提供したりもした。その中には、薄熙来と関係を持っていた女性もかなりいた。野心を共有するように秘密も女性も共有した。

こうした「政治成績」と世論の高評価、人脈を使って、2012年秋の第18回党大会で政治局常務委入りを、狙ったのである。


農民・労働者からの支持と外国メディアからの高評価を博す、こうした政治手法は、毛沢東のやり方と非常に似ており、党中央の一部政治家や改革派の知識人にとっては文革の悪夢を思い出させるものだった。「打黒」で摘発された1500人以上の官僚や企業家たちの中には、拷問による自白を強要され、裁判でもまともな弁明の機会を与えられずに死刑や重刑に処せられた者も、冤罪で投獄されたものも多かった。そうした官僚の死刑の知らせを聞いて、農民・労働者は爆竹を鳴らして祝い、革命歌を歌いながら薄熙来を絶賛する。まるで紅衛兵の熱狂の再来だ。

重慶においては、薄熙来は〝小毛沢東〟であり、その人気ぶりは北京の労働者・農民にまで伝播しかねないムードが漂い、温家宝《おんかほう》などは露骨に薄熙来を嫌悪していたという。

もし薄熙来が、大きなミスをしなければ、いくら党中央の一部指導者たちに警戒・嫌悪されていたとしても、彼は政治局常務委入りを果たしていたかもしれない。なにせ、彼は現役の公安・司法のトップであった党中央序列9位の周永康とは同じ女性を共有するほどの癒着ぶりであり、彼が中心になって薄熙来の政治局常務委入りを働きかけていた。周永康は江沢民や曾慶紅など、党中央に厳然と影響力を発揮する長老たちとも関係が深い。また、胡錦濤の腹心である令計画も、周永康と昵懇であったという説をとるならば、胡錦濤も薄熙来の中央返り咲きを認めざるを得なかっただろう。

だが、これほどまでに老獪に周到な準備をした薄熙来は大きなミスをした。それは、谷開来の殺人を隠蔽したこと、その秘密を握る腹心の王立軍を離反させたことである。

ニール・ヘイウッド殺害事件から王立軍事件

薄熙来の失脚、続く周永康、徐才厚、令計画、郭伯雄の失脚のスタートはやはり、薄熙来の妻、谷開来のニール・ヘイウッド殺害事件だろう。

ニール・ヘイウッドは、薄熙来の息子・瓜瓜《かか》の家庭教師であり、その後は薄熙来一家の不正蓄財資金の洗浄に関わっていた英国人実業家である。谷開来とは、一時期肉体関係もあったと噂される。そのヘイウッドを谷開来は、２０１１年11月14日、殺害する。重慶市南山麗景度假酒店の一室に宿泊していたヘイウッドを訪れて、殺鼠剤入りのウィスキーを飲ませたのである。その事件をもみ消すことに当初、加担したのが王立軍。王立軍も谷開来と一時肉体関係があったと言われている。谷開来がヘイウッドを殺害した理由は、公判では、ヘイウッドと利害対立があり、「息子の安全に脅威を感じた」と証言している。だが、その動機は模糊としており、男女の感情のこじれ、金銭の強請《ゆす》り、息子を同性愛の道に引きずり込んだ、あるいは谷開来の情緒不安定、などとさまざまな噂が流れている。

理由はともかく、谷開来のヘイウッド殺害の後始末ともみ消しを王立軍が引き受けた。だが、この事件が元で、強い絆で結ばれていたはずの王立軍と薄熙来の関係が壊れる。これも諸説あるのだが、王立軍が薄熙来に、ヘイウッド事件の真相を打ち明け、それを薄熙来が「脅迫」ととらえた。あるいは真相を打ち明けたとき、王立軍は正直に谷開来との肉体関係まで言ってしまい、薄熙来から男としての嫉妬を受けた。いずれにしても、この時、薄熙来は王立軍の顔を平手打ちし、対立が決定的となった、と伝えられている。

王立軍は、敵対したかつての上司・薄熙来から亡き者にされるのではないか、と危機を感じて、薄熙来の政治生命を左右するような重大機密をもったまま、2012年2月6日、成都市の米総領事館に逃げ込んだのだった。

一説によると、王立軍は女装をして、自ら車を運転して、総領事館敷地内に入ったという。郭伯雄も女装して逃亡を図ったという噂があるが、共産党員には女装癖の人が多いのだろうか。

このとき王立軍が米総領事館に持ち込んだ「機密」とは、ヘイウッド事件の犯人が谷開来であることを示す捜査資料などのほか、薄熙来と周永康が2014年にも習近平から政権の座を奪う相談をしている録音テープも含まれている、と言われている。これがのちに周永康の完全失脚につながる「クーデター計画」の動かぬ証拠となったとか。

事件発生当時、総領事館の周りを、薄熙来の命で王立軍を追ってきた重慶市長・黄奇帆《こうきはん》と重慶の警察、武装警察部隊が取り囲み、王立軍の身柄引き渡しを要求。その、総領事館を警察車両が取り囲むただならぬ状況は、中国のSNS微博《ウェイボー》上でリアルタイムに流れていた。

王立軍は米総領事館経由で政治亡命を希望したが、オバマ大統領はこの受け入れを望まなかった。薄熙来が自分の命を狙っていると恐れていた王立軍は重慶市政府に引き渡されるよりも中央政府に引き渡されることを望み、当時のゲイリー・ロック大使から胡錦濤政権サイドに連絡がいき、追いかけてきた黄奇帆にも、王立軍の身の安全を約束させたうえで、「王立軍は総領事館に一泊した上で、自分の意志で出て行った」という。

胡錦濤政権は8日に腹心でもあった国家安全部副部長の邱進を重慶にやり王立軍の身柄を確保。当然、王立軍の持っていた薄熙来失脚の決め手となる「機密」情報も、胡錦濤政権に渡ったという。その年の全国人民代表大会閉幕翌日、3月15日、薄熙来は重慶市党委書記の解任が発表され、事実上、失脚したのである。

谷開来

薄熙来のクーデター計画

王立軍が米総領事館に持ち出した「機密情報」の中には、薄熙来から、習近平の政権の座をいかに奪うか、という相談を受けて、周永康が「時がきたら私の配下の300万の銃（武装警察と公安警官の数）があなたに加勢する」と約束している声が入っているのだとか。薄熙来も周永康も、王立軍の前で、気を許してそんな話をしていたのか。あるいは酒席で「いつか俺が天下とってやる」とクダを巻いている薄熙来に、周永康も放言しただけのことか。だが、この会話が、薄熙来と周永康が「西南軍事クーデターを起こそうとしていた」という動かぬ証拠になった、とささやかれている。

薄熙来が考えていた習近平からの政権奪取のシナリオとはどのようなものだったか。香港などで流布している代表的な説はおおむねこういうストーリーになる。

薄熙来は、重慶から640キロも離れた成都軍区に属し雲南省昆明《こんめい》市に拠点を置く第14集団軍にしばしば訪れていた。第14集団軍は、父・薄一波が抗日戦争時代に率いた伝説のゲリラ部隊・山西新軍を起源とした伝統ある軍であり、薄熙来が父を偲んで訪問するという可能性も確かにある。実際2012年2月に薄熙来が同軍を訪れたことを人民日報は「革命家だった祖先たちを懐かしむため」と報じた。だが、薄熙来はその父ゆかりの第14集団軍の武力をひそかに味方につけて、その軍事力と周永康の武装警察力を背景に、習近平から政権の座を奪おうと画策していたという。

また、成都軍区の副司令・阮志柏中将も、薄熙来のクーデター計画に加担していたとされている。彼は2008年に成都軍区副司令に抜擢された1950年生まれの安徽《あんき》省人で、長らく後勤部に所属し、軍事経済管理を専門としていた。2005年から解放軍審計署長を務めていたのが、突然、大軍区の副司令になった。軍の後方勤務から最前の司令という、大胆な人事は解放軍でも極めて珍しい。

この背後には、薄熙来の働きかけがあったという。薄熙来と解放軍戦略ミサイル部隊政治委員・張海陽《ちょうかいよう》上将（張震将軍の息子、成都軍区政治委員を務めたこともある。２０１４年退役）は、もともと革命家二代目同士の幼馴染であり、仲が良かった。薄熙来は、張海陽のために、張海陽ファミリーと土地開発利権取得をめぐって対立していた実業家の李俊ファミリーを「打黒」の建前で冤罪逮捕したことがあり、そのとき、でっちあげの罪を作り上げるにあたって軍サイドでは、張海陽の腹心であった阮志柏が協力した。この功績もあって薄熙来と張海陽が阮志柏を成都軍区の重要ポストに抜擢させたのだった。

阮志柏は成都軍区をまとめあげ、「来るべきとき」、薄熙来と周永康と連携してクーデターを起こすつもりであった、という。

いわゆる「3・19政変」（２０１２年3月19日夜、政変未遂が起きたという噂がネットに広がった事件）は、薄熙来失脚を受けて、狼狽した周永康と腹心の公安副部長・李東生と阮志柏が政変計画を早めるのではないかと見た胡錦濤政権が、先に周永康の身柄を押さえようと軍を出動させた騒ぎだという説があることは、すでに触れた通りである。

阮志柏はこの年5月13日、北京で突然病死したと公表された。自殺したとも、周永康が情報漏洩を恐れて暗殺したとも、ささやかれている。

薄熙来の手法を模倣する習近平

毛沢東のような大衆動員式の政治運動で中枢の権力に復帰しようとした薄熙来を、その野心をおそれて失脚させたのは胡錦濤政権であった。薄熙来は胡錦濤の後継者が習近平とすでに決まって動かせない共産党秩序への挑戦者であったため、太子党であり上海閥後継者として総書記候補であった習近平もこれに協力した。薄熙来の犯した失敗はあまりにも大きく、当時現役の政治局常務委であった周永康も、その背後で強い影響力をもっていた長老の江沢民もかばいきれなかった。野心家の薄熙来が排除され、習近平が予定どおり政権を継ぎ、中国共産党体制は再び安定するはず、であった。

だが、習近平は政権の座につくと、今までの大人しい様子を一変させて強権政治の道を進もうとした。今も続行する習近平政治のやり方は、まるで重慶時代の薄熙来を模倣するかのようであった。

大衆路線（中国語で群衆路線）を掲げ、「虎もハエも叩く」というスローガンを掲げた大反腐敗キャンペーンを中央規律検査委員会書記の王岐山《おうきざん》を中心に展開。「贅沢禁止令」（２０１２年12月に打ち出した八項規定）によって、官僚の質素倹約方針を打ち出した。そうして貧しい農民、労働者の支持を取り付ける一方で、「政治局常務委を司法上の罪に問わない」という共産党中央内の不文律を破り、汚職を建前に排除したかつての政敵に対しては、自分の元上司であろうと恩人であろうと、容赦なく司法処分を決め、鄧小平の決めた集団指導体制に刃向かうような実権の自分への集中を行った。

「肩書きコレクター」とまで陰でささやかれるほど、主要ポジションの肩書きを自分のものにした。軍と外交と国家安全部が担当するインテリジェンス部門と、武装警察など国内の治安維持部隊を統括する、米国の国家安全保障会議や旧ソ連の国家保安委員会に相当する組織・中央国家安全委員会を創設し自分がトップについた。本来、首相の李克強《りこっきょう》が主導するはずの経済政策も、いつのまにか習近平が主導権を奪った。中央全面深化改革領導小組の組長は習近平が就任。中央財政経済領導小組組長にも習近平が就任。かつて「リコノミクス」と呼ばれ海外から期待も寄せられていた「改革路線」の影は薄れ、今習近平が推し進めているのは「国家資本輸出主義」とも呼ばれている、自由主義経済の流れに逆らう資本の国家管理強化であり、その欧米的資本主義と異なる価値観の中国式経済秩序を周辺アジアの国際社会に押し広げていこうとする「一帯一路《いったいいちろ》」（習近平が2014年に提唱した外交・経済圏構想　新シルクロード構想）などである。

中央インターネット安全保障及び情報化領導小組組長、中央軍事委員会国防及び軍隊改革深化領導小組組長にも就き、対外安全保障から国内治安維持、ネットコントロールから経済、外交まで習近平が主導・掌握しようとしている。

改革開放以来最悪といわれる言論・メディア統制を行い、国内での西側の価値観を否定、排除するイデオロギー政策を打ち出し、自分に批判的な知識人、ジャーナリストを国家機密漏洩や政権転覆扇動容疑で逮捕し、投獄している。

「中華民族の偉大なる復興」を「中国の夢」として掲げる対外膨張主義を隠さず、「戦える軍、争の準備をせよ」と呼びかけた。

習近平は政権継承後、おのれの評価の低さ、権力基盤の弱さを挽回するために、オリジナリティーある手法が思いつかず、結局、薄熙来が重慶で行ったプチ毛沢東式・文革式の手法をそっくりまねるしかなかったのではないか、と思う。

薄熙来は、無期懲役、政治権利の終身剝奪、個人財産全没収となった。判決は予想されていたものより重くなったと言われている。罪状否認が党への抵抗とみなされ、改悛の情がないからこそ厳しめの判決を見せしめに与えるということだろう。

刑期の内訳は収賄15年、横領・職権乱用で7年、総合して無期懲役である。薄熙来は退廷時に「不公平だ！」と叫んだ、と伝えられる。公判で、おもいっきり自己弁護し、起訴事実を全面的に否認していた。また、自供が司法取引を背景に誘導されたものであること、証人の証言のあいまいさなどを逆に暴いたりもした。だが、それら被告の言い分はすべて無視され、証拠は十分で確かだということになった。

一部メディアで報じられていたが、公判のときに傍聴していた兄弟・子供ら5人は、薄熙来の抗弁が終わったあと起立して「薄熙来、よくぞ言った！」と拍手したという。長男として傍聴席にいた李望知（前妻との息子）は公判後の声明で党中央と法廷に感謝を述べると同時に「父の強さを誇りに思う」とも述べた。

傍聴に来た家族宛てに薄熙来が出したと言われる手紙が博訊やサウスチャイナ・モーニングポストで報じられた。次のような言葉が印象的だった。

「苦難の最中に骨肉の情の深さを見た。……父母はもう他界しているが、彼らの教えは深く心に根差している。私は両親の栄光を辱めることはしない。さらに大きな苦難も受け止めよう。……私は巻き込まれたのだ。まさに冤罪である。しかしそれはいつかはっきりとするだろう。私は監獄の中で静かに待つことにする。父も一生の間、何度も監獄に入った。私も彼を見習おう」

文革で毛沢東の暴力的権力闘争を思春期に目の当たりにしてきた薄熙来が、同じ手法で権力闘争に挑み敗れたとき、思い出すのは、文革で投獄された父のことだった。ならば、今、薄熙来と同様、毛沢東の手法で激しい権力闘争を展開している習近平も、しみじみ文革期に獄中にいた父親の気持ちに思いをはせる日がこないとも限らない、かもしれない。

第三章　江沢民VS.胡錦濤　苛烈な覇権争い

胡錦濤 vs. 江沢民

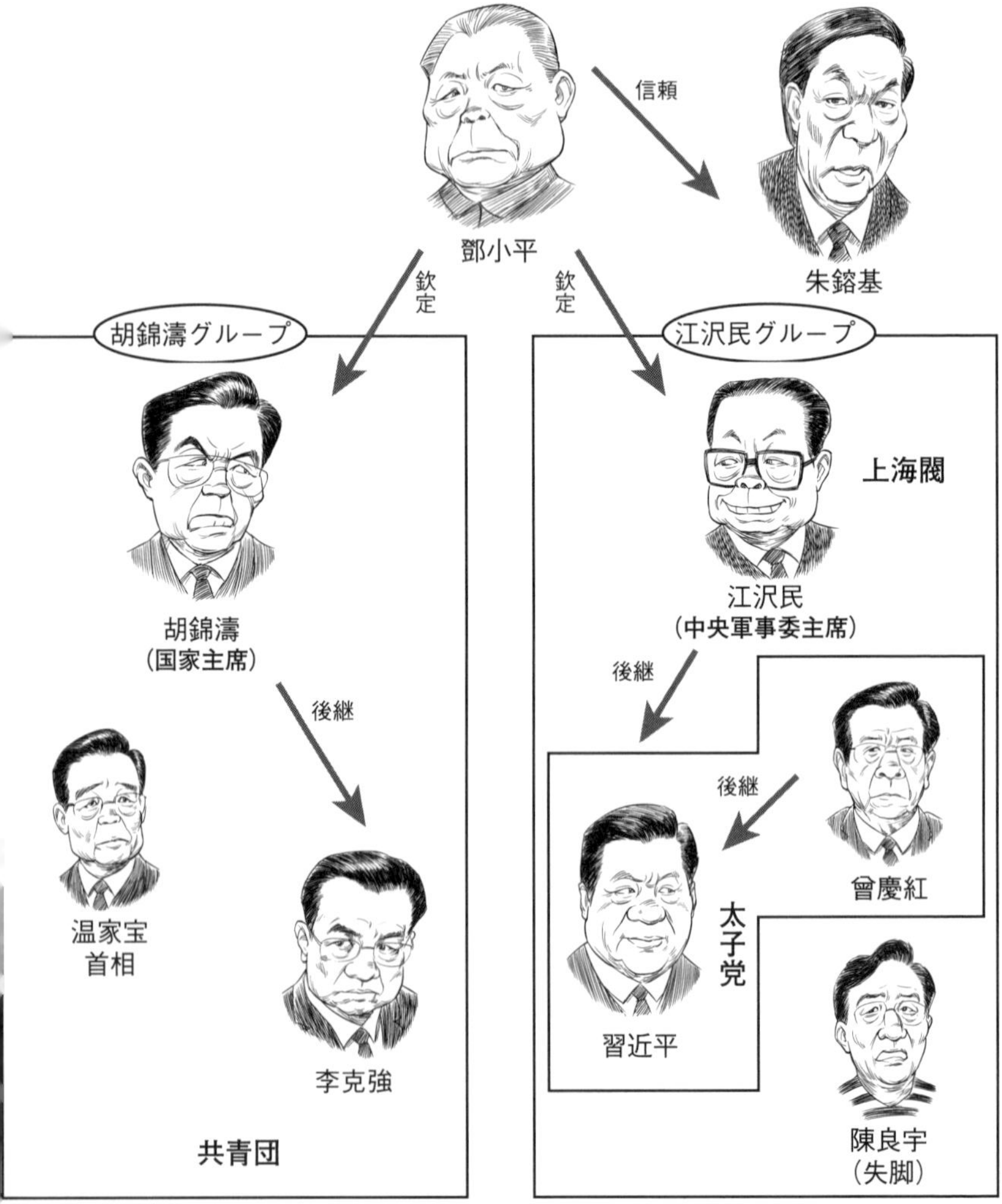

鄧小平
信頼
朱鎔基
欽定
欽定
胡錦濤グループ
江沢民グループ
胡錦濤
(国家主席)
後継
温家宝
首相
李克強
共青団
江沢民
(中央軍事委主席)
上海閥
後継
後継
曾慶紅
習近平
太子党
陳良宇
(失脚)

江沢民の上海閥形成の道のり

中国の派閥――太子党・共青団・上海閥

中国の権力闘争のニュースにはよく太子党《たいしとう》、共青団派《きょうせいだん》（団派）、上海閥という言葉が出てくる。太子党とは、これまでに述べたように、官僚・政治家・軍人の子女子弟、二代目を指す。太子とはいわゆる「プリンス」のことである。このうち、親が抗日戦争・国共内戦時代に共産党の中枢にいた革命世代の二代目を特に「紅二代」と呼ぶ。いまなお強い血統主義思想が残る中国では、この建国の偉業に参加した軍人・政治家・官僚の血縁者による絆・結束は非常に強く、また特権階級意識もあからさまで、現代中国の政治・軍事・経済の中枢は、この太子党・紅二代が握っていると言っていい。この太子党の筆頭といえば、両親ともに長征に参加した曾《そう》慶紅《けいこう》である。

共青団とは1920年に創設された共産党下部組織で、青少年を優秀なエリート共産党員に育て上げることを目的とする。14歳から28歳までの間に入団でき、優秀な大学生はおおむね団員となる。共産主義青年団幹部出身の官僚・政治家・軍人は一般に団派と呼ばれる派閥を形成している。団派のトップは目下、胡錦濤《こきんとう》である。

団派の共通点は高学歴のエリートというところであるので、当然中には、太子党に属するものも含まれ、必ずしも団派と太子党は対立するものではない。たとえば副首相の劉延東《りゅうえんとう》は団派に分類されているが、父親の劉瑞竜は中国工農軍第14軍創設者の一人という点で、太子党に属する。国家副主席の李源潮《りげんちょう》も団派であるが、父親は上海市政の基礎を支えた官僚・李幹成であるという点で太子党に近く、また上海閥にも近い。

だが、能力・学歴主義の団派と血統・人間関係重視の太子党は思想や価値観がかなり違い、太子党は比較的保守派が多い一方で、団派は改革派が多いとされる。また団派は官僚主義的であり、太子党は貴族的だとも言われる。

上海閥は中国語で上海幫（シャンハイバン）と呼ばれる。これは天安門事件（1989年）をきっかけに、失脚した総書記・趙紫陽《ちょうしよう》の後任として上海市党委書記から大抜擢された江沢民が作り上げた上海の地縁と利権を中心に形成した派閥である。

上海書記時代の部下であった曾慶紅（元政治局常務委、元国家副主席）、呉邦国《ごほうこく》（元政治局常務委、元全人代常務委員長）、黄菊《こうぎく》（元政治局常務委、元副首相）、陳至立《ちんしりつ》（国務委員）、陳《ちん》良宇《りょうう》（元上海市党委書記）ら、あるいは江沢民《こうたくみん》政権時代に出世し、積極的に江沢民を支えた賈《か》慶林《けいりん》（元政治局常務委、元全国政治協商会議主席）、李長春《りちょうしゅん》（元政治局常務委、思想宣伝担当）、呉官正《ごかんせい》（元政治局常務委、元中央規律検査委書記）、劉淇《りゅうき》（元北京市党委書記）、曾培炎《そうばいえん》（元副首相）、張徳江《ちょうとくこう》（政治局常務委）、劉雲山《りゅううんざん》（政治局常務委、中央党校長）、回良玉《かいりょうぎょく》（元副首相）らが挙げられる。

習近平《しゅうきんぺい》との権力闘争に敗れた周永康《しゅうえいこう》も上海閥である。また元上海市党委書記であった習近平自身も長らく上海閥だと見られていた。

ちなみに江沢民の後任として上海市党委書記を務めたのち、98年に首相として江沢民政権の主に経済政策を支えた朱鎔基《しゅようき》は上海閥に含まれていない。朱鎔基を北京に呼び首相に就任させたのは能力主義の鄧小平《とうしょうへい》であったからで、江沢民としては内心、鄧小平の寵愛を受けている朱鎔基が面白くなかったらしい。朱鎔基は天安門事件発生当時、総書記後任候補として北京に行っていた江沢民の代わりに上海市の事実上の責任者であり、「中共上海市委員会、上海市人民政府の全市共産党員、市民に告げる書」から反革命動乱という表現を削除させ、上海での流血を回避した立役者でもある。

上海閥も太子党と重なる部分があり、対立するものではない。思想・路線的には上海閥は政治については保守的だが、外交および経済については利権優先でかなり柔軟、悪くいえば拝金的であり、おそらくもっとも不正蓄財が多いと見られている。

このほか、産業利権で区分された石油閥、水利閥といった派閥に、出身地・地縁の派閥、また軍内派閥、引退幹部ら長老内の改革派と保守派などが複雑に絡み合って権力闘争が起きている。

この中で、江沢民政権時代、胡錦濤政権時代の権力闘争の主役はなんといっても上海閥であった。鄧小平に抜擢される形で中国という国のトップに据えられた江沢民は、政権の前半をかけて、慎重に周到に権力闘争を勝ち抜き上海閥を形成していったのである。

実父が漢奸、継父が革命烈士の江沢民

1989年の天安門事件で失脚した趙紫陽の後任として鄧小平に抜擢され、党中央総書記に就いたばかりの江沢民は当初、党中央のどの派閥にも属さず、支持基盤もなく、まったくもって孤独であった。本人が、江沢民伝記の著書であるロバート・ローレンス・クーンにそう語っている。その年11月には党中央軍事委主席の地位を鄧小平から引き継いだ後も、文民の江沢民は当時の解放軍制服組トップの楊尚昆《ようしょうこん》（中央軍事委副主席）と楊白冰《ようはくひょう》（中央軍事委秘書長）の兄弟からあからさまに見下された。軍隊経験のない江沢民は閲兵の前には、彼らに馬鹿にされないように軍隊式の歩き方を、鏡を見ながら練習するなど涙ぐましい努力をしたともいう。

ただ、鄧小平は、この生真面目でしがらみのないテクノクラートを気に入り、庇護した。

江沢民は以前に触れたように、日本軍占領下の江蘇《こうそ》省揚州《ようしゅう》で日本の特務機関に協力していた「漢奸《かんかん》（売国奴）」の江世俊の三番目の子供として生まれた。その後、叔父で抗日戦の英雄であった江上青の養子となった。1939年7月、28歳の江上青は、地方民団（匪賊）に襲撃され死亡する。あまりに若い死であり、江上青には家を継ぐべき男児がいなかった。何度も投獄され死線を潜り抜けてきた不屈の革命家の家を継ぐ者がいないのは困ると、13歳の江沢民が養子になったのだという。江上青は革命に殉じた英雄として、その遺体は共産党政権樹立後、烈士陵園に埋葬された。

父が漢奸で、養父が革命烈士。この紅黒背反する血筋を背負っていたがために、江沢民という人は、意識して愛国的であろうと努力したという。

学力優秀な江沢民は揚州中学から汪兆銘《おうちょうめい》政権下の南京中央大学機械電気工学部に入学。南京中央大学は1945年の日本降伏後、蔣介石《しょうかいせき》政府下で閉鎖され、上海交通大学に統合される。このころ、学生たちの間で国民党に対する反感が増しており江沢民も反政府デモに参加していたという。46年に共産党に入党。生い立ちに対する負い目もあったのか、党に対する忠実さは人一倍で、そういうところが後に、鄧小平のめがねにかなったようだ。

江沢民の最初の権力闘争は、92年、軍権を握る楊尚昆・楊白冰兄弟を引退させたことだろうが、これは、あくまで鄧小平の力である。楊尚昆は半世紀にわたって鄧小平を支え続け、天安門事件では学生の鎮圧に反対であったにもかかわらず、鄧小平の気持ちが動かないことを知ると自らの責任で戒厳令を出したほどの鄧小平に忠実な部下であった。だが鄧小平は、その忠実な部下があまりに権力を持ちすぎることを好まなかった。それよりも、コンプレックスの強いひ弱な感じの江沢民を自分の後継者として推していくのだ。

江沢民

93年に楊尚昆から国家主席職を継いだ江沢民が自力で、権力闘争をしかけるのは95年の陳希同《ちんきどう》事件と呼ばれる、北京市党委書記・陳希同の失脚である。

ライバル陳希同との因縁

陳希同は江沢民より四つ年若く、野心家であった。1948年に北京大学文学部に入学、その翌年に入党し、卒業後は若きエリート北京官僚として、建国初期の北京市市政の基礎作りに関わった。文革中は一旦下放されたものの、文革終了後は北京市副市長として舞い戻り、第12回党大会では中央委員会入りする。天安門事件が発生した当時、彼は北京市長だった。学生とも対話したが、趙紫陽の回顧録によれば、鄧小平に学生運動を「組織的計画的、あらかじめ謀られた反党反社会主義の政治闘争」と報告したのは李鵬《りほう》(当時首相)、李錫銘《りしゃくめい》(当時北京市党委書記)とともに陳希同であった。陳希同らの報告をもとに、鄧小平が武力鎮圧の判断を下した。

さらに中南海で学生鎮圧運動の指揮に参加し、6月30日に全人代で「学生たちに鄧小平を倒して、趙紫陽を担ぎ出そうという陰謀があった」と捏造を含む報告「動乱と反革命暴乱の制止に関する状況報告」を行った。ちなみに陳希同は晩年の回顧録で、「この報告は党中央に書かされたもので、自分には責任がない」と言っているが、「天安門事件の最大の罪人は陳希同」という人も少なくない。

晩年は天安門事件について悔恨の言葉を述べていた陳希同であったが、天安門事件当時、鄧小平のために一番の働きをしたのは自分であったという自負があった。趙紫陽の後継者として大抜擢された江沢民には強いライバル心があり、またそれを隠さなかった。さらに有能な陳希同は北京で天安門事件の翌年のアジア競技大会を成功させ、北京の都市開発を猛烈な勢いで進めていた。

鄧小平はこれを非常に評価し、92年に北京の首都鋼鉄集団(首鋼)の発展ぶりを視察したときには、陳希同を公開の場で改革派の手本としてほめあげた。こうした鄧小平の態度は、江沢民の嫉妬心を刺激したともいわれ、二人の対立は、ますます先鋭化していった。

92年の第14回党大会で陳希同は北京市党委書記となった。この時、鄧小平は長年忠誠を誓ってきた軍部の楊兄弟を江沢民のために排除。これにより、軍部の中にも江沢民派が台頭しはじめ、陳希同は江沢民のますますの権力掌握に焦りを覚えていた。

一方、この頃、陳希同はあからさまに江沢民を無視していた。たとえば鄧小平の改革開放の号令でもある「南巡講話」の報道について、江沢民は中央宣伝部の統一原稿を使うように中央メディアに指示したにもかかわらず、陳希同はそれを無視して北京市党委員会の機関紙「北京日報」で南巡講話全文を、党中央機関紙の人民日報よりも一日早く報じた。しかも北京日報の「改革開放」についての表現の方が刺激的で、人民日報の表現の保守的な部分を目立たせてしまった。このことに江沢民はかなり動揺したとも伝えられている。

こういった鍔迫《つばぜ》り合いを重ねていくうちに、事件は起きるのだった。

江沢民が顔色を失った告発文

一般に最初にアクションを起こしたのは陳希同だといわれる。1995年早々に陳希同は七つの省と連名で江沢民に対する告発を鄧小平に送ったと言われている。この内容は明らかになっていない。鄧小平はこの手紙を一瞥して意見を言わず、建国元老の薄一波《はくいっぱ》に処理を一任した。薄一波は江沢民を呼び出して、この告発文を見せたところ、江沢民は顔色を変え震えだし、薄一波に鄧小平へのとりなしを哀願したという。薄一波のとりなしにより、失脚をまぬがれたと感謝する江沢民は、この恩を薄一波の息子・薄熙来《はくきらい》への後押しという形で報いようとするのだった。ちなみに陳希同は晩年の回顧録でこの告発の件について、否定している。

陳希同の存在に危機感を募らせた江沢民は、陳希同排除にのりだす。権力闘争はたいてい汚職摘発という形で行われる。江沢民が最初にターゲットを定めたのは当時北京市副市長の王宝《おうほう》森《しん》であった。

まず95年2月に首鋼集団会長周冠五が引退し、その息子で首鋼集団助理総経理の周北方が贈賄容疑で逮捕、起訴された。その裁判過程で、王宝森副市長を含む北京市幹部らへの贈賄が明るみになる。中央規律検査委は王宝森、陳希同らをターゲットとした調査を開始する。だが、王宝森は同年4月4日、北京郊外の懐柔県の山間部で〝拳銃自殺〟する。この自殺は暗殺だといわれている。というのも現場には薬莢《やっきょう》が残っていたのだが、その薬莢は何者かに踏まれて土にめり込んでいる状態で見つかった。少なくとも王の自殺現場には第三者がいたことを示していた。

後に王宝森の汚職の罪が公表されたが、25万元および2万ドルの公金を着服し、1億元以上、2500万ドルの公金を流用して弟や愛人、友人らに経営活動をさせて1300万ドルの損失を出した、という。

王宝森の死はCCTVの特番で報道された。これは陳希同に対して、もう逃げられないぞ、という一種の宣戦布告でもあった。同じころ、陳希同の二男、陳小同も汚職容疑で逮捕された。やがて、周北方が執行猶予付き死刑の判決を受ける。周北方の父、周冠五は改革開放の体現者であり、国有企業改革の先駆者として鄧小平の信頼を受けていた人物。その息子にこのような重い判決が下るのであれば、いくら鄧小平に覚えめでたい陳希同とて逃げ切るのはもう不可能である。

王宝森の自殺の責任を取る形で陳希同は北京市党委書記を4月に辞職。7月には、王宝森の経済犯罪捜査の過程で、重大問題が発覚したとして規律検査委による身柄拘束、つまり双規を受ける。9月の五中全会で中央政治局委員の資格を剝奪され、97年に党籍を剝奪された。98年に汚職の罪で懲役16年の判決を受けた。この時、起訴状で挙げられた陳希同の罪は91年から94年にかけて外国企業から高級腕時計や万年筆など55万5０００元相当の金品を受け取りながら、これを党中央に報告せず独占したことや、高級別荘の違法建設に３５２１万元の公金を使い、王宝森らとともに自分たちで使用した横領罪などが挙げられている。

陳希同はこれに不服とし上訴するも、一審判決が維持された。

ちなみに陳希同は２００６年8月にがん治療のための自宅療養に切り替わるまで、秦城監獄で服役したが、チャイナデイリーが２０１１年に報じたところによれば、彼は囚人服を着ることを拒み、趣味のテニスも続け、食事もオードブル付きで一日約２００元をかけた贅沢なものだったという。同じ時期に秦城監獄に服役した私の知人の話では、刑吏を従えて車で市内に外出することもでき、完全な特別待遇であったとか。

２０１２年5月、香港の出版社から口述の回顧録を出版するが、そこで汚職事件は権力闘争であり、自分はあくまで冤罪であることを主張していた。彼はかつての北京市党委書記・李錫《りしゃく》銘《めい》の言葉を引用して、「江沢民は政治詐欺師であり、投機分子である」と批判を募らせていた。

また、自分がいかに江沢民から迫害され、権力闘争のスケープゴートになったかを訴え、江沢民も汚職まみれであることを告発する5万字にわたる上申書を党中央に送ったそうだが、すでに引退したとはいえ厳然と長老として影響力を持っていた江沢民に一矢報いるには及ばないまま、2013年6月2日に直腸がんで死去した。享年83歳だった。

中国最大の汚職事件に挑む鬼の朱鎔基

陳希同失脚後、江沢民は北京市の立て直しに福建《ふっけん》省党委書記であった賈《か》慶林《けいりん》を抜擢した。1996年に北京市長に就任、97年には北京市党委書記を兼任しながら陳希同事件の処理にあたっていた党中央規律検査委員会書記の尉《い》健行《けんこう》から北京市党委書記職を受け継いだ。賈慶林は典型的なごますりタイプの官僚政治家であり、福建省時代、中央の政治家やその家族に、高級車や別荘を贈るなどしていた。江沢民もそういった贈り物を受けた一人であったが、実際に金や贈り物に心を動かされたのではなく、賈慶林の江沢民に対する忠誠心をかわいく思ったからではないかと言われている。

賈慶林はいかにも凡庸で、小粒の官僚政治家であった。江沢民にしてみれば、バカでかわいい手下であった。だが、このあまり賢くない小物政治家の脇の甘さが、のちのち江沢民の弱点となっていく。賈慶林が党中央幹部にせっせと贈っていた金品の出所は、後に中国建国以来最大の密輸汚職事件と歴史に刻まれる「遠華《えんか》密輸事件(アモイ事件)」にあったのだ。

賈慶林抜擢に前後して、朱鎔基の活躍が目立つようになっていく。朱鎔基も上海市時代の江沢民を補佐し、またその後任として市長、書記を務めたうえで中央に抜擢されたので、上海閥に属すると思われがちだが、朱鎔基の出世は趙紫陽、鄧小平の後押しであり、江沢民とはむしろ仲が悪かった。

朱鎔基は鉄面無私の任務に忠実な官僚であり、とくに権力掌握に固執する場面はなかったが、おりにふれて江沢民に刃向うようなところはあった。ただ、彼は鄧小平の信頼にこたえるべく、経済担当の副首相時代、改革開放の推進とインフレ退治という極めて困難な経済上の課題解決にまい進していく。その手法は、外資の導入と銀行改革、地方が乱発していた不良債権の整理、人民元切り下げそして汚職摘発であった。１９９８年の全人代で首相に就任。これは97年に死去した鄧小平の欽定人事であった。この時の選出を受けて、朱鎔基はこう語っている。

「行く先にあるのが地雷原であろうと千尋の谷であろうと、ただ勇ましく前進するのみ。後ろを振り向くわけにはいかず、身を挺して力を尽くし、死ぬまで頑張る」

京劇好きで知られる朱鎔基のセリフは芝居がかった印象的なものが多く、同年の中央の会議で、陳希同汚職事件の報告を受けて、こうも語ったという。「私は１００の棺桶を準備しよう。99の棺桶は汚職官僚のために、残る一つの棺桶は私にとっておけ。共倒れも覚悟の上だ。国家が長期に安定発展し、庶民が私の仕事を信じてくれるならばそれでいい」

そんな朱鎔基が、江沢民の腹心の部下、賈慶林らも関与する遠華事件を暴くことになる。

遠華事件の真相

1999年3月、汚職摘発の鬼、朱鎔基首相のもとに一通の匿名の手紙が届く。福建省厦門(アモイ)市を拠点に軍産官を巻き込んだ中国建国後最大規模の密輸脱税汚職事件の実態について、実名や証拠を詳細に書いた告発の手紙であった。朱鎔基は公安幹部、国税当局幹部までが名を連ねるこの巨額汚職事件の摘発を、展開中の反腐敗撲滅キャンペーンのモデルケースとするため、自ら指揮を執って乗り出した。一方、江沢民はこの事件を利用して、最後の基盤固めの権力闘争に出る。捜査チームは4月20日に設立された。

遠華事件の概要をおさらいしておこう。

事件の主犯は頼昌星《らいしょうせい》という実業家だ。福建省晋江《しんこう》市の貧農家庭に生まれた頼は文革中、香港に密出国、文革後に香港商人の身分で福建にもどり改革開放の波に乗って、実業家として成功、再び香港に進出して遠華公司を設立する。80年代から90年代にかけては、こうしたチャイナドリームが実現する余地がまだ中国にもあった。

ただ頼の商売のやり方は、実に中国的であった。これは今も、多くの中国ビジネスマンが行っている伝統的ビジネスのやり方である。福建省でのビジネスに成功した頼は、巨額の利益を福建省の官僚や軍の幹部や北京の政治家秘書たちに、寄付やプレゼントという形でばらまき人脈を築いていった。たとえば朱鎔基の秘書に取り入って、世間話をしながら、朱鎔基の経済政策をいち早く知る。経済政策の先の展開を知っていれば、当然有利なビジネスを展開できるし、株の値動きも予測できる。頼は江沢民、李鵬、朱鎔基の中央指導者を含んだ要人たちの秘書87

人との付き合いがあったと後に在カナダ華人ジャーナリスト・盛雪のインタビューに答えている。

こうした情報収集の能力の高さ、人への取り入り方のうまさに目をつけた福建の公安当局や国家安全部、軍が頼に香港や台湾での諜報活動や対台湾工作を依頼したという。国家の特務として海外に出た場合、税関はフリーパスになる。集めた情報・資料が税関で暴かれるわけにはいかないからだ。彼はこうした諜報活動において、台湾の軍事情報や解放軍内に潜む台湾サイドのスパイ情報など、かなり有益な情報を報告し、国家安全部から「特別工作員」の身分を得ていたという。これが96年ごろであった。

「遠華事件」は、頼がそうした特殊身分によって、密輸を好き放題できる時代の１９９６年から99年にかけて起きた。

この期間、頼はアモイ市に設立した「遠華電子有限公司」というペーパーカンパニーを通じて、公式発表で５３０億元、一説によれば８００億元〜１０００億元に上る関税脱税を行ったとされる。密輸といっても、タバコや酒といったかわいいものだけではなく、ベンツなどの高級車や石油をタンカーで、軍艦の護衛をつけてごっそりと輸送した。当時中国で流通していた石油の25％が、この密輸ルートでもたらされていたという。

さらに、国内外メディアが好奇心でもって書き立てたのが「紅楼」と呼ばれる頼昌星の接待所であった。厦門湖のほとりに建てた五つ星ホテルクラスの七階建て会員制娯楽施設で、中のサウナ、ナイトクラブ、カラオケでは、上海や北京から高給で呼び寄せた選りすぐりの美女を働かせた。このハーレムで、福建省やアモイ市の幹部、公安や軍のお偉方を、欧米のアダルトビデオを参考にした「特別接待」で骨抜きにしたという。しかも、その様子を隠しカメラでビデオに収め、彼らの弱みを握ることで、頼の悪事の共犯者に否応なく巻き込んだという。頼自身は盛雪のインタビューで、こうした報道がすべてでっちあげだと主張している。

だがこの事件に、非常に広範囲に複雑に党中央、軍幹部が関わっていたことは事実であった。まず、頼昌星の直接の親友に人民解放軍総参謀部二部の部長で少将の姫勝徳がいた。総参謀部二部とは軍のインテリジェンス部門、つまり特務工作を仕切るポジションである。また姫勝徳の父親は建国元老で外相や副首相も務めたことがある姫鵬飛《きほうひ》であった。頼は姫勝徳の妻子が米国サンフランシスコに暮らすための家（250万米ドル）を提供していた。また公安部副部長の李紀周は頼の後ろ盾でもあった。李紀周は全国密輸取り締まり指導グループの責任者として、当初、遠華事件の捜査の指揮も執っていた。だが、李紀周は娘のアメリカ移民費用の50万元を含め900万元相当の金を頼から受け取っていたことが判明。李紀周と頼の関係はやがて暴かれた。

この事件では中央地方の官僚や軍人、民間人らあわせて約600人が捜査対象となり269人が起訴され、また党員および国家公務員として規律違反の処分を受けた者は156人に及んだ。一審で死刑判決（猶予付き含む）を受けたのは14人。李紀周は二審で執行猶予付きの死刑判決となった。姫勝徳は名門の家に生まれたおかげで、無期懲役という比較的軽い判決だった。

早々に死刑が執行されたのは密輸業の民間人や中国工商銀行厦門支店長ら小物官僚であったのは、中国共産党の理である。

頼昌星は自分に逮捕の手が迫っていることを事前に知り、すでに香港パスポートをもっていたこともあり、家族と３００億元の資産とともに、１９９９年8月14日、香港経由でカナダに脱出した。遠華事件特別捜査班の責任者の中には頼の接待を受けた者も何人かおり、また中央規律検査委の課長級幹部にも10人位知り合いがいるという状況で、捜査状況はほぼ筒抜けだったという。

江沢民、李鵬、朱鎔基の三つ巴の権力闘争

遠華事件の本質は、やはり権力闘争であっただろう。頼昌星自身が「自分は権力闘争のスケープゴートになっただけで冤罪である」「朱鎔基が賈慶林を失脚させるために作り上げた事件」と主張しているのは、言い訳だとしても、権力闘争の側面を抜きにしてこの複雑な事件は語れない。

江沢民は当初、頼が軍長老の劉華清《りゅうかせい》と非常に親しいということを知り、これを劉華清排除に利用しようとした。劉華清と張震は国共内戦期、鄧小平の部下であり、鄧小平が信頼を置く軍人である。１９８９年に鄧小平が党中央軍事委員会主席の座を江沢民に譲る際、軍に強い影響力を持つ楊尚昆・楊白冰兄弟を牽制するためにも、江沢民の後見役としてこの二人を中央軍事副主席に任じた。しかし、劉華清らは軍歴のない江沢民を軽んじ、「ど素人は黙っておれ」といわんばかりの批判を面と向かって投げつけることもあったという。97年に劉華清、張震ともども中央軍事委副主席の座を引退するも、この2人の長老は厳然と軍内に影響力を発揮しつづけ、江沢民の軍権掌握にとって非常に邪魔な存在であった。

頼昌星は劉華清の次女・劉暁莉と海軍ビジネスを通じて知り合い、劉華清とも直接交流するようになったという。一説によると解放軍の特務による米クリントン政権に対して行った政治献金の出所が、頼昌星とも言われているが、頼本人は否定している。この解放軍の対米工作は米国メディアなども報じているが、96年に姫勝徳と中国航天科技国際集団の副総裁・劉超英が、鐘育翰という人物を介して、クリントン元大統領とケリー議員に、計2・8万ドルの資金を提供したことが発覚した。劉超英は、劉華清の長女で解放軍総参謀部に属する中佐である。

江沢民は劉華清を追い詰めるために、遠華事件の追及に本腰を入れるが、今度は別の問題が見えて来た。江沢民の子飼いの部下、賈慶林が事件に関わっていたのだ。賈慶林の妻・林幼芳《りんようほう》は福建省外国貿易局党委書記で、遠華集団の理事を務め、頼から3000万元を受けとっていた、らしい。陳希同を汚職で排除した江沢民がわざわざ福建から呼び寄せて後任に就けた賈慶林が大規模汚職に関与していることが明るみになったならば、これは江沢民の決定的な政治的つまずきとなりかねない。

このため江沢民は急に遠華事件の捜査を切り上げようとした。だが、朱鎔基は事件に賈慶林が絡んでいるとの情報を得るとなおさら、徹底的に事件を追及しようとした。というのも、朱鎔基は江沢民が嫌いであった。一つの原因は、朱鎔基が手塩にかけて育てあげた部下の一人・

朱小華の失脚を決めたのが江沢民であったからといわれている。朱小華は中国人民銀行副総裁を経て香港の中国系企業・光大実業の理事長を務めていた人物で、将来を嘱望されていたが、彼の30億元以上の横領が99年7月までに内部調査で発覚した。株に手を出して、穴をあけた分を国庫から補てんしていたという。江沢民は朱小華が朱鎔基の寵愛を受けた人材であることを知った上で、逮捕命令を出したと言われている。朱小華は騙され、嵌められたという噂もあり、朱鎔基としては大目に見てほしいという思いもあっただろうが、江沢民はこれを無視した。汚職というのは程度の差こそあれ、中央の官僚ならば誰でもやっていることである。誰を逮捕して、誰を見逃すかは、まさに党中央の権力・派閥の争いの結果。江沢民は、国内外で「清官（清廉潔白な公務員）」と人気のある朱鎔基の派閥に汚職官僚を見つけて、これ見よがしに処分したと受け取られた。

この一件があったので、朱鎔基はなおさら賈慶林の追及に力を入れた。また、李鵬も江沢民に恨みを持っているライバルであった。そもそも、李鵬は趙紫陽の後任は自分かもしれないと期待を寄せていたのに、鄧小平の采配とはいえ江沢民にその地位を攫われて面白くなかった。また、陳希同失脚の後釜は自分の派閥の羅幹《らかん》を送りこみたかったのだが、江沢民はそれを許さず羅幹より地位の高い尉建行（政治局常務委）にとりあえず兼務させて、その間に福建省からお気に入りの賈慶林を呼び寄せて、まんまと北京市党委書記にねじ込んだ。そのことが李鵬は不服で、賈慶林の失脚を望んでいた。こうした江沢民、朱鎔基、李鵬の思惑と駆け引きから、捜査は進んだり遅れたりし、結局は頼昌星がカナダに高飛びするスキを与えてしまった。

結局、この三つ巴の権力闘争は江沢民が勝ち抜き、軍部が深く関わっていたこの密輸事件の責任を取らされる形で劉華清と張震はその後の軍内政治に口をはさめなくなった。

この事件で、江沢民の権力基盤はほぼ固まったと言える。

中国政府は再三、頼昌星の強制送還をカナダ政府に求めるが、死刑を廃止したカナダ政府としては、強制送還後に死刑になる可能性があるとわかった上ではそれに応じるわけにはいかなかった。江沢民としては、頼昌星に帰国してもらわず、カナダで大人しくしてくれている方が実は良かっただろう。中国サイドが本気で、頼昌星の送還を望んだのは胡錦濤政権になってからだった。胡錦濤政権になって、頼昌星は再び、習近平のスキャンダルに関わる重要な政治カードとなって２０１１年７月に強制送還されるのである。

共青団のトップ・胡錦濤の受難

フーイズ胡（フー）？

胡錦濤は鄧小平に見出されて、江沢民の後継者のポジションについた人だが、江沢民政権時代は実に目立たなかった。それは彼がなかなかの切れ者で、あえて江沢民と対立しないように立ち回るだけの器用さがあったからだ。なので、彼が総書記になったとき、外国メディアにとって、その性格、人となりは全く未知であり、新聞の見出しには「Who's Hu？」（胡とはだれ？）と書き立てられた。

手元にある明鏡出版の『胡錦濤伝』を参考にすると、胡錦濤は、祖籍は安徽《あんき》省となっているが、実際の生まれは上海で、育ちは江蘇《こうそ》省の泰州《たいしゅう》である。１９４２年、裕福ではない小学校教員の父親の長男に生まれる。48年、生活苦から茶業を営む祖父の家がある泰州に移り住み、父親も茶販売を手伝い生活を支えた。母は7つの時に死に別れ、祖母が母代わりであったという。

性格は生真面目で内向的で、予習復習を欠かさない秀才タイプであったという。当時の党の血統論でいえば身分は決して高くはないが、資本家、ブルジョワというほどでもないので入党が認められ、進学にも大きな障害はなかった。59年、清華大学水利工程学部河川発電専攻に入学。当時、第二次五か年計画が喧伝されたころで、なかでも水利ダム建設は国家建設の基礎インフラの一つであり、若き優秀な共産党員にとっては、厳しい辺境の地でダム建設に従事することは、一つのロマンであったとか。現実的には、大学卒業後、水利エンジニアとして危険なダム工事現場に派遣される水利工程学部はたとえ名門清華大学とて、人気が低く、胡錦濤のような「血統のあまりよくない」学生にとっては比較的入学しやすいという面もあったようだ。

在学中、同級生の劉永清と恋仲になり後に結婚する。劉永清は学生当時から地味で目立たない女性だったそうだ。一方、学生時代の胡錦濤はダンスもうまく女子にモテたとか。だが、相手を見初めたのは胡錦濤の方で、着飾った美女より、地味だが聡明な女性に惹かれるタイプであった。

在学中の66年に入党した胡錦濤は、その党への忠誠と政治姿勢を見込まれて学部を卒業した後、大学院に進みながら、大学の政治指導員となった。この年新設された清華大学内の思想教育を指導する政治部に所属する。まもなく文化大革命がはじまり、学内で政治闘争の嵐が吹き荒れた。清華大学は革命的立場なのか、反革命的立場なのか、その立場が問われ、胡錦濤は、政治問題よりも学問の追求を重視する蔣南翔・学長を支持する側に立った。だが蔣南翔は解職処分となり、大学党委員会の元メンバーや政治指導員、教員らの多くが吊るし上げや自己批判の対象となった。やがて多くの死者を出す１００日以上の武闘に発展する学内政治闘争の嵐を、胡錦濤は自分の政治的立場を表に出さず、己の意見・主張をしないことでなんとかやり過ごす。後に胡錦濤が江沢民政権時代を通じて、できるだけ目立たないように立ち回ったのは、この文革期の経験に学んだのだと言われている。

胡錦濤

68年、胡錦濤は一旦、農村に下放されて再教育プログラムを受けたのち、水利部に配属され甘粛《かんしゅく》省蘭州《らんしゅう》市から１００キロはなれた劉家峡ダムのエンジニアとして現場に配属される。その後、その真面目さ、有能さを評価され水利部傘下の土木企業である８１３支局の弁公室秘書に出世する。このとき、ダム工事の現場を視察に来た、甘粛省建設委員会副主任の張延青に気に入られ、74年に張延青の秘書となる。これが胡錦濤の政治キャリアコースのスタートラインとなる。鄧小平時代になり、若手党員の積極的登用の波にのって胡錦濤は順調に出世。80年には当時、甘粛省党委第一書記であった元・周恩来《しゅうおんらい》の秘書、宋平《そうへい》の推薦を受けて共青団甘粛省党委書記に就任した。

翌年、胡錦濤は鄧小平の娘・鄧楠《とうなん》と胡耀邦《こようほう》の息子・胡徳平《ことくへい》とともに中央党校での共産党幹部候補の研修を受ける。これも先に中央の国家計画委員会第一副主任に出世していた宋平の引きであった。宋平は今なお長老として党中央にそれなりの発言権をもつが、彼が胡錦濤、温家宝《おんかほう》の中央入りのチャンスを作った主要人物の一人といえる。

胡錦濤は、この中央党校で鄧楠や胡徳平と仲良くなったことで、かれらの父親からも覚えめでたくなる。特に胡耀邦はかつて共青団中央第一書記を務めたこともあって、胡錦濤を贔屓した。胡耀邦が党総書記に就任すると、胡錦濤の出世も加速する。82年10月に共青団中央書記処書記に昇進。84年には共青団中央第一書記という共青団トップの座についた。

困難と転機のラサ戒厳令

その後、貴州《きしゅう》省、チベット自治区といった貧困地域の党委書記を任じられる。このチベット自治区書記時代の1989年、あの「ラサの虐殺」が起きるのである。中国では「ラサ暴動」とも呼ばれている。

文革はチベットにも大きな傷跡を残したが、その後の鄧小平の改革開放政策によって、中国人経済がチベットに進出、現地のチベット族に対する差別や搾取が顕著になり、チベット族の不満はかえって高まっていた。80年にチベットを視察にきた胡耀邦は、そのチベット族の虐げられぶりに涙を落とし、チベット政策の失敗を認めて、チベット語教育の解禁や僧院再建事業が約束される。だが、胡耀邦によるチベット改革は党内保守派の強い抵抗もうけ、失敗に終わる。87年1月16日、胡耀邦は失脚し、チベット解放政策は白紙に戻る。これを受けて、チベットでの反中国政府デモが盛り上がってゆく。死者、逮捕者も出す武装警察によるデモ鎮圧事件も頻発した。

こうした緊迫状況のもと、88年2月～3月、11日にわたる大祈禱法会モンラム・チェンモが、6000人の武装警察の監視のもとに行われた。法会の最終日に一人の僧侶が「チベットに独立を！　中国の抑圧を倒せ！　ダライ・ラマ万歳！」とマイクで叫びだし、民衆もシュプレヒコールを上げ始め、自由を求めて大合唱が起きた。武装警察はこの騒ぎを催涙ガスなど使用して鎮圧した。だが、この警察の鎮圧に怒ったラサ市民が暴徒化し、中国人経営の商店や警察が襲撃された。これの報復としてラサ全市の捜索が行われ２５００人のチベット族が逮捕された。その多くが悲惨な拷問を受けたという。これに抵抗するデモがまた起き、武力で鎮圧されるという怨嗟のループが続いていた88年12月、胡錦濤が鄧小平の肝いりでチベット自治区党委書記として着任するのである。

これは一つの裏のとれない説ではあるが、この時、党中央はパンチェン・ラマ10世の「毒殺」という密命を胡錦濤に課していたという。

パンチェン・ラマ10世はダライ・ラマ14世とともにチベット仏教ゲルク派最高位の活仏で、当初中国共産党に協力した人物である。だが、それは裏切りではなく、本土にとどまり、彼なりにチベットを守ろうとしたからだと言われている。その後、共産党のチベット弾圧を目の当たりにし、激しい共産党批判を続け、文革時代には投獄もされ、長らく北京に軟禁状態にあった。

88年以降のラサの混乱を受けて、鄧小平はパンチェン・ラマ10世に対し、共産党に反抗的な自らの主張を捨て、改めて党の協力者に戻るよう求めたが、パンチェン・ラマ10世はこれを拒否したという。またパンチェン・ラマ10世がダライ・ラマ14世の帰還に向けた準備をひそかに始めているという情報も党中央は摑んでおり、毒殺をする計画をたて、その実行役として、パンチェン・ラマ10世と個人的にも親しい胡錦濤が選ばれた。

党中央は89年1月9日、パンチェン・ラマ10世を北京からチベット自治区に一旦送り返す。

パンチェン・ラマ10世は1月24日のシガツェ・タシルンポ寺院で行われた法要の席で党中央の用意したシナリオを無視して、共産党に協力してきた30年間は過ちである、と痛烈な批判的演説をした。この批判演説は胡錦濤を青ざめさせたという。暗殺は1月27日夜に実行された。実際に毒を飲み物に仕込んだのは主治医の周美珍だったという。28日、パンチェン・ラマ10世は心臓麻痺による急死として入寂が発表された。この時、遺体処理にあたったのが共青団チベット自治区党委書記の胡春華《こしゅんか》、のちの共青団派ホープとして、習近平の次の総書記の地位を争うポジションについている人物である。

この暗殺説は在豪亡命華人作家・袁紅冰《えんこうひょう》がノンフィクション小説『天空の頂』の中で事実として書いている。明鏡出版の『胡錦濤伝』(文思詠、任知初著)では、この暗殺説を荒唐無稽のでたらめとして一蹴している。

いずれにしろ、パンチェン・ラマ10世の急死は、チベット情勢を悪化させた。パンチェン・ラマ10世の死の前に前年3月のモンラムでの抗議デモに関わった僧侶らの公開裁判と死刑判決も、情勢悪化の原因の一つだった。

そして1989年3月5日。ラサ市内で数百人規模のデモがあり、これに武装警察は武力鎮圧を行う。さらに6日、数千人規模の抵抗のデモが起き、中国官公庁、銀行、警察施設が襲撃された。これに対し6日、中国武装警察が、子供や老人も含む無差別攻撃で報復。この事態の最悪化に、胡錦濤はラサに戒厳令を布告するのだった。

この時の虐殺がどれほどの規模であったかは今なお諸説ある。ダライ・ラマ14世の自伝には

「少なくとも250人の非武装のチベット人が殺害された」とあり、アムネスティ・インターナショナルのリポートでは「1989年3月、警察の発砲で殺害されたチベット人は60人から80人」、米議会が同年5月に可決した決議では30人から60人が殺害されたとある。

この戒厳令に世界は震撼した。それまで地味で目立たなかった胡錦濤は、ヘルメットをかぶって、戒厳令下のラサで解放軍を指揮する様子の写真が新華社を通じて全世界に配信された。

胡錦濤に同情的な説では、この戒厳令を含めたシナリオは鄧小平が書いたものであり、胡錦濤としてはそれを忠実に執行するしかなかった。チベット情勢が悪化する2〜3月の間、胡錦濤は高山病に悩まされ、実質的な指揮を執れずにいた、という見方がある。一方で、現場での決断はほとんどすべて胡錦濤が下し、その決断力に鄧小平も驚き、高く評価したという見方もある。鄧小平が天安門事件で武力鎮圧を決断したのは、この胡錦濤の戒厳令布告の先例があったからだとか。国際社会からの大非難を受けながらも、ラサ戒厳令は1990年5月1日まで続いた。

そしてこの〝功績〟により、胡錦濤は鄧小平から江沢民の後継の第四世代指導者として92年の第14回党大会で政治局常務委員に選出される。このとき胡錦濤は49歳。建国史上2番目に若い政治局常務委員だった。

そこからの10年、胡錦濤は常に江沢民の陰に隠れるように、目立たないようにふるまってきた。江沢民は自分の腹心の部下、曾慶紅を後継者にしたいとひそかに願っていたが、鄧小平の前でそれを言いだすことはできなかったという。

胡錦濤政権で院政をしく江沢民

２００２年、第16回党大会で胡錦濤が総書記に就任した。だが、これは江沢民院政時代のはじまりでもあった。この時の江沢民は引退後も胡錦濤政権に影響力を保ち続けるために、長年かけて形成した上海閥メンバーを指導部、つまり政治局常務委員会に多数入れることに成功する。この時の政治局常務委員９人（胡錦濤、呉《ご》邦国《ほうこく》、温《おん》家宝《かほう》、賈《か》慶林《けいりん》、曾《そう》慶紅《けいこう》、黄《こう》菊《ぎく》、呉《ご》官正《かんせい》、李《り》長春《ちょうしゅん》、羅《ら》幹《かん》）のうち、呉邦国、賈慶林、曾慶紅、黄菊、李長春は上海閥に属する。羅幹は李《り》鵬《ほう》派だ。温家宝は朱鎔基が目をかけた人物、呉官正は曾慶紅が江沢民に抜擢を勧めた上海閥寄りの中間派とされた。

また、江沢民政権後期において最大の政敵であった序列４位の李《り》瑞環《ずいかん》を引退させることにも成功した。李瑞環は木工青年突撃隊長として１９５８年、人民大会堂の建設にも関わった「大工の棟梁」であるが、この「大工あがりの政治局常務委員」は鄧小平からの信頼を得て、また開明的な政治姿勢から庶民の人気も高く、江沢民にとっては李鵬以上に手ごわいライバルであった。かねてから江沢民の権力の肥大化への懸念を隠さない李瑞環は、若く有能な胡錦濤に肩入れもしていた。だが江沢民の腹心、曾慶紅は、引退年齢70歳という内規を68歳に変えて、政治局の若返りをすることが必要だと李瑞環にせまり、引導を渡した。李瑞環自身が権力への執着が薄かったこと、李瑞環自身の派閥がなかったことなどが、その引退につながった。

さらに江沢民は、胡錦濤は病弱だ、最高指導者を務めるには体力がない、といった風評を流したという。実際にチベット自治区党委書記時代は体調不良で北京で療養していることが多かったという。

一方、李鵬は定年年齢に至っていたが権力の座に固執していた。その一番の大きな理由は2001年に暴露された天安門事件の内部の動きを克明に描いた『天安門文書』（張良著）が米国で刊行され、その中で李鵬の事件に対する強硬な姿勢が明確に描き出されていたからだった。このころ天安門事件の再評価問題が、かなり真実味を帯びて持ち上がっており、李鵬は権力の座を手放せば、天安門事件の責任を追及されるのではないかと怯えていたという。さらに、この頃、李鵬ファミリーの汚職問題がかなり表面化していた。特に1998年に李鵬の二男・李小勇が大型腐敗事件「新国大事件」に絡んでいることが発覚。当時、李小勇は武装警察水電指揮部政治部副主任で大佐相当の身分だった。株の先物売買を騙り民間から高利で資金数十万元を集めた詐欺事件で、金を奪われた1000人以上の市民が「李鵬よ、金を返せ！」と天安門広場で抗議活動を行うほどの騒ぎとなった。この事件の主犯として逮捕された台湾商人・曹予飛は2001年5月に死刑になる。

江沢民は、李鵬への抗議デモをあえて取り締まらず、李鵬に引退を暗にせまった。李鵬に抵抗できるわけがなく、家族を罪に問わないこと、腹心の羅幹を政治局常務委に入れることを条件に引退したという。李小勇はこの後、シンガポールに移民した。

人事をほぼ思い通りにすると同時に、江沢民は2000年から「三つの代表論」政治キャンペーンを打ちはじめていた。党中央政治に影響力を持つ方法は主に二つ「人事の掌握」と「党を主導する理論」である。鄧小平が引退後も歴然と力をもったのは人事を掌握したことと、鄧小平理論が党の政治理論として確立していたからだ。

江沢民は2001年建党記念日7月1日の重要講話の中で、この三つの代表論を党の重要理論として位置づけ、第16回党大会で党規約に盛り込むこともできた。

また江沢民が解放軍を徐才厚と郭伯雄を通じて掌握していたことはすでに述べたとおりで、鄧小平をまねて党中央軍事委主席の残留も実現した。

これはなかなかドラマチックな場面があったと伝えられている。2002年11月13日、第16回党大会主席団常務委第四回会議の場で、当時中央軍事委副主席の張万年《ちょうまんねん》がいきなり起立して、解放軍20人の主席団メンバー連名の〝特別動議〟として、江沢民の中央軍事委主席留任を求めたのである。張万年の発言のすぐあと、李嵐清《りらんせい》ら江沢民派が「特別動議を完全に支持する！」と声を上げ、胡錦濤にも態度表明を迫った。胡錦濤はしばらく言葉につまり、どうしようもないといった様子で、支持を表明したという。この仕込みをやったのは、曾慶紅だったとも言われている。

こうしたほとんど完璧な院政を敷かれた上で、胡錦濤は困難な政権運営に乗り出さねばならなかった。

SARS隠蔽批判に乗じて胡錦濤が反撃開始

江沢民から胡錦濤への国家主席職の禅譲がおこなわれた2003年3月。このときすでに、北京では新型肺炎SARSが蔓延していた。前年の晩秋から広東地方でひそかに広がっていたこの動物由来のコロナウィルスが原因の感染症の蔓延は、政権交代という政治イベントを静かな環境で行うために隠蔽《いんぺい》され、その隠蔽によって大規模感染をひき起こし、中国のみならず国際社会まで感染拡大の恐怖に巻き込んだのだった。このSARS隠蔽に積極的だったのは江沢民であった。もちろん胡錦濤にも甘さがあったのだが、SARSの流行が広東で始まったのはまだ江沢民が政権を握っていたころであり、解放軍下の軍病院での患者数の公表に最後まで抵抗したのは江沢民であったという。だが、SARSにおける中国共産党の隠蔽体質は海外メディアによって暴露された。このころ台頭していたインターネットや携帯のショートメールに広がる庶民の批判の声はやはり江沢民に向いていた。

こうした、ネット上にぼんやりと形成されはじめていた「庶民の声」に応じるがごとく、胡錦濤政権は情報公開に次々踏み切る。4月に入ってから、中国の「財経」や「生活週刊」「新聞週刊」といった雑誌はつぎつぎとSARS感染の背後にある様々な問題、いわば「内幕もの」を堰《せき》を切ったように報じ始めた。

これはSARS隠蔽批判に乗じて、胡錦濤がかねてから考えていた報道改革を一気に進めようとしたからだった。もともと、党の宣伝機関として位置づけられていた中国の公式メディアでは、第一義が党の宣伝であり、CCTVのニュース番組・新聞聯播《しんぶんれんは》の最初の10分ぐらい中央指導者の動静に割かれる。だがこのころ、人々のもっとも関心のある社会ニュースから始まるようになった。胡錦濤の「指導者の動静は少なくし、人民に関心のある報道を増やせ」という通達がメディアに出されたからだ。こうした現象から、胡錦濤政権は政治改革に踏み切るのではないかという期待も当時流れたのだった。

だが、結果からいえば、江沢民サイドの抵抗も強かった。SARS患者の過少報告の責任をとる形で、衛生部長の張文康と北京市長の孟学農が更迭されたが、これは痛み分けともいえる。張文康は元軍医で、江沢民の主治医として1990年に北京に呼びよせられ、そのまま衛生部長に出世した子飼いの部下。孟学農は共青団のホープであった。

この年は、SARS、乗組員70人以上の死者を出す潜水艦事故、香港基本法に基づく国家安全条例への香港市民の抵抗運動など、胡錦濤政権の存亡にかかわるような事件が相次いだ。江沢民政権時代の高度経済成長のつけともいうべき、貧富の格差や社会矛盾も表面化しており、胡錦濤政権はなかなか権力基盤を固めることができなかった。当初、国際社会に期待を抱かせたメディア改革や政治改革の可能性も尻すぼみになっていった。やがて胡錦濤政権も、厳格なメディアコントロールによって、党中央への批判を抑え込む手法を取らざるをえなくなっていく。

江沢民の中央軍事委主席引退　引導を渡した曾慶紅

曾慶紅は江沢民が北京に総書記として抜擢されたときに、上海から中央弁公庁副主任として呼び寄せた懐刀である。両親とも長征に参加した生粋のサラブレッドという血統の良さと、巧みな社交術で培った幅広く深い人脈と情報収集能力と戦略性をもち、江沢民政権の絵を描いたプロデューサーは曾慶紅ともいえる。一方で肩書きよりも実権を握り黒子となって暗躍することを好んだ。１９９７年には党中央組織部長として党内人事権を掌握している。

江沢民の気に入りの部下を出世させ、上海閥を形成するとともに、政敵を失脚させたり排除したりと、かなりの汚れ仕事もやってきた。楊尚昆が権力を取って代わろうとしているとの噂を鄧小平の耳にいれたのも、陳希同事件のシナリオを作ったのも、李瑞環を引退させたのも曾慶紅だと言われている。

この江沢民に忠実であると思われていた曾慶紅が、２００４年、江沢民をはめる形で党中央軍事委主席の座から引退させるのである。

２００４年秋の中央委員会全体会議（四中全会）で胡錦濤は江沢民に党中央軍事委員会主席を引退させるべく、さまざまな方法で権力闘争をしかける。たとえば江沢民の息子・江綿恒《こうめんこう》が、「周正毅《しゅうせいき》事件」と呼ばれた汚職事件に関与していることを、追及しようというそぶりをみせる。江沢民が党中央軍事委主席を素直に引退すれば、息子の追及はやめようという駆け引きだ。

曾慶紅

そこで江沢民は曾慶紅に相談する。曾慶紅は８月の中央軍事委拡大会議で「あなたが自分から引退したいと切り出せば、私からあなたに党中央軍事委主席に残留していただきたいという提案を出し、それに委員たちが賛成するように根回ししておきましょう。前に、あなたに軍事委主席残留の動議を出したときのように」と約束した。だが、会議が始まり、江沢民が引退したいという考えを示したときに、中央軍事委副主席で国防部長の曹剛川《そうごうせん》が「江主席の決断を断固支持する」と声を上げげた。もう一人の副主席の郭伯雄《かくはくゆう》が慰留を口にしたが、制服組ナンバー3の徐才厚《じょさいこう》が江辞任支持を表明し、江沢民は辞任せざるをえなくなった。このときの仕込みも曾慶紅が行ったという。江沢民は会議中、曾慶紅の裏切りに思わず失意の涙を落としたと伝えられている。

曾慶紅はその後、江沢民に引導を渡したことを材料に、第17回党大会の人事を見越した駆け引きを胡錦濤にしかけていくのである。

周正毅事件の背景

江沢民の党中央軍事委主席引退の背景にもなった周正毅事件は、実はその後の陳良宇《ちんりょうう》事件と関わってくるので解説しておこう。

周正毅は上海一の大富豪と呼ばれた実業家だ。1961年、上海生まれ。改革開放の波にのって農民から身を起こし、日本に留学して、毛はえ薬などの販売などで小銭をため、90年代後半には飲食業と株と土地開発で急速に成り上がった。2002年にはフォーブスの長者番付11位にランクされた。2003年5月に彼の絡む汚職事件が明らかになり、同年9月、虚偽の企業登記、株価操作などの容疑で逮捕された。

周正毅の蓄財の方法は、経営する飲食店で市の権力者とコネをつくり、株のインサイダー取引と土地使用権の不正取得による特権的土地開発によるもので、特に上海閥の黄菊、そして2006年に失脚する上海市党委書記の陳良宇らとのパイプが非常に太いと当時から噂だった。

たとえば、周正毅摘発のきっかけになった上海市静安区の再開発事業は、陳良宇の実弟の陳良軍の口利きでその土地使用権を取得したものだったし、このプロジェクトの批准は黄菊も当事者だった。

この静安区再開発に巨額の不正融資をしたのが元中国銀行（香港）総裁の劉金宝《りゅうきんぽう》。劉金宝は汚職で失脚し2005年に執行猶予付き死刑判決を受けた。

静安区再開発にからむ汚職の構造が明らかになった最初のきっかけは、開発に伴う強制立ち退きに抵抗する市民を弁護した人権弁護士・鄭恩寵《ていおんちょう》が、親民宰相と呼ばれ社会問題に比較的関心を向ける温家宝首相あてに公開書簡を出すなどアピールしたことからである。

胡錦濤政権としてはこれを上海閥との権力闘争に利用できると判断し、調査に乗り出した。周正毅自身は、当時の上海閥の影響力のおかげで、資本金虚偽報告と株価操作という軽い罪で懲役3年の判決を受け2006年5月に一度出所したが、同年10月、胡錦濤政権と上海閥の権力闘争激化の関係で再び逮捕され、懲役16年の判決を受ける。

地元ではわりと知られた話だが周正毅と江沢民の長男、江綿恒もかなり親密な間柄だった。周正毅、江綿恒は、2003年ごろまでに上海農信社から約50億元を不正融資してもらっていた。うち江綿恒の運営する上海聯和投資有限公司などの名義による融資は2・4億元。この50億元の融資は焦げ付いてしまい、時の上海市党委書記だった陳良宇が上海財政から補てんしたという。上海市は2005年5月に上海農信社に出資して、上海農村商業銀行に改組することで、この焦げ付き問題をうやむやにした。上海農信社の当時の責任者・鄭炳麟は2004年に退職後、ゆくえしれず、海外にこっそり逃がされたといわれている。

周正毅が最初に身柄拘束されたのは２００３年5月26日夜、ちょうど江綿恒とカラオケクラブで密会した直後だった。噂によれば、この時の江綿恒との会話は、胡錦濤サイドに盗聴、録音されていたという。

中国第一腐敗の江綿恒

江沢民の長男・江綿恒は、「中国第一貪」とあだ名されるほど、権力による富の集中を実現した人物でもある。中国復旦大学物理学系を卒業後中国科学院半導体研究所で修士学位を取得して、１９８６年から米国留学。そのままグリーンカードを取得するために米ヒューレット・パッカードに就職。父親・江沢民が権力を掌握しはじめた93年に帰国した後、中国科学院冶金研究所に席を置く。99年に中国科学院副院長にまで出世する一方で、上海に投資会社・上海聯和投資有限公司を設立、上海汽車や上海航空、上海空港集団などのほか、中国網通（ＣＮＣ）、宏力半導体など電気通信産業界に投資した。

江沢民政権による通信事業再編成で旧中国電信が北方電信と南方電信に分割されると、北方通信は、江綿恒がそのまま貰い受ける形で網通に吸収された。当時、網通の経営は思わしくなかったので、北方電信が管轄する十省の市場を息子の会社に吸収させたのだ。江沢民としては江綿恒に中国の電信事業を掌握させ、電信閥のドンにすることは、政治的にも大きな意味があった。また、江綿恒は台湾実業家の王永慶と合資で宏力微電子公司を設立（２０００年、総投資額64億元）したのだが、このときの資金は当時中国建設銀行頭取だった王雪氷、そして中国銀行上海支店長だった劉金宝にコネで融資させた金だったという。二人とも、のちに別の不正融資案件を理由に失脚した。

その一方で江綿恒は社会科学院副院長として2004年有人宇宙飛行船・神舟五号の副総指揮に任ぜられる。また外貨準備管理局長の郭樹清《かくじゅせい》が、外貨準備高を効率的に運用するために作られた中央滙金投資公司会長に転出するにともない、外資金融との協力経験が豊富な江綿恒が外貨準備管理局長職に一時就いていた。（HPの歴代局長名簿には江綿恒の名前は出ておらず2003年3月〜05年3月の局長名は空白になっている）。この間に江綿恒は、網通をニューヨークと香港に上場させることに成功した。

こうして、父親の権力を利用して、自動車、航空などの機械事業、宇宙事業、電信事業、そして金融といった実に幅広い分野で利権を確立していく。江綿恒を中心にした江ファミリーの蓄財は天文学的数字だと言われている。

胡錦濤は、江綿恒の汚職の証拠をつかんではいるが、さすがに江綿恒を摘発すると、その責任が当然、前国家主席の江沢民に及ぶことは明白であった。依然、強い影響力を持つ江沢民と真正面から敵対するには胡錦濤はまだ力不足である。そういう状況で、胡錦濤の攻撃の矛先は、上海閥のプリンスとあだ名され、江沢民がひそかに未来の総書記候補に考えていた陳良宇に向かうのである。

上海閥プリンス・陳良宇の電撃的失脚

上海閥のプリンスと呼ばれていた元上海市委書記、陳良宇が「社会保障基金の不正使用」「地位を利用した縁者の優遇」の嫌疑により双規となったのは2006年9月24日であった。それは胡錦濤の命により入念に練られたシナリオが功を奏した電撃的事件でもあった。香港のゴシップ本『上海閥末日悍将　陳良宇伝奇』ほか香港メディア、そして当時の産経新聞中国総局が取材した情報を整理すると、以下のような流れになる。

それまで周辺人物がつぎつぎと双規となり、ひしひしと自分が追い詰められていることを自覚していた陳良宇ではあるが、最後の最後には江沢民が守ってくれることをまだどこかで信じていたのかもしれない。23日夜は、上海で世界陸上大会をスタジアムで観戦し、110メートルハードルの金メダリスト、劉翔《りゅうしょう》に声援を送っていた。翌朝24日午前8時、中央政治局全体会議に出席するため、党中央が用意した専用機で北京に向かった。この時、陳良宇は専用機で迎えがきて中南海に呼ばれるということは、自分に降りかかっている嫌疑は江沢民のおかげでなんとか晴れたのだと希望的観測をもっていたらしい。北京の空港でタラップを降りたとき、陳良宇はいつもより迎えが多いなと思って「お迎え、ありがとう」と言ったとか。だが、その瞬間、陳良宇の身柄は拘束されてしまった。

陳良宇の双規については22日の夜まで、政治局常務委の会議で論争が続いていた。賈慶林、黄菊、李長春の三人が、時期尚早である、今、陳良宇を公式に処分すると政治、社会、経済、国際情勢にマイナスの影響があり、党内部で問題を解決すべきだと主張していた。23日午後から、江沢民、李鵬、朱鎔基、李瑞環、宋平、劉華清、尉健行、李嵐清ら長老に意見が求められた。江沢民、朱鎔基、劉華清、李嵐清は態度を表明しなかったが、残りは陳良宇の処分を支持した。こういった長老の意志表示をもって、政治局常務委が表決をとり、賛成6、棄権3の結果となって会議を締めたのは23日午後10時であったという。

こうして、かつて江沢民が陳希同を潰した同じ手法でもって、胡錦濤は中国の昇竜「上海王国」に君臨していた上海閥のプリンスを失脚させた。

陳良宇は1946年、浙江省《せっこう》寧波《ねいは》生まれ。解放軍後勤部工程学院で建築を学び、軍のエンジニアから上海市官僚に転向した。80年代は江沢民、朱鎔基、黄菊らの下で働き、上海閥のエースとして期待を寄せられてきた。上海万博やF1など国際イベントの誘致にも貢献し、2005年の反日デモではデモ参加者を逮捕するなど、果断な対応をして上海の国際イメージと発展を第一に考える一方、外資を含めて企業との癒着も根深かった。急ぎ過ぎた経済の自由主義化による貧富の格差や大気汚染など環境悪化の問題に、「和諧社会」（調和のある社会）や「科学的発展観」（GDPの追求ではなく、自然環境その他バランスを考えた持続可能な発展）を党の指導原理として打ち出していた胡錦濤政権に堂々と刃向うGDP至上主義の姿勢を、江沢民の影響力を嵩《かさ》にきて隠しておらず、胡錦濤としては、この生意気な上海プリンスを失脚させられるかどうかは、大きな挑戦であった。

胡錦濤が放った秘密捜査チーム

陳良宇事件の仕込みは2005年2月ごろから始まった。周正毅事件のからみで、陳良宇と弟・陳良軍の土地開発業者らとの癒着、社会保障基金の公金横領の実態を告発する手紙が内部資料つきで党中央規律検査委（員会）に届いていた。しかも、現役の政治局常務委員・黄菊も絡んでいる。特に黄菊夫人の余慧文は周正毅と共謀して多額のキックバックを受け取っていると言われていた。また周正毅事件で問題になった静安区の再開発でも、陳良宇と江綿恒は利益供与の関係にあり、陳良宇の汚職追及をまともに続ければ江綿恒にまで波及すると見られていた。

このため、表だった捜査は、江沢民と黄菊ら結束の強い上海閥に先手を打たれて妨害されてしまう。そこで胡錦濤の指示で中央規律検査委の副書記、李至倫を筆頭とした秘密捜査チームが結成され、水面下で捜査を進められていた。

2006年1月、チャンスが胡錦濤にめぐって来た。黄菊がすい臓がんの悪化で入院し、手術を受けることになったのだ。このため政治局常務委内の上海閥筆頭であった黄菊の影響力が低下した。この隙に、胡錦濤は江沢民に直接交渉をもちかける。その内容は、陳良宇の捜査を進める代わりに、江綿恒に捜査を及ばせないというものだった。ウィキリークスが暴露した2006年12月の上海の米総領事館から本国への打電によれば、陳良宇事件に直接絡む要人の名前に、黄菊の娘・黄凡と江綿恒が挙がっている。

江沢民の腹心であった曾慶紅は次の党大会での胡錦濤との駆け引きを見据えて、この件でも胡錦濤に味方した。江沢民に、陳良宇の捜査を（妨害せずに）見守るように促したという。

江沢民を牽制したあと、中央規律検査委の捜査チームは4月から上海入りした。当初は上海市が用意したホテルに捜査本部が設置された。盗聴されることはもちろん、提供される飲食物にも毒物が混入する危険があるとの現場からの訴えをうけて、中央規律検査委は共青団派が経営する民間ホテル、モラー・ヴィラホテルを「修復工事」の建前で閉鎖して、そこに１００人体制の捜査チームを派遣して捜査本部とし、上海市関係者の出入りを徹底規制した。

こうして、7月、上海市の社会保障基金32億元横領事件に関与するとして、上海市労働社会保障局長の祝均一の取り調べが行われ、続いて上海市宝山区区長の秦裕も拘束。上海の不動産ブローカー・福禧投資控股公司董事局主席で全国政治協商委員も兼任する張栄坤も、32億元の違法融資先として取り調べが始まった。張栄坤は「上海慈善基金会名誉副会長」を兼ね、黄菊夫人の余慧文はこの基金会の金を自由に使える実務担当の副会長だった。ほぼ同時に親会社である上海電気集団総公司の董事長である王成明の身柄が押さえられた。

陳良宇と上海市長の韓正は7月16日に党中央に呼び出され、申し開きをしつつ「法に照らした中央の捜査を支持する」と、自分の事件への無関与をアピールした。

一方、胡錦濤は8月に「江沢民文選学習キャンペーン」を開始。これは、江沢民が「過去の人」であると、周囲に公言したものと同じと、受け取られている。このころ、江沢民も膀胱がんの悪化が進み、寧波の普陀山など国内の有名寺院巡りに明け暮れていた。陳良宇を救う気力も影響力も、江沢民にはすでになく、自分のファミリーに捜査が及ばないよう神仏に祈ることが精いっぱいであったようだ。

かくして、陳良宇は双規となり、２００７年7月には党籍剝奪となり8月には収賄と職権乱用容疑で逮捕された。裁判は天津で行われたのだが、このとき面白い話を聞いた。

陳良宇が天津市の拘置所に移送されたとき、拘置所幹部ら全員が平身低頭で陳良宇を出迎え、「何かお入り用なものはありますか」とたずねたという。すると、陳良宇は「そういえば、天津の狗不理（天津名物の肉まん）を食べたことがないので一度食べてみたい」といったので、狗不理本店から店長およびシェフ、服務員ら店ごと拘置所にやって来て、目の前で狗不理を作り、陳良宇を接待したという。地方の役人たちにしてみれば中央の政治局委員まで務めた大政治家など、いくら汚職犯罪の被告であっても、とても無碍《むげ》にできる相手ではないということなのだ。これこそが司法にまさる「共産党秩序」なのだ。

２００８年4月、懲役18年、30万元の財産没収の判決を受け、北京の秦城監獄で服役しているが、陳希同と同じく、囚人服は着ず、テレビやバスルームのついたホテル並の個室でかなり快適な監獄ライフを送っていると中国メディアでも報じられている。

胡錦濤の当時の実力では、この陳良宇とその息子や取り巻き官僚を失脚させるのがやっとであり、その追及の手は黄菊にまでは及ばなかった。黄菊は、静かに職務から離れ、政治の表舞台からフェードアウト。２００７年6月2日、すい臓がんで死去した。胡錦濤は黄菊死去に伴う紀念活動を禁止したが、政治局常務委員の身分で遺骨は党幹部のための墓地の八宝山に埋葬された。

胡錦濤が苦労して失脚させた陳良宇は、早ければ２０１６年にも病気治療の名目で出所する可能性もあるという。江綿恒の汚職の共謀者であり、江沢民に裏切られたと恨みに思っているであろう陳良宇が今後、シャバに出て来たとき、今の習近平政権の権力闘争にどういう影響を与えるかは、見ものかもしれない。

江沢民側による胡錦濤の暗殺未遂

２００６年、胡錦濤が上海閥を追い詰めていた一方で、江沢民側もまったく反撃していなかったわけではない。胡錦濤は在位10年の間、三度暗殺未遂に遭ったと伝えられているが、その最大の危機が２００６年５月初めの「張定発《ちょうていはつ》黄海事件」だという。

香港メディアだけでなく、中国のネットメディアまで、事実として報道し、かなり裏のとれた話でもある。

簡単にいえば、２００６年５月初め黄海において、胡錦濤が最新鋭のミサイル駆逐艦に乗って北海艦隊を視察していたところ、突然二隻の軍艦が同時に胡錦濤の乗っている駆逐艦に向かって砲撃、艦上の５人の兵士が死亡した事件だ。胡錦濤は、すぐさま艦上ヘリに乗って脱出し、北京ではなくチベットに避難した。これは誤砲撃を装って、白昼堂々と国家最高指導者を暗殺しようとした事件だとみられている。

胡錦濤は背景のすべてを調べあげて安全対策をとった上、北京に戻った。新華社通信は５月

11日から15日まで雲南視察を胡錦濤の公式行動として報じているが、実はその前の10日間の胡錦濤の動静は伝えられていない。２００６年12月14日、この事件の責任者である海軍司令、張定発は病気のため急死したことになっている。公式にはほとんど発表されず、新華社、解放軍報も報じず、人民海軍報の中で簡単にその死が伝えられただけであった。

張定発は上海人であり、江沢民が中央軍事委主席を引退する２００４年に、置き土産に海軍司令に抜擢した生え抜きの上海閥だった。２００６年１月から原因不明の病（一説にはエイズだとも）の悪化で入院しており、４月に総参謀部副参謀長の呉《ご》勝利《しょうり》が、海軍司令を兼任する形になっていた。

事件後の海軍関係者の取り調べでは、張定発が江沢民の命令を受けて、指示したということになっており、胡錦濤暗殺に成功すれば、大きな昇進が約束されていたという。だが、張定発は12月に秘密を抱えたまま死んでしまったので真相は不明なままのようだ。

ちなみに二度目の暗殺未遂は２００７年10月２日、上海世界夏季特殊五輪の開幕式でのこと。胡錦濤は開幕宣言を行うために出席し、上海西郊賓館の宴会にも参加した。この時、賓館地下の車庫に駐車してあった食品運搬車の運転席の下から2・5キロに及ぶ爆薬のついた自動爆破装置が発見された。上海は江沢民派の古巣であり、これも江沢民派が仕込んだ暗殺未遂だと香港メディアは報道していた。

三度目は２００９年４月23日、解放軍海軍有史以来の最大規模の海上閲兵式が青島海域で行われ、29か国の海軍代表団も参加。14か国海軍の21隻の戦艦が黄海に集結した。この閲兵式開始の前、胡錦濤は次のような情報を得ていたという。江沢民の手の者が23日午前9時の閲兵式開始と同時に、14か国の艦隊の前で、胡錦濤をめがけて〝誤爆〟を行い、暗殺する計画があると。そこで胡錦濤は急きょ予定をかえて、29か国海軍代表との会見を先に行い、その間に、胡錦濤を狙う予定の解放軍艦艇を特定。12時ごろに、容疑者の身柄を確保したのち、胡錦濤はスーツ姿で閲兵した。この日の閲兵式の胡錦濤の表情は明らかにひきつっており、中央軍事委副主席の郭伯雄にむかって敬礼するときの手が震えていたという。

こうした暗殺の危機をのりこえて、胡錦濤は２００７年の第17回党大会を迎えるのである。

胡錦濤VS.曾慶紅　熾烈な駆け引き

２００７年秋の第17回党大会人事のサプライズは、曾慶紅の引退と、習近平、李克強《りこっきょう》の二階級特進の政治局常務委入りだった。政治局常務委員は胡錦濤、呉邦国、温家宝、賈慶林、李長春、習近平、李克強、賀国強《がこっきょう》、周永康《しゅうえいこう》の９人となった。序列は李克強より習近平が上で、中央書記処書記という次期総書記が就くポジションに習近平が就いたことで、胡錦濤の後継者に一番近いところにいるのが、団派で胡錦濤が手塩にかけて育ててきた李克強ではなく、上海閥であり太子党である習近平となったこともニュースであった。

この人事の背景には、第17回党大会直前まで続いた胡錦濤VS.曾慶紅の熾烈な権力闘争があった。

江沢民の中央軍事委主席の引退、陳良宇の失脚などで胡錦濤に味方した曾慶紅は２００８年

3月に新たにされる政府人事で、その見返りを求める。それは、胡錦濤が務めている国家主席職を曾慶紅に譲ることであった。総書記職と国家主席職に別の人間が就くことは江沢民政権の前までは普通である。

だが、胡錦濤はこれを拒否した。ちょうど2006年12月ごろから、曾慶紅の息子・曾偉《そうい》がかかわる山東《さんとう》省の国有電力企業「魯能集団」の約700億元の資産流出問題が明るみになっていた。これは国有企業「魯能集団」の株の92%を7分の1程度の安価で、いつのまにか私営2企業が取得していた事件だ。この株譲渡先の私営企業の会長である曾鳴が何者か、報道では「絶密中の絶密」とされているものの、曾偉であることは業界内外まで知れ渡っていることだった。

胡錦濤は、こうした曾慶紅ファミリーの汚職の証拠をカードにしながら、政治局会議のときに、68歳定年制の内規問題をだし、暗に曾慶紅に引退をせまった。江沢民もかつて、曾慶紅に中央軍事委主席の引退の引導を渡されたことを恨みに思っていたこともあって、曾慶紅が建前上、引退を口にしたとき、それを留任する者はいなかった。

だが、曾慶紅も黙って引退するわけにはいかなかった。曾慶紅は引退する条件として、習近平を胡錦濤の後継者として、2階級特進で政治局常務委入りさせることを強く推す。胡錦濤は同じ団派の李克強を後任につけたかったので、当然李克強も2階級特進で政治局常務委入りさせた。この時、曾慶紅、江沢民は薄熙来も引き上げたかったらしいが、薄熙来は党内で非常に人気が低く、中央委員の中でも末席に近く、上海閥としても太子党としても、胡錦濤の跡目を狙えるのは習近平しかいなかったという。

　習近平を同じ太子党であり、上海閥であるとして、肩入れして出世コースに乗せたのは、曾慶紅だったという。習近平が浙江《せっこう》省から上海市の書記に異動が決まったとき、その最初の内定の知らせは曾慶紅からであったという。これはある日中関係筋が、異動が発表されたあとに祝辞を述べに行ったとき、習近平から直接聞いたという話だ。上海市党委書記になり正式に上海閥メンバーとして中央指導者へのレールに乗った習近平は喜ぶ様子もなく、大きな権力闘争に巻き込まれる不安を口にしたという。

　習近平は、八大建国元老の一人・習仲勲《しゅうちゅうくん》の息子である。習仲勲の思想は民主開明派であり、少なくとも保守派の薄一波の息子・薄熙来よりはよほど、胡錦濤ら団派にも受け入れやすかった。また薄熙来に比べて、習近平は控えめで野心を表立ってはみせておらず、少なくとも当時は「庸才（凡庸な人）」「老好人（良い人）」という調和型の凡人だという評価が多かった。

　曾慶紅と胡錦濤、そして江沢民の激しい三つ巴権力闘争の妥協点として、三者がもっとも受け入れやすい人物として、習近平を李克強よりも序列の高い地位に置くことになった。

　また曾慶紅は引退の条件として、腹心の周永康を政治局常務委にねじ込むことにも成功した。汚職の暗い噂が付きまとう江沢民にしても曾慶紅にしても、上海閥で身内のような周永康を政法委書記（公安・司法権力トップ）に就かせることは何においても重要であった。胡錦濤は曾慶紅という危険人物を引退させたが、その代価は結構大きかったといえる。

江沢民&曾慶紅と距離をとる習近平

習近平が団派のホープ・李克強を押しのけて、上位序列で政治局常務委に入ったことで、習VS.李、あるいは太子党・上海閥VS.団派の闘いが展開するのかと思いきや、そうはならなかった。一つは李克強自身に激しい権力欲がなかったからだ。どうしても総書記の座を奪おうという様子はなく、与えられた首相職を粛々と引き受ける官僚気質の人物だった。

もう一つは、習近平がかなり慎重な性格であり、積極的な権力闘争をしかけなかったからだ。文革で失脚した父親世代の激しい権力闘争を目の当たりにして習は「政界の男の嫉妬」を知り尽くしていた。胡錦濤は当然、李克強を後継者に引き上げるチャンスを狙っていたようだが、権力闘争以上に、厳しい内政問題が次から次へと押し寄せてくる。急速すぎた経済の改革開放と政治改革の停滞、あるいは後退が生み出す社会矛盾が次々と吹き出ており、胡錦濤・温家宝の政策は、治安維持と経済の安定ともに後手後手に回っていた。

特に民族政策の失敗のツケが表面化してきた。2008年の3・14チベット・ラサ騒乱、2009年の7・5ウイグル騒乱は、政権の存亡を危うくするプチ内戦の様相を呈した。外交においては、対日重視外交に切り替えたものの、日本のめまぐるしく変わる政権に振り回される形で成果が得られず、これが江沢民ら党内反日保守派の長老らに揚げ足をとられる要因となった。

一方、習近平は、自分を上海閥、太子党のホープとして推してくれていた江沢民、曾慶紅に距離を取ろうというそぶりを見せ始める。あからさまに、政治に干渉してくる長老らをみて、自分が政権の座に就いたときの不自由を想像しはじめたともいえる。

　象徴的な出来事は、２００９年9月の四中全会で、習近平の中央軍事委副主席就任が先送りされた事件だ。この年、曾慶紅、江沢民らは習近平を中央軍事委副主席に強く推していた。だが、胡錦濤はこれに対して李克強も副主席職に就かせたいと言いだした。こんな要求が通るはずはない。習近平は自分から、江沢民や曾慶紅の意志より、胡錦濤を配慮する形で中央軍事委副主席の就任を辞退した、と当時は伝えられていた。

　ただ、今になってささやかれていることは、習近平の中央軍事委副主席就任に一番抵抗したのは解放軍制服組トップの徐才厚と郭伯雄であったという。特に徐才厚は「習近平は（副主席についても）5年後にはやめることになる」と郭伯雄に発言していたことが広まっていた。その心は、解放軍内において胡錦濤は完全にコントロールできるが、江沢民や曾慶紅から直接支援を受けている習近平は徐才厚や郭伯雄のコントロール下におけないかもしれないという危惧があったからだと言われている。徐才厚はそのころすでに、薄熙来との共闘関係が形成されていたとも言われ、すでに習近平からの政権奪取構想を持っていた薄熙来の意をくんだとも考えられる。

　いずれしても、習近平は自分の判断でこのとき軍事委副主席職を辞退し、翌年２０１０年の五中全会で、ようやく軍事委副主席職に就任するのだった。

　このころから、権力闘争の構造は一層複雑になった。習近平・江沢民・曾慶紅ら上海閥・太子党VS.李克強・胡錦濤ら団派という構造ではなくて、習近平は江沢民・上海閥と距離をとり、ここに重慶《じゅうけい》から党中央政治局入りを狙う薄熙来勢力が絡んでくるかっこうになる。五中全会前、江沢民の病状（膀胱がん）が悪化し、上海閥は弱気になっていた。この弱気から上海閥は団派とかなりの妥協を図る。習近平は中央軍事委副主席につき、胡錦濤の軍事委主席職を第18回党大会後も2年間維持するという密約が交わされたといわれていた。また、それまで解放軍内の裁決について江沢民の意向が必ず問われていたが、江沢民の裁決権はこのころからなくなった。こうして、習近平が次の総書記になることの完全合意が上海閥、団派、太子党、軍内で形成されたのが２０１０年秋。だが、２０１１年ごろから、習近平にとっての第三の政敵・薄熙来が台頭してくる。

第18回党大会前夜の意外な共闘

文革を彷彿とさせる手法で中央の権力に手を伸ばそうとする薄熙来のあからさまな野望と、それを後押しする江沢民、曾慶紅ら長老、周永康ら保守派、そして軍部の雰囲気に危機感を抱いた習近平と胡錦濤・団派は第18回党大会直前にはむしろ共闘関係になっていた。江沢民の権力欲は、その体力の衰えに反して強く、第18回党大会の人事総顧問として大会日程と人事に対して強い権限を維持していた。習近平としては、政権を引き継いだ後の江沢民の干渉ぶりが具体的に想像できるようになり、ライバル薄熙来に対する江沢民の肩入れぶりも、不信感の原因であった。

一説によると、大会直前に、胡錦濤、温家宝、習近平が内密で話し合い、長老政治、院政の習慣の悪習を断つことで、政治的にはほとんど何の成果も残せなかった胡温体制の10年の評価を、去り際の潔さによって挽回しようという提案が温家宝からなされたと言う。胡錦濤はこのとき、中央軍事委主席を含め、すべての公職から引退する「裸退」（完全引退）の決断をする。

そして2011年9月28日の政治局会議で、「引退後の幹部が例外なく、政治活動から身を引く」という重要決定を提案し、可決するのだった。胡錦濤は自分の「裸退」と引き換えに、江沢民の院政政治にトドメを刺したわけだ。

第18回党大会で誕生した新党中央政治局常務委は9人から7人に減り、江沢民派の保守派が5人を占めたが政治局全体からみれば団派が多数を占め、団派の勢力挽回を第19回党大会にかける布陣で終わらせた。

胡錦濤の完全引退のもう一つの効用は、中央軍事委主席引退と引き換えに軍人事をかなり有利に進めることができた。引退に抵抗していた徐才厚、郭伯雄をともに引退させ、副主席に済南軍区司令だった范長龍《はんちょうりゅう》を引き揚げた。この人事は多くの人にとって意外だった。総参謀部長、総政治部主任は、それぞれ房峰輝《ほうほうき》、張陽《ちょうよう》をあてた。房峰輝は建国60周年記念軍事パレード（2009年）の総指揮を務めた胡錦濤のお気に入り。張陽も胡錦濤が軍政掌握のために育てあげた上将だ。利権が集中する総後勤部と総装備部は習近平と福建省時代に友人であった趙克石《ちょうこくせき》と幼馴染みでもある張又俠《ちょうようきょう》と、習近平のメンツをたてた。

そして胡錦濤・温家宝体制は、最後の最後に薄熙来の失脚を成功させたのだった。

こうして振り返ると、江沢民・上海閥の院政による干渉を受け続けた胡錦濤政権10年の権力闘争は、苦戦しながらも、一番最後には、なんとか僅差で勝利を収めて幕を引いたといえる。

だが胡錦濤政権が去り際に江沢民院政の影響力を最大限削いだ結果、これを引き継ぐ習近平政権が、まさか薄熙来や江沢民すら想像しなかったような毛沢東回帰的な個人独裁体制に走るとは、このときはほとんど誰も予想してはいなかっただろう。

第四章　権力者をめぐる女たちの全身全霊の闘い

習家にまつわる女性たち

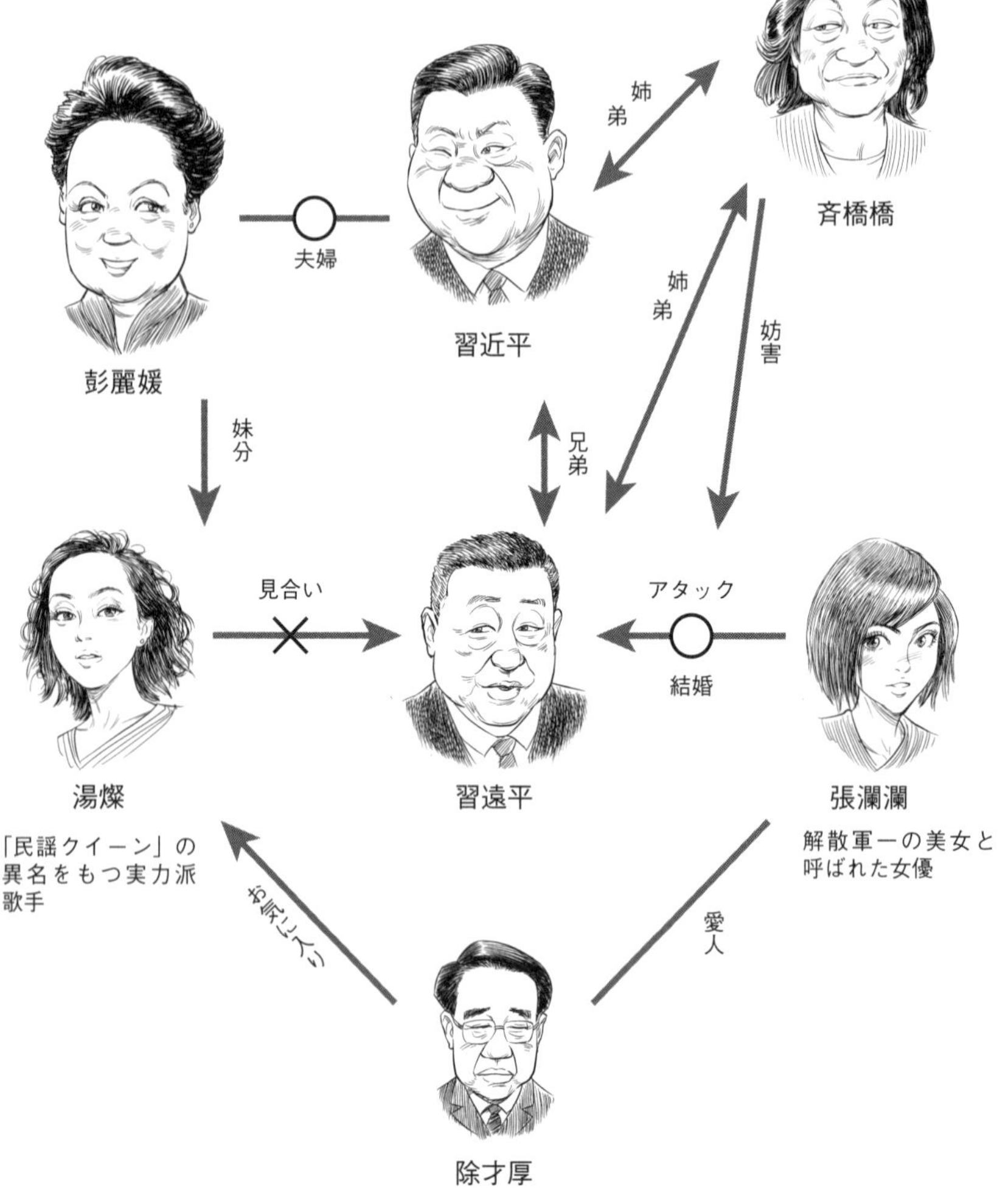

CCTV（中国中央テレビ）の花園

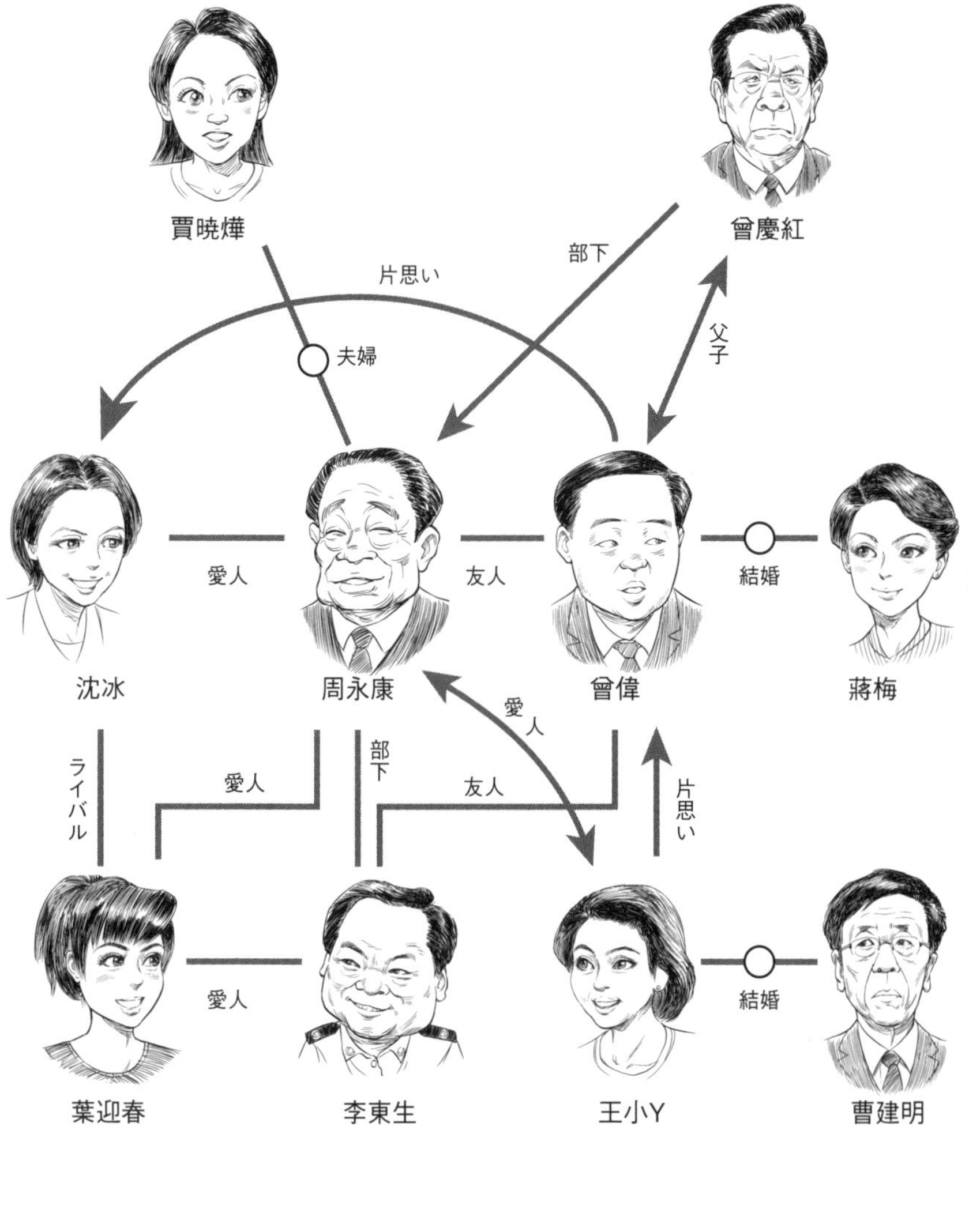

ファーストレディ彭麗媛

習近平を出世させたあげまん

かねてから習近平《しゅうきんぺい》夫人である彭麗媛《ほうれいえん》というのは稀代の〝あげまん〟ではないかと考えていた。習近平がまだ総書記の出世コースに乗る前から、彭麗媛は解放軍の歌姫として国民の間では、たとえて言うなら「美空ひばり」級の人気を博していた。習近平を知らなくても彭麗媛は誰もが知っているので、長らく「習近平だれ？　ああ、彭麗媛の夫か」という認識であった。実際、習近平の妻が、解放軍少将で歌姫の彭麗媛でなければ、習近平の出世はここまで順調ではなかっただろう。習近平は外遊先で、あまり愛想をふりまかず、人に横柄な印象を与えがちだったが、ファーストレディ彭麗媛の笑顔がそのマイナスイメージを払しょくし、中国外交部官僚たちに「これで中国もようやく、西側大国に対抗できるファーストレディ外交が展開できる」と期待させたとも聞いている。

彭麗媛の生い立ちを簡単にたどろう。

1962年11月10日、山東《さんとう》省菏沢《かたく》市鄆城《うんじょう》県で、父は県の文化館館長、母は県劇団の花旦（京劇の女役）という芸術一家に生まれた。ちょうど「3年の大自然災害」とよばれた大飢饉の翌年にあたり、被害のひどかった山東省のこのあたりは、まだ餓死者が行き倒れになっていることが日常的にあったという。

この飢餓時代、彭麗媛は母親から引き離され、母乳ではなくトウモロコシの薄い粥をすすって生き延びた。まもなく文化大革命がはじまり、文化的知識人であった父親は党籍を剥奪され、迫害される。この影響で彼女は寡黙で内向的な少女に育った。青春時代、彼女の唯一の心の慰めは歌であった。芸術に携わる両親の影響で、彼女は特別な教育を受けていなくても、素晴らしい歌声をもち、その才能に気づいた中学時代の教師は、彼女を音楽のプロの道に導く。恩師の進めで山東芸術学校の試験を受けたとき、試験官たちは「璞玉《はくぎょく》（掘り出されたばかりのまだ磨かれていない玉）だ！」と興奮したほどの美声だったという。

中国著名音楽教育家・李凌に見出され、中国音楽院に進学、82年の中国版紅白と言われる音楽番組「春節聯歓晩会」（春晩）で胡耀邦も大好きであったという民謡「希望の田畑の上で」などを歌い、美貌、歌唱力の実力とも備わった国民的歌手のスターダムにのし上がった。84年に解放軍総政治部歌舞団に入団。軍属歌手として中越国境紛争の激戦地に慰問にいったという武勇伝も残っており、いまなお解放軍兵士たちの女神である。

彭麗媛

幼少時の飢餓や政治的迫害をのり越えて解放軍の歌姫となった彼女は、公式の記録では86年に知人の紹介で習近平と出会う。「環球人物」誌のインタビューでその時のことを振り返り、彭麗媛は「この人こそ私の待ち望んでいた人じゃないかしら。純朴で面白い人」と習近平の印象を語っている。

ただ、これはあくまでも公式記録で、実際のところは79年、彭麗媛がまだ山東省の田舎歌手であったころから、恋仲にあったという。習近平は彭麗媛との結婚を望んだが、八大元老の一人、習仲勲《しゅうちゅうくん》の息子は自由には結婚できなかった。共産党中央の幹部たちにとって、婚姻とは自らの政治的影響力や人脈を広げるための重要な手段である。地方の芸能人風情との恋愛婚など許されない。習近平は当時駐英大使であった柯華の娘・柯小明と政略結婚させられる。だが、結婚後も彭麗媛との関係は切れず、いわゆる不倫関係が続いていた。

プライドの高い柯小明との夫婦仲は最悪で、結局結婚生活は3年もたなかった。柯華が権力闘争に負ける形で出世コースから外れ、習仲勲としては、息子夫婦の離婚したいという要望に反対する理由もなくなっていた。一方の彭麗媛は、いつの間にか国家を代表する歌姫になっており、彭麗媛との結婚は習家にとってプラスと判断され、許されることになった。

習近平をしのぐ政治・国際センス

習近平と結婚したあとの彭麗媛は、思いがけず、その政治的センスを発揮していく。習近平が党中央指導者候補コースに乗った2002年以降、彼女は歌手活動を控え、政治家の妻としての役割を積極的に担ってゆく。

たとえば、習近平が浙江《せっこう》省党委書記時代、引退した江沢民夫妻が浙江省にやってきたときは、彭麗媛が何を置いても駆けつけ、江沢民《こうたくみん》夫人・王冶坪に嫁のように仕えたという。江沢民のお気に入り歌手が、彭麗媛と同じく解放軍所属の歌手である宋祖英《そうそえい》であったことも手伝って、習近平と江沢民の橋渡しを行う役割をになった。

また共青団《きょうせいだん》と対立を深め、ほとんど共青団人脈をもっていない習近平にかわり、彭麗媛が共青団とのパイプとなった。彭麗媛は共青団中央旗下にある全国青聯の副主席を務めたこともあり、彼女が全国青聯委員当時の全国青聯の主席、副主席であったのは劉延東《りゅうえんとう》、李克強《りこっきょう》であった。

また、1984年の日中青年交歓活動で日本に行き、東京で芹洋子と合同コンサートを開いて一緒に「四季の歌」を歌ったこともある彼女は、在日華僑人脈も太く、国家副主席時代の習近平が初訪日する際には、彭麗媛がいろいろとお膳立てした。たとえば2009年11月、彼女が総監督を務める解放軍オペラ「木蘭詩編」をロイヤル・チェンバーオーケストラの演奏で学習院大学で上演し、会場で皇太子殿下と彭麗媛が偶然出会う、などというサプライズ演出は、彼女の華僑人脈を駆使した仕込みである。

この時の皇太子殿下と彭麗媛の会話は公にはされていないが、翌月の習近平訪日での天皇陛下特例会見につながる彭麗媛の内助の功であったといわれている。この天皇陛下特例会見は、「一カ月以上前に申し込まねばならない」というルールを破って強引に行われたものということで、結果的には日本人の習近平に対する印象を悪いものにしたが、中国国内的には、天皇陛下に会見したというステイタスは、次期国家主席には絶対必要なものであった。

さらに言えば習近平の国家主席就任後、外遊に同行する彭麗媛のファーストレディファッションは国産ブランドを使いつつ大変洗練されており、目立った習近平の外交成果がなくとも、ファーストレディファッション記事で国民は大いに盛り上がり、中国国内のアパレル企業の一時的な株価上昇に寄与するなど経済効果もあった。首脳夫人がいわゆる夫の同伴者という立場ではなく、外交訪問団の正規メンバーとして登録され、外交活動を行うこと自体も、改革開放以来初めてであろう。実際、彼女のファーストレディ外交は欧米メディアも好意的に取り上げ、対外強硬派の習近平政権のイメージをいくぶん和らげる効果もあった。

こうしてみると彭麗媛の政治センス、国際センスというのはなかなかのものであり、中には蔣介石《しょうかいせき》の片腕として外交面で活躍した宋美齢《そうびれい》や、清朝末期の命運を握った西太后《せいたいごう》にたとえる評価も出てきている。

中国最高指導者の妻という誇り

香港ゴシップ本の『彭麗媛干政（彭麗媛の政治）』（江雪著）は、彭麗媛を中南海の女帝と評し、根が小心者の習近平に代わって、中南海を操っているのは彼女であるとまで言っている。たとえば、周永康《しゅうえいこう》は2007年、彭麗媛に〝セクハラ〟をしたことがあり、そのことが後に習近平の容赦ない周永康の追い詰め方につながったという。彭麗媛は「あの厚顔無恥な男をなぜ死刑にしないのか」と憤怒の形相で習近平に迫ったとか。

また第18回党大会前夜、彭麗媛は人事にも口を出したと言われている。北戴河《ほくたいが》会議の時、副総理を誰にするか政治局常務委と李克強の間で意見が対立した。政治局常務委の主流の意見は王岐山《おうきざん》を筆頭副総理に推していたが、李克強は習近平に「（経済通の）王岐山が筆頭副首相になれば自分は首相として仕事ができない」と訴えた。習近平はこの時、どうしたらよいか答えられず、彭麗媛に意見を尋ねたところ、彭麗媛は「一つの山に二匹の虎は住めない。李克強の言い分は当然であり、筆頭副首相は王岐山ではなく張高麗《ちょうこうれい》にすべきだ」と即答したという。『彭麗媛干政』の中では、この時の彭麗媛の思惑は、李克強に対して恩を売ることで、彼をコントロールしていこうというものだったとか。

彭麗媛と習近平の結婚は、当初は親の反対を押し切る熱烈な恋愛の末の略奪婚に近いものだったが、2000年ごろになると習近平の浮気がかなり派手になっていた。だが彼女は、そういった夫の浮気スキャンダルにも表向きは動じることがほとんどなかったという。彼女がそのころ本当に愛していたのは権力だったかもしれない。

「自分は普通の単なる歌姫ではない。中国最高指導者の妻でもある。歌姫としての影響力、そして指導者夫人という動かしがたい権力、この二つを比べれば後者の方こそ私がより求めていたものだと気付いた」（『彭麗媛干政』）と語っていたという。

そして彼女も権力闘争に参加していく。彭麗媛がその政治センスを最大に発揮したのは、芸能界における権力闘争だろう。

芸能界のドン

中国の芸能界は香港芸能界も含めて長らく曾慶紅《そうけいこう》ファミリーに牛耳られてきた。江沢民政権時代、江沢民の腹心として暗躍した曾慶紅によって、実の弟・曾慶淮が文化部芸術局長、文化部特別巡視員などの要職についた。最終的には香港中華文化城終身名誉会長、中華民族文化促進会副主席など芸能関連の主要な役職のトップを占め、中国・香港の芸能界のドンとなった。

中国の場合、文化芸能は、単なる庶民の娯楽ではなく、党中央の政治宣伝であり、世論誘導の鍵を握る大きな権力である。芸能界を掌握するかどうか、これは完全に政治であった。習近平が政権トップの座に就くまで、文芸界のドンは曾慶淮であり、彼は彭麗媛をコントロール下にある一芸能人としてしか見ていなかった。

これに対し彭麗媛は、この芸能界権力を曾慶淮から奪っていこうとする。

曾慶淮は愛人である孟暁駟とともに「文芸界マフィア」を形成していた。

孟暁駟は1956年、上海生まれ、曾慶淮よりも年上である。文革期に青春を過ごし、高校卒業後は北京のレコード会社に配属された。権力欲の強い孟は、その美貌を使って上司を籠絡、2年後の20歳のときに入党を果たす。その後、彼女は文化芸能利権を掌握する文化部官僚として急速に出世していく。

曾慶淮が文化部芸術局長になったころ、彼女は文化部文化市場管理局長だった。これはDVD・CDの発売から映画、コンサート、演劇の上演など文化市場に関するあらゆる権限を掌握する一種の利権ポジションである。このころ、孟は自慢の美貌を生かし、太子党サラブレッドの曾慶淮と特別な関係になっていく。彼女はまた政治的センスも抜群であった。江沢民政権時代は三つの代表論、胡錦濤時代は科学的発展観に従った文化事業の政治的指導方針を提示し、それぞれの政権で出世を果した。一度、曾慶淮と孟暁駟の男女関係については、曾慶紅から善意の「警告」を受け、孟は94年から95年の間、河北省石家荘市《かほくせっかそう》の副市長職に転出させられるが、孟は今度は、ターゲットを兄の曾慶紅にかえ、なんと曾慶紅の情婦に収まってしまう。孟はすでに若くはなかったが、曾慶紅は有能な女性が好みであった。曾慶紅は1年後、彼女を再び文化部文化市場管理局長職に戻すのであった。

そうして孟暁駟は曾慶紅・曾慶淮兄弟と親密な関係を保ちつつ、文化芸能利権を掌握する女ボスとなっていく。

ところが習近平政権になって、文芸界権力地図が大きく変わることになる。

２０１４年10月15日、習近平は文芸工作座談会を開き、重要講話を発表した。

習近平は「文化芸能は時代を前進させる角笛であり、時代の風貌をもっとも代表するものであり、時代のムードをもっともリードするものである」「〝二つの１００年〟奮闘目標を実現することが中華民族の偉大なる復興という中国の夢を実現することであり、文化芸能の役割はほかにとってかわることはできない。文化芸能工作者は、文化芸能の地位を高度に認識し、己の歴史的使命と責任を認識し、人民のために創作をリードし、より多くの時代に恥じない優秀作品を生み出す努力をせよ。中国精神を高揚させ、中国のパワーを凝縮させ、全国各民族人民が活力をもって未来にまい進するよう鼓舞せよ」

こういった内容であったが、これは毛沢東の延安文芸座談会（１９４２年）や「部隊文芸工作座談会」（１９６６年）を模倣したアクションであった。毛沢東はこの時、重要講話を発表すると同時に延安清風運動を発動したのだが、習近平の行動もほぼそれをなぞっている。こうした文芸工作座談会の真の狙いは、プロパガンダを担い世論を左右する文化芸能界の主導力と利権を曾慶紅ファミリーから習近平政権に取り戻すことであった。

『彭麗媛干政』によれば、この文芸工作座談会開催の背後に彭麗媛による周到な仕込みがあったという。約1年かけて彼女は自分の仲間である芸能関係者に働きかけて、最終的には解放軍総政治部の批准も得てこの会議の招集を実現させた。重要講話も彭麗媛の意見をもとに中央宣伝部が起草し、その草稿を習近平のかわりにチェックしOKを出したのも彭麗媛であったという。習近平は文化芸能界のことはまったくわかっておらず、文化芸能界が非常に乱れているので、一度徹底的に整理すべきだという彭麗媛の意見に従ったのだという。

『彭麗媛干政』では、この時の彭麗媛は、1966年の部隊文芸工作座談会で政治舞台に躍り出た毛沢東夫人江青《こうせい》と同じ役割を果たしたと指摘している。江青は、この座談会後、文芸界の大粛清の指揮をとるのである。

2014年夏、中国・香港芸能界の麻薬取締に力を入れ、ジャッキー・チェンの息子であるジェイシー・チャンが起訴された事件などは、この文芸工作座談会開催のための、彭麗媛の仕込みであったということになる。公然の秘密であった文化芸能界の麻薬・ドラッグの流通は曾慶紅および孟暁駟の利権につながっていたと言われている。これを取り締まってみせることは、曾慶紅ファミリー芸能利権への習近平政権の挑戦だとみられていたが、その絵を描いたのは、文化芸能界の実態に詳しい彭麗媛だったという。

中国芸能界の第一人者を排除

今の中国文化芸能界で彭麗媛ににらまれると生き残れない、と言われている。彼女の権力掌握ぶりを示すのが、中国芸能界を代表するコメディアン・趙本山《ちょうほんざん》のフェードアウトである。東北伝統芸能の二人転、小品（コント）などを全国で流行らせた功労者でもあり、企業家としても成功し「本山帝国」とまで呼ばれるほどの富を築いた。

しかし、王立軍《おうりつぐん》（元重慶《じゅうけい》市公安局長、失脚済）との利権供与関係が暴露され、周永康と薄《はく》熙来《きらい》の〝政変〟に加担し、成功すれば、文化部長になるという密約がかわされていたというゴシップも流れ、２０１２年暮れからほとんど表舞台に現れなくなった。２０１５年夏になって、ようやくメディアに再登場しはじめているが、かつての勢いはなくなった。

本来、芸能界で趙本山ほどの人気を誇っていれば、このゴシップだけで潰されることはなかったかもしれない。趙本山が芸能界での権勢を失ったのは、彭麗媛が趙本山を嫌っていたことが大きいと言われている。

一つには、趙本山は、彭麗媛が姉と慕っている軍属歌手の宋祖英に「許されざる非礼」を働いたことで、彼女の怒りを買っていたという噂がある。宋祖英のパトロンが江沢民であることは公然の秘密であったが、江沢民の病状が悪化し、その影響力が低下したとき、宋祖英は江沢民から距離を取ろうとしていた。この時、芸能界の大物コメディアン、趙本山が「兄として助ける」と親身に相談に乗っていた。宋祖英と趙本山は、知り合って24年間、まさしく兄妹としてお互いを信頼しあっていたはずだった。だが、趙本山が宋祖英を妹として大事にしていたのは背後に江沢民がいたからであり、手を出したくとも手を出せないからだった。宋祖英が江沢民と切れたことを知った趙本山は、これまでの紳士的態度を一変、ホテルで宋祖英に「俺は20年、この日を待っていた」と彼女に襲いかかったのだという。宋祖英はこのとき逃げて帰ってきたのだが、衣服を破られるなどの暴力を受けたという。

この件について、宋祖英は妹分の彭麗媛に相談しており、彭麗媛は〝姉〟のために趙本山をつぶす決意をしたという。

２０１４年10月15日の文芸工作座談会には、中国文化芸能界を代表する72人の芸能人、作家、クリエイターらが参加したが、そこに趙本山の名はなかった。

さらに、二人転や小品は、「低俗な芸能である」として、中央宣伝部に批判するよう「指示」したという。２０１４年11月29日付の解放軍報には「文化芸能はプラスのエネルギーを伝播せよ」という論評が載せられたが、二人転について「伝統の風格をすでに失い、流行を追ってばかりで、その動作は倫理にもとり、芸術の品格を失い、（掛け合いをやる二人が）お互いを醜悪化し、ののしりあうだけのものになっている」と徹底批判した。これも解放軍少将で国家主席夫人の地位をもつ彭麗媛が、指示した報道だと言われている。

こうして、文化芸能界を牛耳る彭麗媛は、気に入らない芸能人・趙本山の権勢を奪うだけではなく、彼がはぐくみ確立した二人転や小品という芸能ジャンルまで完膚無きまでに叩きのめしたのだった。

彭麗媛の芸能界権力掌握ぶりと苛烈な権力行使について、文化大革命で文化事業全般を仕切り、自分より美しい女優や気に入らない俳優をつぎつぎと粛正・淘汰していった江青にたとえる人もいないわけではない。ただ、彭麗媛の権力掌握は江青のような表舞台から見える単純な暴力的なものではない。むしろ、表面からはわからない形で習近平の政治に影響を与え続けている、中南海権力闘争の陰のフィクサーと言えるかもしれない。

解放軍の女たち　張瀾瀾と湯燦

解放軍で一番の美女

中国において、女性に愛される男の第一条件は権力を持っていることだ。女は男を愛するのではなくて、権力を愛する。なぜなら、中国において一番身の安全を保障して豊かさを約束してくれるのは権力の掌握だからである。しかし、男尊女卑の観念が強い中国で女個人が本当の意味で権力を握ることは簡単ではない。江青のように、あるいは彭麗媛のように、権力者のパートナーとして権力の一分を掌握することはできても、結局は男無しでは権力の高みどころか入口にも立てないのが中国社会である。

そういう中国社会のもっとも男尊女卑の厳しい軍隊で、解放軍一の美女、中国のマリリン・モンローと呼ばれた張瀾瀾《ちょうらんらん》は、習近平の弟、習遠平《しゅうえんぺい》の妻の座にまで上り詰めた。その道のりの女の闘いも、またひとつの権力闘争と言える。

張瀾瀾は1980年9月、重慶市江津《こうしん》区で生まれた。父親は西南地域最大の火力発電所・珞璜発電所のエンジニア。母親は重慶衛学校の教師という平民家庭に育った。小学校に入ると、その美貌が際立ってきた。試験のときは、男の子たちが彼女の隣の席に争って座り、彼女にカンニングをさせてあげたというエピソードも、本人が告白している。幼いころより、その美貌で特別扱いに慣れており、学習への努力が足りず、怠け者であったと、述懐していた。

勉強の得意でない彼女は、大学進学に乗り気ではなかった。ちょうど父親が体を壊し、その治療代に多額の金がいるため、彼女は大学進学をあきらめると言いだしていた。美貌の彼女をいたく気に入っていた学校の団支部書記は、そこで成都軍区政治部戦旗歌舞団の文芸兵に応募するようにアドバイスした。ほとんど何の瑕疵《かし》もなく美しい彼女は15歳にして解放軍文芸兵となった。

16歳の時、父親は病で死去する。治療に十分なお金をかけられなかったことが、父の死につながったと感じた彼女は、その悲しみをばねに、必ず出世して金持ちになると誓うのだった。

転機は19歳のとき訪れる。全軍文芸演滙会で司会を務めた彼女は、総政治部歌舞団団長・左青に、その姿の美しさ、そして軍の大幹部を前にしても物怖じしない度胸の据わり方を見初められる。２０００年には成都軍区から北京の総政治部歌舞団に移籍し、主席司会者となった。

張瀾瀾

解放軍の文芸工作団体（文工団）について簡単に説明しておこう。総政治部直属の文芸工作団体は、歌舞団、話劇団、歌劇団、軍楽団、芸術学院、八一映画製作所、テレビ宣伝センターの七部門。海軍直属の海軍政治部文工団、海軍政治部テレビ芸術センターの二部門。空軍直属の空軍政治部文工団、空軍政治部テレビ芸術センターの二部門。それに七大軍区にもそれぞれ文工団があり、さらに新疆《しんきょう》、チベット、内モンゴルの少数民族地区軍区にも文工団がある。彼ら、軍所属の芸術家たちは、戦場にある、あるいは厳しい任務につく解放軍兵士たちを慰問し鼓舞する役割と、解放軍の政治的イメージを対外的に高める政治宣伝の使命を負っている。

その中でも総政治部（総政部）歌舞団は、習近平夫人・彭麗媛が団長を務めたことがある名門中の名門だ。

その名門歌舞団に、成都の地方文工団からいきなり移籍し、主席司会者になったものだから、彼女が受ける嫉妬はすさまじいものだった。特に張瀾瀾は、歌も踊りも適度にうまいが、彭麗媛のような圧倒的歌唱力など、群を抜く才能があるわけではない。ただ美しいというだけで、抜擢されたのだ。だが、張瀾瀾はそれを自覚していたので、常に謙虚に天真爛漫にふるまったという。人間関係を円滑に結ぶというのは張瀾瀾の一つの才能だった。

体を張る肉食系女子

張瀾瀾は、顔立ちは清純派アイドルのようにあどけなく、だが、バストの豊かな肉感的な体つきをしていた。それが武器になることも熟知していた。彼女が、総政部歌舞団でうまく立ち回っていくために、まず当時の歌舞団副団長で、名舞踊振付師、名演出家である張継剛《ちょうけいこう》を味方につけようとする。香港ゴシップ本『中国第一弟媳　張瀾瀾』（廣度書局）によれば、彼女は、既婚者である張継剛に、直球で誘惑をしかけたという。二人っきりになったとき、うるんだ大きな目で張継剛を見つめて「もし、結婚していなかったら、私のこと好きになってくれた？」などと尋ねるのだった。張継剛は有名な愛妻家で、「僕は家庭があるんだ」などと口では言ってみるのだが、彼女に「知っているわ」と返されるともう為すすべはない。最初の関係は張瀾瀾の方が主導権を握ったのだと、本人が周辺に漏らしていたという。

20歳になってから張継剛のコネを利用して、張瀾瀾は総政部歌舞団団員の身分で北京師範大学芸術学部の演劇コースに進学する。美貌とスタイルしかない彼女は、芸能の専門知識と技術を身に付けなければ、それ以上の出世はないと判断したのだった。だが、試験の苦手な彼女は名門の中央戯劇学院や北京電影学院などはすべて不合格となり、唯一、北京師範大学だけが裏口で入学できたのだという。北京師範大学でのキャンパスライフで、彼女は韓国アイドルに似たハンサムで、映像制作コースの学生・陳丹と出会い、一目ぼれする。ちょうど彼女の親友が陳丹と付き合っていた。親友の彼氏として紹介されたのだが、張瀾瀾は情動が抑えられず、親友から陳丹を掠奪したのだった。

彼女は陳丹に、自分の仕事用プロフィル写真を取ってほしいと頼むと、秋深く肌寒くなってきた積水潭公園に連れ出し、体のラインがあらわになるような薄着で、思わせぶりな態度で陳丹の前に現れたという。陳丹はシャッターを切りながら「君は女神だ」とつぶやき続けていた。撮影のあと、二人が体を温めあったのは張瀾瀾の筋書きどおりだった。陳丹はこうして張瀾瀾に籠絡された。

余談だが張瀾瀾から陳丹を奪おうというもう一人の美女がいた。すでに女優として活躍しその実力が認められていた、北京師範大学映画表現コースの楊梅である。張瀾瀾と陳丹のデートに楊梅が強引に同行する奇妙な三角関係も一時期現れたが、結局、陳丹は張瀾瀾を選び、楊梅は失恋したとか。

こうして二人の恋敵を退けて手に入れた陳丹と張瀾瀾は結婚する。だが文芸青年の陳丹に生活能力はなく、解放軍総政治部歌舞団の主席司会者の張瀾瀾の方が収入は安定していた。収入格差の問題もあり、二人の仲は次第に冷えて、結婚生活は3年しかもたなかったという。

張瀾瀾は結婚していたことを同僚や周囲に内緒にしていた。というのも張継剛との関係も続いていたからだ。2002年、張継剛のコネでCCTVの人気番組「舞踏世界」の司会者に抜擢される。この番組は一つのジンクスがあった。

この番組の司会をやった女子キャスターは必ず党中央幹部家庭に嫁入りするというものであった。たとえば張瀾瀾の前任者、蔣梅《しょうばい》は映画大女優・章子怡（チャン・ツィイー）に似た美女だが、江沢民の側近でのちに国家副主席を務める曾慶紅の息子・曾偉《そい》と結婚して、引退したのだった。CCTVは、陰で中南海の後宮とも花園とも呼ばれている。党中央幹部たちが愛人選び、嫁選びにしばしばCCTVに訪れていることを張瀾瀾はこの時知ったのだった。

徐才厚に見初められる張瀾瀾

テレビ芸能界の水に洗われて、張瀾瀾は一層美しくなった。それは小鳥が孔雀になるような変化だったという。その美しくなった張瀾瀾に、好色漢で知られた総政治部主任、徐才厚《じょさいこう》が目を留めないわけがなかった。

春節のとき、中央軍事委でも「春晩」と呼ばれる歌舞演劇の発表会が行われる。当時の中央軍事主席・江沢民はとくに文化芸能を愛好し、軍属歌手の宋祖英のパトロンであったので、その春晩の演出、プログラムの気合いの入れ方も特別であった。この時は、張瀾瀾も緑の凛々しい軍装で舞台に立つのだが、それは観衆が一斉に息を呑むほどの誘惑的な姿であったという。

徐才厚は、突然舞台に現れた張瀾瀾を一目で気に入り、彼女をなんとか手に入れたいと腹心の部下で後勤部にいた谷俊山《こくしゅんざん》に命じた。谷俊山は張継剛に、軍上層部が催す小さなイベントの司会を張瀾瀾に頼みたいと相談した。張継剛は、「軍上層部の小さなイベント」に呼び出されるということの意味を正しく理解していたので悩んだという。

つまり自分の愛人を差し出せ、と言われているわけだ。だが張瀾瀾に直接相談すると、彼女はむしろ喜んだ。というのも、彼女は軍の文工団の名だたる女優、歌手たちの多くに「大物パトロン」がいることを知っているのだ。当時総政部で最も活躍していた歌手の譚晶（タン・ジン）は曾慶淮と当時中央宣伝部副部長だった申維辰の二人のパトロンに庇護されていた。そして江沢民をパトロンにもつ宋祖英はウィーンでソロコンサートツアーを行えるぐらいの援助を受けている。もし徐才厚の庇護を受けられるなら、彼女も軍内で勢いを持つ歌手、女優たちと肩を並べられる。

彼女はいそいそと軍人好みの化粧をほどこし、ストイックだからこそ余計にそそる軍装で、その「小イベント」に出かけたのだった。その後まもなく、彼女は、女優として初のテレビドラマ主役デビューを果たすのであった。もちろん、徐才厚が谷俊山を通じて、軍とコネのある大手プロダクション・中影集団に彼女を女優デビューさせろ、と命じたのである。

女優デビューを果たし、出世街道を驀進中の張瀾瀾だったが２００３年突然、総政治部歌舞団を退役する。当時は、彼女の男性関係の乱れが原因で退役させられたのだ、と噂になった。だが実は、徐才厚からマンションを買い与えられ、軍から離れて本格的な愛人兼テレビドラマ女優として活躍するためであった。夫・陳丹ともこのとき正式に離婚した。

張瀾瀾が出演するテレビドラマはだいたいどれも、破格の予算と一流の制作スタッフ、一流俳優らがそろう話題の大作ばかりだった。もちろん彼女の背後に徐才厚が存在していることを知るテレビ局トップの指示があるからだ。彼女は権力の後ろ盾を得て、テレビ画面の中でも、そして業界の中でも常にヒロインでありプリンセスであり続けた。

このころ彼女のギャラはＣＭ出演で２００万元を超えていた。

習遠平をロックオン

徐才厚と張瀾瀾のデートは常に徐才厚の腹心・谷俊山のお膳出てによっていつもひそやかに行われた。

また徐才厚はときどき、共産党中央幹部の非公式の会議や宴会に張瀾瀾を伴うこともあった。中国にとって権力者との人脈は黄金よりも価値のある資産である。徐才厚は張瀾瀾にそういった資産をたびたびプレゼントした。そういった席で張瀾瀾は周永康《しゅうえいこう》や李東生《りとうせい》とも知り合った。周永康は後に、習近平政権によって失脚させられる元政治局常務委で、党中央屈指の精力絶倫男と知られた人物である。一時は張瀾瀾との関係も取りざたされたが、『中国第一弟媳　張瀾瀾』によれば、いかに好色な周永康といえども、徐才厚の愛人にちょっかいを出すマネはできなかったという。

だが、張瀾瀾が徐才厚の愛人であるということが、徐々に世間に広まり、インターネットの掲示板やSNSで、そういった噂が書き込まれるようになってきたころ、徐才厚の方が不安になってきた。徐才厚は、谷俊山に対して、しばらく張瀾瀾への投資を控えて、テレビ出演も減らして、様子をみるように指示してきた。この話を聞いて張瀾瀾が不満を言うと、徐才厚は彼女と会おうともしなくなった。

突然、パトロンを失って茫然としていたころ出会ったのが、習遠平《しゅうえんぺい》、次期国家主席確実と言われていた習近平の弟であった。

二人の出会いは、2005年、とあるチャリティオークションの会場であったという。

張瀾瀾がテレビ番組のヒロイン役で身に着けた衣装が競売にかけられ、その売上は貧困撲滅のための基金に寄付されるというものだった。彼女の「貞観長歌」というテレビ時代劇のヒロイン役で着た衣装は、ある男性ファンに10万元で落札された。このオークションが終わったあと、張瀾瀾に一人の中年男性が近づいてきて、笑いながら声をかけた。「僕、あなたの衣装を落札しようと、6万元の札を上げたんですけど、別の人に持っていかれましたよ」。張瀾瀾はファンの一人だと思って「どうも、ご支持ありがとう」と丁寧に答えると、中年男性は自己紹介をし始めた。「私は習遠平と言います。国際環境保護節約協会で仕事をしています」

この時、張瀾瀾は習家がどれほどの家柄かを理解していなかった。習遠平は続けて説明した。

「もともと、このチャリティーは私の兄嫁が関わっているので参加したのですが……」

そこで張瀾瀾は尋ねた。「兄嫁ってどなた？」。「彭麗媛ですよ」と習遠平。その一言で、張瀾瀾は習遠平がどれほどの大人物であるかに気づいたのだった。

習遠平は、見るからに泥臭い中年男であったが、そんな見た目の話は中国の肉食系女子には関係ない。彼女は全身全霊をかけて習遠平に気に入られるようにふるまい、ついに「こういうイベントはおなかが空きますね。どうですか、この後、お食事でも」という一言を引き出した。そして、二人して庶民的な麵屋に行ったのだった。

物知らずの張瀾瀾でも、彭麗媛の夫が、建国元老習仲勲の息子であることは知っていた。目の前にいる男がその弟ということは、太子党の純潔サラブレッドである。しかも、彼の兄はひょっとすると国家主席になるかもしれないと言われていた。しかも一緒に食事をしながらおしゃべりしているうちに、習遠平が離婚してすでに何年も独り身であるという話も引き出していた。徐才厚との仲が冷えかかっていた張瀾瀾にとって、この一見さえない風貌の24歳も年上の男はまさしく、人生の救世主に映ったのだった。

習遠平は、太子党のプリンスのイメージとは程遠く、どこか自信なさげで泥臭い田舎者であることを自覚しており、またさほど美食家でもなく、張瀾瀾とのデートもたいてい麵屋か庶民的な食堂であったという。だが、彼女は自分もまた田舎者であり、またことさら清純なふりをして、安い一碗の麵を「故郷の味だわ」と大喜びで食べて見せたりもした。

そうしてついに、習遠平の心をからめとってゆくのだった。

習家の女たちとライバル登場

習一族はもともと強い女を好む家系であったと言われている。たとえば習仲勳の最初の妻、郝明珠は陝北《せんほく》で音に聞こえた女革命家であった。双方激しい性格が衝突して結婚期間は8年あまりで終わったがその間5人の子供をもうけた（2人は夭折）。離婚したその年１９４４年冬、習仲勳が再婚したのが、習近平たちの母親である斉心《せいしん》だが、この女性も13歳から革命に身を投じた堂々たる戦士である。二人は革命を最優先し、子供をもうけたのは１９４９年以降。その二女二男が、斉 橋橋《せいきょうきょう》、斉安安《せいあんあん》、習近平、習遠平である。文化大革命で習仲勳が投獄されている間、大黒柱となって一家を支えた斉心はいまだに習家の最大権力者であり、ゴッドマザーであり、彼女の意見に家族全員が従う。国家主席の習近平ですら、判断に悩んだときは母に電話をかけて相談すると言われているほどである。

長女の斉橋橋は北京の大不動産企業社長の鄧家貴《とうかき》と結婚しているが、むしろ習一族の家長というステイタスで知られている。本来は斉心の長男、習近平が家長なのだが、習近平は国家指導者としての政務が多忙でファミリーの面倒まではみていられないからだ。

橋橋は高校1年のときに文革を迎え、父が反革命罪で投獄されたこともあり、内モンゴルに母親とともに下放されて、重労働に従事する。文革後、父・習仲勳の名誉が回復された後は一時、その秘書を務めるほど頭がよかった。その後、解放軍第一医大学を受験して合格。大学は病気のために一時休学したが、回復後、すぐに広州軍区連絡部に配属され、ベトナム戦争捕虜の移送関連の業務に就いた。その後の解放軍再編成で、軍の下部組織で国内治安維持向けの武装警察に編入される。２００３年、54歳で退役した後、清華大学でＥＭＢＡ（高級人員管理工商管理学修士）を取得し、ビジネス界に進出し、その資産は今や習兄弟姉妹の中で一番巨大であるという。ちなみに結婚は二度しており、最初の夫は１９８０年代に別れている。現在の夫は、橋橋に愛情を示すために１９９１年当時３００万香港ドルの香港のマンションをプレゼントしたというエピソードが伝えられている。

要するに橋橋は、苦労人で頭も良く、努力家で仕事もでき、軍人として実業家として、そして女としてもトップクラスの、中国語でいうところの典型的な「女強人（女傑）」であった。ちなみに一部米国メディアが報じた習近平ファミリーの不正蓄財疑惑のキーパーソンはやはり橋橋である。

なので、習遠平が張瀾瀾に結婚の相談を持ち掛けたとき、このように語ったという。

「君に心の準備をしてほしい。習家は兄弟姉妹の多い、典型的な中国式の大家族なんだ。家庭民主会議も多い」。一人っ子政策が始まった後に生まれた張瀾瀾は一人っ子であり、この家庭民主会議というものが想像つかなかったが、習遠平の言いたかったことは、家族が張瀾瀾を認めなければ、結婚は難しいということだった。特に母親の斉心と長女の橋橋の意向は絶対であった。このあたりを言い含めて、習遠平は張瀾瀾を橋橋にまず会わせてみた。すでに習遠平と張瀾瀾は夫婦同然の関係であったが、そのことは黙って、自分の先妻との娘の友人だと紹介した。だが橋橋は、すぐに弟が結婚相手として考えているということを見抜き、その上で「女優という職業は浮薄で、頼りにならない」と冷ややかだった。習遠平は、姉にそう言われてしまうと、反論できず、二度と張瀾瀾との結婚問題を口にできなくなってしまった。

だが、納得いかないのは張瀾瀾である。姉に一度ダメ出しを出されたぐらいで、人生最大の玉の輿のチャンスを諦められるわけがなかった。

張瀾瀾は習遠平に以前にもまして結婚を催促するようになる。だが、姉に逆らえない習遠平は彼女の執拗な要請に応えるすべもなく、だんだんと張瀾瀾を避けるようになってきた。

ちょうど、このころ、張瀾瀾と習遠平の前に新たな女が現れる。張瀾瀾は習遠平が朝に夜に携帯電話で連絡を取っている女性がいることに気づいた。それが湯燦《とうさん》だった。

妖婦・湯燦

湯燦は1975年の湖南《こなん》生まれ。中国八大音楽院の一つ武漢音楽学院を卒業後、中国歌舞団にソリストとして入団してキャリアを築き、その後、音楽好きの徐才厚に見初められて解放軍北京軍区文工団に移籍した。曾祖父がロシアからきた宣教師であり、西洋風の彫りの深い顔立ちと透き通るような白い肌、電眼と称される艶めかしい視線が印象的な当代きっての美女である。張瀾瀾が典型的漢族の特徴を備えた清純な美貌だとすると、湯燦はややきつい感じのするクールビューティで、二人並ぶと対照的であった。それ以上に、特に高い演技力でもない、明らかにパトロンの力で女優の役を取ってきた張瀾瀾に比べて、湯燦の歌唱力は誰もが認めるところであり、「民謡クイーン」の異名を持つ実力派であった。

もっとも実力派であっても、中国では平民の女がチャンスをつかむには肉体を使わなければお話にならない。湯燦も張瀾瀾と同じく肉食系女子で、歌手としての名声を得るに至るまで、あまたの実力者、権力者と肉体関係を結び、陰では「公共情婦」とも呼ばれていた。張瀾瀾と同じく、徐才厚の愛人の座にあったこともあると言われている。

また『南京！南京！』（2007年）などの作品でも知られる若手映画監督・陸川（ルー・チュアン）との恋愛とその破局など、娯楽メディアに報じられる恋愛スキャンダルもあった。彼女は後に、関係した官僚、政治家を次々汚職で失脚させ「妖婦・湯燦」と呼ばれるようになるが2011年暮れにふっつりとその消息が途絶える。一時期、党中央の権力闘争に巻き込まれて秘密裡に処刑されたという噂も出たが、実は監獄に国家機密漏洩罪で投獄されていることが後に判明した。

張瀾瀾の前に湯燦が現れたのは、まだそんなスキャンダルにまみれる前のころで、ちょうど陸川との恋に破れて間もない2007年ごろ、解放軍への移籍前のことであった。彼女にとって陸川との恋は生まれて初めての純愛だったといい、結婚の約束も交わしていたらしい。だが陸川が当時、『南京！南京！』の制作に夢中になるあまり、結婚がのびのびになっていたところ、湯燦より6歳若い映画の主演女優・秦嵐（チン・ラン）に陸川の心を奪われてしまうのだった。

湯燦自身が湖北省の監獄の中で口述したとされる香港ゴシップ本『我的壮麗青春　湯燦獄中自白』によれば、この失恋で傷ついていたころ、彭麗媛の紹介で、湯燦は習遠平とお見合いをしたことがあるのだという。

彭麗媛と湯燦はともに著名音楽教育家・金鉄霖に師事した姉妹弟子関係にあり、湯燦は彭麗媛のことを「大姐《おねえさん》」と呼んで慕っていた。彭麗媛は陸川との破局報道で落ち込んでいるであろう妹弟子を励まそうと食事に招いたのだが、実はそれが離婚してシングルファザーのままで長年いる義理の弟との見合いの席でもあった。

場所は解放軍某部隊の食堂の個室であったという。湯燦は彭麗媛と橋橋の立ち合いのもと習遠平と引き合わされた。1956年生まれの習遠平は、湯燦より19歳年上。太子党サラブレッドとは思えない質素で地味な身なりではあったが、料理を湯燦に取り分けてくれるなど紳士然としたふるまいも見せた。「テレビで見るより、君は綺麗だね」と習遠平は湯燦に言ったとか。湯燦は食事のあと習遠平と電話番号を交換し、数日後の自分の舞台に招待した。別れ際に彭麗媛は彼女の肩に手を置いてこうささやいたらしい。「大姐（橋橋）もあなたのこと気に入ったみたい。あなたたちお似合いよ」

湯燦

この時点で湯燦は習家への嫁入りを決意していたと言う。

実際のところ、湯燦は習遠平については「ルイ・ヴィトンの名前すら知らない田舎者」と小ばかにしていた。『我的壮麗青春』にはこうある。「私が一度湖南に里帰りするとき、習遠平は、何か手伝おうか、汽車の切符を予約しようかとたずねた。私はさすがに顔色を失った。……専用機で送れとは言わないが、少なくともそこは飛行機のファーストクラスでしょ。

汽車の切符って、私のこと、北京に出稼ぎにきたお手伝いさんぐらいにしか思っていないのかしら」

また、見送りにきた習遠平は、彼女のルイ・ヴィトンのスーツケースに腰をドスンとおろして、もう少しで壊してしまうところだったと文句も言っている。

だが二人で会うときには、湯燦は全身全霊で習遠平の歓心を買おうとした。なんといっても、習家の嫁の座は最高の玉の輿である。毎朝毎晩電話をかけて甘い言葉をささやいていたという。

湯燦VS.張瀾瀾　決戦のカフェ

湯燦はある日、酒宴に出席してしたたかに酔ったふりをして習遠平に電話をかけ「迎えにきて」と甘えてみた。この夜に習遠平の身も心もいただく算段であった。裸の胸が半分飛び出るような真紅のイブニングドレス姿の彼女を前に、車で迎えにきた習遠平は、汗をだらだらとかいて思わず目をそらすような初心な反応をみせた。湯燦は慣れたもので、自宅のマンション前に到着すると、酔って一人で歩けないから支えてとせがんで、習遠平を部屋まで引き入れることに成功。部屋に入るやいなや、湯燦は習遠平の太い首にいきなり腕を回すと真っ赤な口紅のついた唇を嵐のような激しさで、習遠平の口に押し当てた。さらに習遠平の手を自分の胸元に導く。習遠平の理性は吹っ飛び、まさに湯燦の思い通りにことが運ぼうとしたその瞬間、習遠平の携帯電話が鳴り響いた。習遠平はハッと我に返り、身を引き離してぜいぜいと息を弾ませながら動作を停止した。そしてなぜか、部屋から飛び出していったのだった。この時、習遠平に電話をかけてきた女性こそ、張瀾瀾だった。

『我的壮麗青春』にはこうある。「あと一歩で私の運命はうまくいくはずだった。この時電話をかけてきた女は私よりもしっかりとチャンスをつかんでいたのだ」

この時、湯燦がしっかりと習遠平をモノにしていれば、後に公共情婦とさげすまれ、権力闘争のスケープゴートとして監獄に押し込まれたのは張瀾瀾であり、中国第一弟媳と呼ばれていたのは湯燦であったかもしれないのだった。

湯燦が、こうした全身全霊の誘惑を仕掛けて失敗したのはこれが最初で最後だったという。女性のプライドを傷つけられた湯燦はしばらく習遠平と連絡をとらなかった。むしろ、彼の方から謝罪の電話を入れてくるべきだと考えていた。だが、一向に習遠平から連絡がこない。そうこうするうちに彭麗媛から電話がきた。「その後、習遠平とはうまくいっている?」「毎日のように食事をしたり、デートしているわ。大姐」と湯燦は答える。「私は本当にあなたに習家の嫁に入ってほしいの。同じ音楽という共通言語を持つし、性格も合うから、あなたとなら、家の運営も協力してできるわ」。尊敬する姉弟子との憧れの共同生活を思い描いていたとき、携帯電話がなった。番号は、習遠平のものだった。彼女は電話に出ると「あなた、なぜ逃げたの?　私に食い殺されると思った?」と詰問した。だが、返ってきた声は、若い女性の声だった。「湯燦ねえさん、私、張瀾瀾です。ちょっとお会いできます?」

張瀾瀾は湯燦の亜運村のマンションの近くのカフェを待ち合わせ場所に指定。湯燦が先にカフェに入って待っていると、張瀾瀾が店に入ってきた。

身長168センチ、バーバリーのウィンドブレーカーを羽おり、シャネルのサングラスをかけた顔は薄化粧で、20歳そこそこの若々しさ。湯燦も一瞬我を忘れるほどの美女だった。彼女はサングラスを外しながら恥ずかしそうな笑みを浮かべて「湯燦ねえさん、お会いしたら、言わなくちゃとずっと思っていたことがあります。私、習遠平のガールフレンドなんです」。

湯燦はもう少しでコーヒーを吹きだすところだった。

張瀾瀾はこう続けた。「あなたが彼の兄嫁と親友なのは、ものすごくうらやましいです。私たちもう2年も付き合っているのに、まだ恋人として、彼の家族に正式に紹介してもらっていないんですもの。遠平への気持ちは純愛なんです。私、重慶生まれで15歳に軍の文工団に入隊しましたけれど、16歳で父を亡くして。そのあと総政部歌舞団の司会者になったんですが、退役して民間の女優になりました。遠平は私より24歳年上ですけど、わたし彼に早くに亡くした父親の面影を重ねているんだと思います。彼は私と結婚してくれるっていいましたけれど、あなたと知り合ってから、なんかちょっとおかしくなって。彼と話をしようとしても、耳を傾けてくれなくて…」

湯燦は二人がすでに夫婦同然の体の関係もあること、なのに習遠平は張瀾瀾を娘の友人であるとしか家族に言っていないことなどをこのとき初めて知り、内心こう思ったという。「習遠平をちょっと甘く見過ぎていた。まさかこんな美女に手を付けていたなんて」

堂々と習遠平の妻になる権利を主張し涙を流す張瀾瀾に、湯燦の方が毒気を抜かれて、「わかったわ、もうあなたたちを邪魔しない。二人を祝福します」と白旗を上げたという。

湯燦のささやかな報復

習一族というのは、典型的な共産党元老一家であり、習遠平の服装や食べ物の好み（張瀾瀾とのデートはたいてい麵屋であったという）から推測しても、いわゆる古い質素倹約を重視する共産党員の価値観が染みついていた。同時に一族の女性に対する価値観はかなり保守的であった。女性の貞操を重んじる一方、一度手をつけた女性に対しては、面倒を見なければならないという責任感もあった。しかも、張瀾瀾は自分が徐才厚の愛人で、仕事のチャンスから高級マンション、老親の北京戸籍まで徐才厚に面倒を見てもらってきたことはおくびにも出さず、結婚歴があることもいわず、男関係は北京師範大学で同級生と恋愛したが早々に別れただけだと説明していた。習遠平は見た目清純な少女のような張瀾瀾と肉体関係をもってしまった以上は責任を取らねばならない、と思ったに違いない。だが湯燦は、その後に張瀾瀾の「本性」を知って、おそらくは納得がいかなかった。

そこで、習家でもっとも発言権がある長姉の橋橋に会って、張瀾瀾の本性を告げ口したい気持ちに駆られた。習遠平と正式に別れたという報告をかねて橋橋を食事に誘ったとき、さりげなく張瀾瀾の過去がわかるような話をした。

湯燦の話を聞きながら、橋橋は表情も箸も長い時間動かさなかったという。湯燦は橋橋が内心怒りを堪えていることを察した。

橋橋は湯燦に尋ねた。

「その張瀾瀾というのはいったい何者なの？」

湯燦は答える。

「テレビドラマで大人気の女優です」

「有名人でファンがたくさんいることは、習家に何のプラスにもならないわ」

彭麗媛や橋橋に言わせれば、湯燦はいわば音大出の歌手、芸術家であるが、テレビに出てキスシーンも演じる女優は、芸能人という位置づけだ。しかも湯燦は彭麗媛の妹弟子である。同じ派手な業界の女性でも、古い党員家庭にとっては明確な区別があった。

橋橋は「あなたに恥をかかせてごめんなさい」とまず謝った。

湯燦は白々しくこういった。

「そんなこと。私と遠平はまだ清い関係でしたから、ショックはありません。それよりも張瀾瀾は彼のことが本当に好きで、彼のために女優の仕事をいくつか断って、プロダクションともめているみたいです」

「そのプロダクションってどこ？」

「北京錦秀江山影視文化公司です。解放軍の後勤部にいる谷俊山が出資している会社です」

解放軍出身の橋橋は谷俊山の名を聞いたとたん、顔色を変えた。谷俊山といえば、軍内では女癖の悪いことで有名だった。そしてそのプロダクションが谷俊山のいわば「後宮」であることも周知の事実であった。

「張瀾瀾の体はきれいなのかしら？　遠平ってちょっとばかだから、騙されているんじゃないかしら。帰ったら調べなきゃ」

湯燦の目論見どおり、橋橋は張瀾瀾の素行調査を行う気になった。

実際のところ、張瀾瀾は徐才厚の愛人であり、徐に忠実な谷俊山が張瀾瀾に手を出すわけがなかったが、湯燦には、当然、橋橋が谷俊山のラインから張瀾瀾と徐才厚の関係にたどり着くことを計算にいれての会話であった。

はたせるかな、橋橋は張瀾瀾が徐才厚の愛人であったことを突き止め、習遠平にこう宣言した。

「張瀾瀾には習家の門をくぐらせない。張瀾瀾は習遠平にふさわしくない」

橋橋から説教されたシスコンの習遠平は、家族のメンツを失わせてすみませんでした、とそのときは素直に謝ったという。

できちゃった結婚

だが、これでおめおめと退く張瀾瀾ではなかった。

２００８年８月、張瀾瀾はついに習遠平との結婚に成功するのだった。絶対反対であった橋橋が妥協せざるをえなかったのは、張瀾瀾が妊娠したからであった。

妊娠した張瀾瀾をつれて習遠平が家族会議で報告したとき、橋橋は「死んでも許さない！」

と抵抗したが、母親の斉心は、すでに年老いてずいぶん性格が丸くなっていた。張瀾瀾が、大きな瞳を潤ませて「習遠平さんと結婚させてください。おなかには遠平さんの子供がいます」と甘い声で頼むと、大喜びで首を縦にふってしまった。彭麗媛は、張瀾瀾のことを快く思っていなかったが、夫の習近平が「腹の子は習家の子供だ。子供には責任を持たねばならない」と言うと、妻としては反論できなかった。

習近平がこの時、張瀾瀾に嫁入りするためにいくつかの条件を出したという。

２００８年春節聯歓晩会（春晩＝春節前夜にＣＣＴＶで放送する中国版紅白歌合戦）の出演を最後に、芸能活動から完全引退し、すでに契約済の映画出演なども破棄する。またプロダクションとの契約も解約する。家族で助け合い、母親・斉心を敬い、兄弟姉妹を尊重し、子供をきちんと教育すること。

すべての条件を張瀾瀾は承諾し、8月14日に二人は結婚した。そして間もなく、出産した。夫婦の円満ぶりについては、２０１４年10月14日付の「深圳特区報」に習遠平自身の寄稿「梢林美麗」の中で触れている。これは習仲勲生誕１０１周年の記念企画記事で、習遠平が父の革命の業績と思い出を振り返る内容だが、この中で１５００字ほど張瀾瀾についての記述がある。張瀾瀾がいかに良き妻で良き嫁かということを恥ずかしげもなく「のろけて」いるわけだが、おそらくはこの年、徐才厚の失脚にともなってネット上では愛人の張瀾瀾の消息についていろいろな憶測が飛んでいたのを、夫として打ち消そうと思って書いたのだろう。もちろん、この記事が「ネットの噂」の一層の燃料投下となったことはいうまでもない。

だが勝利者が張瀾瀾であることは揺るがない。彼女は結婚後、一度、湯燦に会いに来たという。

張瀾瀾はにっこりと笑顔でこう言った。「湯ねえさんが、橋橋大ねえさんのところに行って、私に協力してくださったと聞きました。今日は、どうしてもお礼を直接言いたくて」

湯燦はこのとき、張瀾瀾の腹黒さに鳥肌がたったという。明らかに、このセリフには恫喝が含まれていたからだ。

これから3年後、湯燦は汚職関与などで中央規律検査委に身柄を拘束され、それから5年後、徐才厚も汚職で失脚する。彭麗媛の妹分で、習遠平嫁候補にまでなった湯燦の突然の転落や、元国家主席・江沢民の軍内での代理人で彭麗媛のかつての上司にあたる徐才厚に対して、重病にもかかわらず身柄拘束し、激しい訊問によって死期を早めた習近平の容赦のなさは、この張瀾瀾の一件がからんでいるのではないか、という推測もある。

湯燦の迷走

湯燦は映画監督・陸川との真剣な恋愛に敗れた後、習遠平という玉の輿も逃してしまった。いずれも自分より5～6歳も若い小娘に愛した男を奪われ、女としての自信を失いかけた湯燦は、自分の女の魅力を再確認するように、次々と男たちを誘惑していく。このころ、ヨガを本格的に学びはじめたのは、スタイルの維持や美容目的ではなくて、性技の向上のためだったという。彼女の美しさは、美妖姫とあだなされるような毒気を含んだものになり、権力と金と色欲にまみれている共産党の地方政治家や官僚たちを次々とからめとっていく。

その中には元政治局常務委の周永康、元公安部副部長の李東生、元重慶市党委書記の薄熙来といった名前も挙がっている。湯燦は彼女を一躍有名にした人気シングル「祝福祖国」（1999）のMTV制作時、当時CCTV副局長だった李東生と知り合った。美貌の湯燦がまだ独身であると知った李東生は、上司筋にあたる周永康に彼女を紹介する。当時、精力絶倫だった周永康はしばしばCCTVに美女を物色しにきていたが、湯燦のことをいたく気に入った。李東生はCCTV副局長から中央宣伝部副部長を経て公安副部長へと異例の出世を遂げていくのだが、こうした美女を周永康に紹介した功績だといわれている。湯燦以外にも、王小丫《おうしょうあ》、賈暁燁《かぎょうよう》、沈冰《しんひょう》といったCCTV美人キャスターが周永康に「貢がれた」という話である。下劣なゴシップ報道を信じるならば、彼女たちは李東生とも関係を持っていたとか。

湯燦は元深圳《しんせん》市長の許宗衡、元河南省開封市長の周以忠といった地方の権力者の愛人にもなった。年若いライバルに二度も男を奪われた湯燦が欲したのは、「愛している」といった浮ついた言葉ではなく、高級別荘や十数億元に相当する不動産プロジェクトの債権などだった。これらは、たとえ男と別れても、彼女の手元に残り、彼女の女王然とした暮らしを支えた。後に許宗衡も周以忠も汚職で失脚するが、彼女が連座しなかったのは、公安権力のトップにいた周永康との関係のおかげだといわれている。

湯燦と関係を持った男たちの中でもっとも「下種」であったのは、CCTV局長の焦利かもしれない。

河北省正定県という習近平の初任地で生まれた焦利は遼寧日報の記者からそのキャリアをスタートしたが、私の聞く範囲では、「無能な記者」の典型であったらしい。上に媚びるのが上手いことと、失敗を恐れて何もしなかったこと、習近平と地縁があるというその点だけで、CCTV局長の座まで出世できた。だが、もともと能力以上の急な出世だったため、CCTV局長になったとたん、ネジが外れた。CCTVは華やかな芸能の世界。出会う人すべて美人ばかりだ。自分はその花園のトップであると思うや、その花園の花はすべて自分のものと勘違いした。焦利は、局内で美人を見つけるや局長権限で肉体関係を強引に結んだとか。しかも、使っていないスタジオや駐車場の車の中や倉庫など、局内いたるところ場所を選ばなかったものだから、CCTV社員の間では「うちの局長はシン・ジャオ」（うちの局長はセックス中）という陰口が流行ったと言う。つまり中国語で姓焦（名前は焦）と性交の発音が同じことをかけて馬鹿にしたのだ。

この焦利が、局内で湯燦とばったり出会い、夢中になったという。湯燦は当時、春節前夜の大型歌番組、中国の紅白歌合戦に相当する春晩にソロで出演したいと切望していた。というのも、彼女から習遠平を奪った張瀾瀾は引退前の「春晩」に独唱で出演したのだった。湯燦にしてみれば、男も奪われた上、歌手としての憧れの舞台まで、張瀾瀾に先を越されたので悔しくて仕方がなかった。しかも張瀾瀾は、ただのタレントであって、百歩譲って女優であっても、歌手ではない。中国最高の音楽指導者・金鉄霖の指導を受け、彭麗媛や宋祖英らと歌手の実力としては同格、あるいはそれ以上と評価された湯燦には我慢のならないことだった。張瀾瀾には二度と負けるわけにはいかない、という焦りから、焦利と肉体関係を結んでしまう。当然、見返りに春晩のソロ出演を要求した。ところが、焦利は口では「問題ないよ」と言いながら、その約束を守ることはなかった。しかも、そのことを湯燦が何度も電話で追及すると焦利の方が逆切れした。一度、焦利が別の女優と同衾中に、湯燦から電話がかかってきて、電話口から漏れる湯燦の甲高い声を聴いて、その女優が拗ねて帰ってしまったことがあった。焦利はこれで湯燦との関係を切るつもりで、遼寧日報時代に仲良くなった黒社会（マフィア）の仲間に、湯燦を黙らせてくれと依頼した。

しばらくして湯燦は不気味な電話を受ける。「俺は焦利の弟分だ。アニキのためならなんだってできるんだぜ。もうアニキに付きまとうな。でないと、ねえさんの体を八つにばらすこともできるんだ」

普通の女性なら震え上がってしまうのだろうが、周永康とも昵懇の湯燦は、自分の人脈を駆使して焦利と東北マフィアとの関係を調べあげ、レポートにして中央弁公庁主任だった令計画《れいけいかく》宛てに送ったのだった。2011年11月、焦利は突然CCTV局長を免職され翌年1月には双規にあって失脚した。

湯燦はこの時、中央規律検査委に捜査協力を要請され、延べ3時間の訊問を受ける。だが、この訊問から、湯燦の悲劇が始まるのだった。すでにこの頃、中央規律検査委側は湯燦の背後にある徐才厚や周永康ら大物軍人や政治家の汚職問題を調べはじめていたらしい。

湯燦と徐才厚を引き合わせたのはやはり彭麗媛だった。彭麗媛主催の晩さん会は習近平や橋橋や宋祖英といった大物が顔をそろえ、一番上座に徐才厚がいた。彭麗媛や宋祖英は湯燦を後輩歌手として非常に可愛がっていたので、徐才厚に彼女を紹介しながら、彭麗媛を軍属歌手にするよう、せがんだという。

徐才厚と湯燦が果たして男女の関係になったかは、実は定かではない。彭麗媛や宋祖英のお気に入りの妹分となれば、徐才厚も男女関係がなくても、優遇するのかもしれない。湯燦自身は、徐才厚とは男女関係はなく、『我的壮麗青春』を信じるなら、周永康とも薄熙来とも関係はなく、実際に関係があったのは谷俊山だけだったという。谷俊山からは別荘として「釣魚台七号院」をプレゼントされた、と同書にはある。

だが、徐才厚の口利きで、２０１０年９月、解放軍北京軍区文工団に突然入団し、上級大佐という破格の待遇を与えられたことは事実であった。徐才厚が湯燦を特別気に入っていることは間違いなかった。

焦利が事実上失脚したころとほぼ同じ時期の２０１１年暮れ、中央軍事委の会議で、劉少奇《りゅうしょうき》の息子・劉源《りゅうげん》が「軍の腐敗」を告発したことで、徐才厚の腹心で、総後勤務部副部長の谷俊山が失脚することになる。谷俊山汚職から、関係者の取り調べが進み、最後には徐才厚が失脚したのはすでに第一章でふれている通りだ。

湯燦は中央規律検査委に３時間の訊問を受けたのち、一旦家に帰された。そしてしばらく芸能活動をしないように命じられた。やがて、また中央規律検査委から呼び出しが来た。この時、湯燦は嫌な予感がして家を出る前に、彭麗媛に助けを求める電話をしたという。

彭麗媛は習近平に電話して「あなたから賀国強《がこっきょう》（当時の中央規律検査委書記）に湯燦の出頭命令を取り消すように言ってほしい」と訴えた。「彼女はただの歌手です。軍の汚職事件とどう関係があるのですか」

習近平も賀国強に直接電話をかけてとりなしを求めたらしいが、この頃の中央規律検査委は胡錦濤政権の命で動いており、習近平の意見は聞き入れられなかった。

突然のスパイ容疑

湯燦は中央規律検査委に最初に聞かれたのはやはり、徐才厚との関係だった。本人は谷俊山との関係が問い詰められると思っていたので驚いたとか。だが、徐才厚との関係を否定しても、次にもっと重大な、本人もまったく予期していない容疑がかけられる。

中央規律検査委の二度目の呼び出しからさらに一週間後、今度は国家安全部と解放軍総政治部の立ち合いのもとで取り調べが始まったという。

国家安全部から派遣された捜査員はこう説明したという。

「目下中国には、軍上層部をターゲットにしたスパイがかなり送りこまれている。たとえば天津にある韓国企業の副総裁の韓国人美女はスパイだ。また彼女の部下のハンサムな業務経理もスパイで、北京の社交界に出入りし、〝紅三代〟（建国に関与した革命家の孫世代）女性に近づいている。三年の秘密調査で、北京の韓国スパイ網はおおかた把握した。餌を巻いて、一人逮捕し全部供述もさせた。その逮捕した男性のパソコンの中からあなたの写真が大量に出てきた。あなたにも捜査に協力してほしい」

そうして湯燦に提示された写真の若い男性は、軍属歌手になってからできた韓国人の恋人であったという。若くハンサムで裵勇浚（ペ・ヨンジュン）に少し似ており、彼女にしてみれば、金と権力目当てではなく付き合った数少ない本物の恋人であった。この男の名は李承俊というらしいが、湯燦が出会ったのは、谷俊山の北京中央商務区に立つ豪邸「将軍府」でのパーティだった。この豪邸に飾られていた６００年前の高麗の花瓶は李承俊が贈ったとか。この時二人は意気投合し、湯燦は例のごとく酔っ払ったふりをして、家に送ってもらい、そういう関係になった。

湯燦自身は自分が国家機密の類に接しているという自覚もなく、情報は漏らしていないと言い張ったが、すでに逮捕された李承俊は湯燦から国家機密情報を受け取ったと証言しているという。それも「国家指導者のハイレベルな機密」だという。

彼女は秘密裡に解放軍反間諜機関に移送され、そこで厳しい取り調べを受けた。絶望して三度、自殺未遂を犯したという。２０１２年5月、解放軍北京軍区軍事法院で「過失による機密漏洩」で懲役7年の判決を受けたという。現在は北京軍区軍事監獄内で、彼女は女囚たちに歌の指導をするなどしているらしい。

この件に関しては、一切が表ざたにならず、ごく一部の政治の中枢にいるもの以外には、湯燦は忽然と消えたように見えた。香港メディアなどは、一時、湯燦は秘密裡に処刑されてこの世にいない、と報じた。だが、２０１４年に入ってから、彼女の生存説が流れはじめ、２０１５年２月に湯燦の口述筆記による自伝『我的壮麗青春』が香港の颱笛出版から出版された。この本を真実だと言い張れる根拠はないのだが、他の報道ともかなり整合性があるように思う。この本に書かれていることが真実であれば、遅くとも２０１８年12月には彼女は出所してくるはずである。

その時、湯燦は芸能界に復帰できるだろうか。彼女のあまりの男運の悪さと権力闘争の過酷さを思うと、せめて音楽だけは最後まで彼女の手に残ってほしいと願わずにはいられない。

党中央の秘密の花園・CCTV

美人キャスターたちの玉の輿闘争

党中央の政治家あるいは大物太子党で、ＣＣＴＶ美人キャスターを妻あるいは愛人にしている人物は両手の指にあまる。

中央政治局委員の張春賢の二番目の妻・李修平はＣＣＴＶの顔とも言える「新聞聯播」のメーンキャスターだった。元中国証券監督管理委員会副主席の王益は美人キャスター・姜豊を愛人にしていた。すでに失脚した令計画の愛人・馮卓もＣＣＴＶの時政新聞部副部長。その弟で米国に逃亡中の令完成の妻・李平はＣＣＴＶの人気番組「東方時空・生活空間」のメーンキャスターを三年務めたお茶の間の人気者だった。

ＣＣＴＶは昔も今も、党中央の後宮、あるいは秘密の花園だ。そこにいる女性キャスターたちは美人で重点大学を卒業した才媛で、有り余る野心を抱えている。

その中でも、選りすぐりの野心家美女たちといえば、元政治局常務委で中央政法委書記であった周永康をめぐる美女たちだろう。

周永康の二度目の妻はＣＣＴＶ美人キャスター・賈暁燁。賈暁燁は元公安副部長の李東生がＣＣＴＶ副局長時代のコネを使って、周のご機嫌をとるために用意したＣＣＴＶ美女の一人である。李東生は「百鶏王」と呼ばれるほど、精力絶倫の周永康のために、ＣＣＴＶ美女を提供し続けたことでその信頼を得て、党中央宣伝部副部長を経て公安副部長にまで上り詰め、中国においての邪教の取り締まりを行う防範邪教問題指導小組弁公室、通称６１０弁公室の主任となった。最終的には周永康ともども失脚したのだが、彼が現役のころは、ＣＣＴＶは、まるで党中央御用達の高級売春クラブのようなものであった。

李東生が周永康に手配したＣＣＴＶ美人キャスターは、最終的に妻の座についた賈暁燁のほか、葉迎春《ようげいしゅん》、沈冰、李小萌、王小丫らがいる。彼女らは周永康失脚前に、軒並み中央規律検査委の取り調べを受け、そのまま世間の表舞台から消えているが、沈冰はその後の２０１４年秋、『私と周永康の物語（我和周永康的故事）』という赤裸々な暴露本を香港で出版して話題を呼んだ。この本は、ＣＣＴＶの女たちの玉の輿の取り合いをめぐった女の権力闘争も暴いていて、なかなか面白い。

たとえば、王小丫は沈冰より八歳年上の彝族《いぞく》（中国の少数民族）美人で、沈冰が入局一年目からいろいろと面倒を見てくれた気が合う先輩であった。彼女の口癖は「女は成功した男を求めるけど、男は成功した女は敬遠する」で、ＣＣＴＶ内の出世よりも権力者の妻の座を得ることに精力を注ぎ、人生の目的としていた。二人は李東生とともに、いろいろな「接待」の場に連れていかれるのだが、沈冰はその時の王小丫のアグレッシブなまでの、権力者へのアプローチの様子に舌を巻いている。

二人が曾慶紅の弟で芸能界のドンであった文化部特別巡視員の曾慶淮の接待に駆り出された

とき、曾慶淮と同席していた曾慶紅の息子・曾偉が独身と知ると、曾家の嫁になろうと必死にアピールする。ぼんやりしていた沈冰に、接待終了後、「さっきの会合は、曾偉の嫁選びよ、あなた気付かなかった？」と呆れる一方で、「曾偉は私にぴったりじゃない？　あなたまだ若いんだから、私より先にチャンスを奪わないでね」と釘を刺す。

だがその後、曾偉からメールをもらい、「曾偉と二人だけであってみないか？」と李東生から打診されたのは若い沈冰の方だった。沈冰は王小丫から釘を刺されていたので「王小丫は曾偉さんに対して好感を持っていたみたいです」と言うと、「あー、曾家には、彼女はダメだよ」と。実は、このとき、王小丫はまだ、学生時代の恩師であった前夫と正式に離婚できていなかったからだ。

曾偉はその後、沈冰をさかんに口説いてきたというが、沈冰は乗り気にならず、「君は名前（冰は氷の意）の通りクールだね」と、ついに愛想をつかされた。実は沈冰は若い男よりも、オヤジ好きであった。やがて曾偉は同じＣＣＴＶキャスターで女優・章子怡によく似た蔣梅に関心を移し、最終的に蔣梅が「シンデレラ」となった。

しばらくして沈冰と王小丫は、国土資源部長だった周永康らの接待の場に駆り出される。李東生の提案でこのとき「紅楼夢ゲーム」を行うことになった。サイコロで順番を決め、詩文や成語を含んだなぞなぞをしかけ、それを当てるゲーム。間違えたら杯を三度空ける。このゲームで最初に負けた周永康は酒を飲む罰ゲームを拒否し、その代わり、自分の隠し事を一つ告白する、というルールに変えた。そして、そこで周永康は「自分は今まで相思相愛の人と結ばれたためしがない」という秘密を暴露した。このセリフに、沈冰も王小丫も女心を揺さぶられたとか。

そういうあざとい周永康に、沈冰も王小丫もついに遊ばれてしまうのだが、結局、周永康に手を付けられたＣＣＴＶ美女の中で一番年若い賈暁燁が、真っ先に妊娠し、周永康に結婚を迫ったという。

賈暁燁は、江沢民の妻・王冶坪の妹の娘であるという説がまことしやかに流れている。沈冰はこの噂を信じていない。沈冰によれば、賈暁燁は北京大学を卒業後、記者を目指し、南方週末、新京報、新華社などの門を叩いたが入れず、結局ＣＣＴＶに正規雇用ではない実習生の身分で入局したという。もし、それなりの政治的背景があれば希望通りの就職ができたはずであるという。また周永康ほど確立した身分であれば、別に政治的背景のある女性を出世に利用する必要もない、というのが根拠だ。

賈暁燁の正体はともかく、間違いなかったのは彼女が情熱的な〝山西女〟で、非常な美声で、一度、周永康の接待の場で歌を披露して、周が思わず涙を落としたことがあるらしい。姿形だけでなく声と字が美しかったことが、周永康にとって遊びと本命女性の差となった。沈冰によると二人が結婚したのは２００１年。北京の解放軍の某部隊の招待所でひっそりと婚礼を挙げた。周永康の二人の息子は式に参加せず。上司筋も参加せずという奇妙な結婚式だったという。

周永康の前妻・王淑華は、交通事故に見せかけて謀殺されたという噂もあるが、沈冰はこれも否定している。

周永康を取り合った沈冰と葉迎春

もう一人、周永康のCCTV内の愛人で特筆すべきは葉迎春である。

葉迎春といえば、周永康が規律検査委当局に身柄を押さえられる二日前の2013年11月29日に北京百盛商場の地下駐車場に駐車してあった車の中で最後にあいびきした女性として知られている。周永康を監視していたとみられるカメラが、彼と車の中で待っていた葉迎春と、その車に周永康が乗り込んだあと、激しく揺れている様子を映しだしていた。この動画は何者かによって、ネットの動画サイトに流されて、多くの人が目撃し、香港誌のゴシップネタを飾ったのである。

葉迎春と沈冰は、周永康を取り合う敵対関係にあり、仲が悪かった。たとえば、ある日、沈冰の上司のもとに、匿名の電話があった。

その電話の内容は「沈冰は清純な見かけをしているが、その実非常なアバズレである」という告発であった。そういう誣告電話はラジオ映画テレビ総局新聞弁公室にもかかってきた。「CCTVには高級娼婦チームがいる。沈冰や王小Yらである」と。沈冰らがやっきになって犯人捜しをしたところ、どうやらその電話の主が葉迎春らしい、ということを突き止めた。葉迎春は当時CCTV国際チャンネルの看板キャスター。だが実はシンガポール南洋理工大学に奨学金を得て留学した沈冰と比べると学歴が低く、江西テレビから移籍してきた「外様」キャスターであった。彼女は野心家であり、李東生の愛人となることで外様の地位からCCTVの看板キャスターになりあがったことは公然の秘密であった。ところが最近は、李東生のお気に入りはもっぱら沈冰や王小丫であり、嫉妬からこうした嫌がらせ電話をかけた、と沈冰らは判断した。

だが、沈冰は後に曾偉から「葉迎春は、周部長（周永康）の愛人じゃないの？ 李部長（李東生）はそう紹介していたよ」と聞かされる。

曾偉によると、葉迎春は自分から積極的に周永康にアプローチし、周からはうるさがられていたそうだ。

後に沈冰は周永康に直接、葉迎春との男女関係の有無を問いただしたところ、周永康は否定し、「ただちょっと仕事を手伝ってあげただけだよ」と言い訳したという。だが、沈冰は、周の昔の愛人として葉迎春が自分に対する嫉妬を向けていることを確信した。匿名の誣告電話については、沈冰と王小丫が、李東生に葉迎春の仕業であると訴えて、李東生から葉迎春に注意をした。葉迎春は犯人であることを認めて泣いて許しを乞うたという。

この事件で、葉迎春は完全に周永康に振られてしまったと見られていたが、例の駐車場ビデオを見れば、最後まで周永康と深い関係にあったのは彼女であったということになる。

玉の輿に乗った王小丫の顚末

曾偉の妻の座を逃し、周永康にも遊ばれただけの王小丫だが、その後、恋愛遍歴を重ね、ついに玉の輿をゲットした。それは最高人民検察院長の曹建明《そうけんめい》の妻の座である。

曹建明は1955年生まれ。王小丫より13歳年上である。華東政法学院卒業生で、江沢民、呉邦国《ごほうこく》、曾慶紅らの引き立てで出世していった上海閥である。また周永康とも仲がよく、周がCCTVの美女たちと遊びにいくときはよく曹建明を連れてきたという。一般家庭に生まれ、苦学してその実力によってベルギー、米国留学を経て国際法学者として名を成してきた曹建明は、当初CCTV美女たちから見れば、さほど魅力のある権力者ではなかった。だが90年代終わりから、江沢民ら指導部に秘密裡に国際金融法の授業をするようになったことがきっかけで、学者から中国最高人民法院副院長と、いきなり官僚の世界に足を踏み入れるようになる。そしてとんとん拍子で2008年3月、曹建明は最高人民検察院検察長という司法検察トップの座についた。

こうなってくると、王小丫らにとっても十分魅力的なターゲットである。曹建明の最初の妻は華東政法学院の教師であったが、2005年に子宮頸がんで亡くなっていた。二人の間には子供がおらず、王小丫にとってはまたとない〝物件〟であった。しかも中央政法委書記になってまもない周永康が、自分の息子のようにかわいがっているのは見てとれた。周永康は今や飛ぶ鳥を落とす勢いの権力者。曹建明の未来は約束されたも同然だったのだ。

王小丫はまずこの上海男の好みを研究した。曹建明はやせ形で背が高く、酒もたばこもたしなまない。コーヒーをよく飲み、肉よりは野菜が好きだった。周永康のお供で、CCTV美女から接待を受けているときは、あまりしゃべらず、お世辞も苦手のようで、どちらかというと学究肌の堅物男であったという。だが、王小丫から猛烈にアタックされると、遊び慣れていないぶん、たやすく陥落し、二人は２００９年７月に秘密裡に籍を入れた。

二人が付き合っていることは、同僚や上司には慎重に隠されていたという。

こうして王小丫は、やっとの思いで、国家権力の上位に属する男の妻となった。

だが、その絶頂はわずか４年で終わりをつげる。

周永康が２０１３年暮れ、身柄が拘束される前後、王小丫と曹建明も中央規律検査委の取り調べ対象になったとの情報が、主に香港メディアで流れた。また王小丫自身も、かつて周永康の愛人であったことが取りざたされるようになった。２０１４年初めには、王小丫のスキャンダルが原因で二人は離婚の危機にある、という噂も流れた。

２０１５年８月の段階では、曹建明の政治生命はまだつながっている。一説によると、周永康失脚後、曹建明は習近平に忠誠を誓い、習近平の推進する「司法改革」の旗振り役をみずから買って出て、かつて恩を受けた江沢民派の汚職追及を率先すると約束して、首の皮一枚つながったという話もある。だが、曹建明の立場は、まさに薄氷の上にかろうじて乗っているようなものである。

ＣＣＴＶ美女たちが全身全霊をかけて勝ち取った玉の輿も、また権力闘争の風向き次第で消し飛ぶはかないものであった。

突然姿を消した人気男性キャスター

なぜ権力者たちはＣＣＴＶ美女に群がるのか。一つにはＣＣＴＶが政治宣伝・世論誘導の要であること、もう一つは利権の温床であるからだ。

中国共産党を支えるのは「二本の棒（竿子）」と毛沢東は言った。すなわち、銃とペン（軍とメディア）。そのペンの部分が人民日報であり、新華社であり、ＣＣＴＶあるいは香港フェニックステレビである。特にＣＣＴＶというテレビメディアは、新華社や人民日報にない華やかさがある。美女の多さと、広告スポンサーがもたらす巨額の金、利権は人民日報など紙媒体の比ではない。このことが、いわゆる「性賄賂」の横行と権力闘争への関与をもたらすことになる。

習近平政権は軍制服組トップの徐才厚らを徹底的につぶしたのち、いよいよ共産党宣伝機関にして利権の温床ＣＣＴＶの大掃除に入った。このＣＣＴＶ汚職事件の摘発で、テレビ業界の利権とそこに結びつく権力の構図が暴かれた。

喫緊のＣＣＴＶ汚職摘発は２０１４年５月から始まっていたが、なんといってもスーパー・ハンサムニュースキャスター・芮成鋼《ぜいせいこう》が７月11日の生放送直前に連行されたことは、習近平政権の本気を印象づけただろう。

視聴者は７月11日夜８時半に始まるＣＣＴＶ財経チャンネルの経済報道番組「経済信息聯播」のテレビ画面で、女性キャスター謝穎穎の隣の席が空いているのを見て驚いた。本来ここに座る予定のアンカーマンが芮成鋼。番組の微博のオフィシャルアカウントでは午後７時半ごろに、芮成鋼と謝頴頴の出演が、きっちり予告されているというのに、番組が始まると芮成鋼はおらず、番組中何の説明もない。これはどうしたことだと、ネットでも騒然となった。

おそらく聡い視聴者は、この異変が5月から始まっている「CCTV汚職摘発」(郭振璽事件)と関連があると気付いただろう。財経チャンネルでおなじみの美人キャスターの欧陽智薇《おうようじび》も6月以降ぷっつりテレビ画面から姿を消していて、それの理由が汚職がらみであることは視聴者にはわかっていた。だが、芮成鋼ほどの国民的人気キャスターが、こんな形で失墜するとは。

芮成鋼は38歳、共産党員で、ハンサムで、横柄で、俺がアジアで一番偉いニュースキャスター、という態度を隠さない自信家だ。いつも俺様な態度で、要人記者会見では流暢な英語で、独演会みたいな質問をしていた。印象深いのは2010年のG20ソウルサミットのとき、オバマ大統領の記者会見で、オバマが最後の質問はホスト国の韓国の記者に、と言っているのに、マイクを奪って、私はアジアの代表として質問する、と強引に質問。また、2011年秋のダボス会議大連《だいれん》コンファレンスでは、ゲイリー・ロック駐華大使に、北京から大連までの飛行機がエコノミーなのはやはり米国に金がないということのアピールですか、と小ばかにしたように質問していた。

日本で話題になったのは、2007年に故宮《こきゅう》に米資本のカフェチェーン・スターバックスがあるのは中国文化の恥だとか、ブログで言い放って、最終的にはスタバを故宮から撤退させた事件だろう。大国米国相手に、挑発的な態度を隠さない愛国的キャスターは、その傲慢さゆえにメディア仲間からは評判が悪かったが、数百人の海外の国家元首や財政界要人をインタビューした実力派でもあり、北京青年報にコラム欄をもつほどの文章家でもあり、2012年にエッセイ本を出版した際には1000人のファンがサイン会に集うまぎれもない大衆受けするCCTVの看板キャスターでもあった。

芮成鋼の罪とはどんなものなのか。CIAの手先であった、組織的売春にかかわっていた、経済情報を売った、令計画の妻・谷麗萍《こくれいへい》のツバメであった、などなど、いろいろ言われてきたが、当初は5月31日に検察当局がCCTV財経チャンネルの総合プロデューサーで広告情報センター主任の郭振璽とディレクターの田立武を汚職で立件したこととの関連が噂されていた。このCCTV汚職事件では少なくとも8人のプロデューサー、キャスター、アナウンサーが連座している。

郭振璽は過去12年にわたってCCTVの広告分野を仕切り、しかも「3・15晩会」（世界消費者デーの特集番組）を担当してきた広告界のドンといっていい。3・15晩会という番組は、消費者に成り代わって国内外企業の欠陥商品やサービスの問題点を暴く人気番組だが、企業側からすれば、この番組でバッシングされたが最後、いかなる申し開きも許されず、ただただ謝罪し、リコールに応じざるをえない、恐るべき番組である。つまり、企業にとってCCTVゴールデンタイムの広告枠を得るにしろ、番組で悪徳企業としてバッシングされるにしろ、郭振璽の胸三寸にかかっている、ということになる。

フェニックステレビによれば、郭振璽は、そういった利権によって、内モンゴルの環境保護緑化企業から4000万元以上の株を譲り受けるなどして、20億元以上を不正に蓄財した疑いで引っ張られた。ちなみに、この緑化企業株を譲った大株主は中国を代表する乳業企業・蒙牛の創始者の一人で元副総裁の孫先紅と言われている。CCTVのゴールデンタイムの広告収入は2002年の33億元から2013年の158億元に急増しており、その利権は小さくはなかった。

郭振璽の汚職が発覚後、6月3日に芮成鋼が取り調べを受けたという噂が流れた。この時はその情報はガセであると否定され、芮成鋼も番組に出演していた。続いて6月6日にやはり財経チャンネルディレクターの王世傑が連行された。王世傑は郭振璽の「大番頭」と呼ばれ、彼の不正蓄財に参与していたとされている。

さらに1987年生まれの財経チャンネル最年少の美人キャスターで、実習生からいきなりキャスターに抜擢されたシンデレラガールの欧陽智薇と某女性編成責任者が取り調べのために拘束された。欧陽智薇は郭振璽と肉体関係をもったことで、スイス・ダボス会議の取材にCCTV史上最年少で参加し、異例の出世を遂げたといわれている。6月6日の微博のオフィシャルアカウントのコメント発信を最後に、姿を消していた。そして7月11日に芮成鋼が突然連行され、7月12日、副総合プロデューサーの李勇とディレクター一人がやはり検察当局に身柄を拘束された。

この「CCTV汚職」の具体的汚職容疑はまだ取り調べが続いているようだが、権力闘争の観点から言えば、周永康とその子飼いの部下である元公安副部長・李東生の失脚に連座したかっこうである。郭振璽を出世させたのは李東生であった。つまり、CCTV内で企業からの巨額広告費をゆすり取り、気に入らない企業のバッシング報道でその株価すら思いのまま上げ下げできる郭振璽らを操っているのは李東生であり、その兄貴分である周永康、薄煕来らも利権にあずかっていた、ということである。彼らは愛人を共有していたとも言われて、その一人が軍属歌手の湯燦と言われてきた。彼女は元中央軍事委副主席の徐才厚のお気に入りであり、芸能プロダクションに投資もしていた総後勤部副部長の谷俊山の愛人でもあった。

CCTVの財経チャンネルグループは周永康を通じて軍部とも利権供与の関係にあり、一大汚職温床を形成していた。ついでに言えば、周永康の兄貴分である曾慶紅の弟・曾慶淮は文化部特別巡視員、つまり文化部の裏ボスであり、当時テレビ・芸能業界を本当に牛耳っているのは曾慶紅・曾慶淮兄弟であったと言われている。また、芮成鋼が連行されたとき当局員に「お前ら俺を誰だか知っているのか？　このことは劉常委（劉雲山《りゅううんざん》政治局常務委、思想・宣伝担当）は知っているのか？」と強気の態度をとっていたことから、芮成鋼の直接のパトロンは劉雲山と見られている。

香港紙・蘋果日報《ひんかにっぽう》の報道を信じれば、米ブルームバーグが特ダネとして報じた習近平ファミリーの不正蓄財疑惑報道は、李東生らがCCTV時代のネットワークを通じて外国メディアにリークした、ということになる。党の喉舌《こうぜつ》・宣伝機関であるメディアと軍・公安・インテリジェンスのキーマンとなる軍人・政治家・官僚が、性賄賂・巨額利権でつながった場合、政敵のネガティブ情報をCCTVで報じたり、あるいはCCTVとの付き合いのある外国メディアに流したりする形で権力闘争に利用できるわけである。政治家、官僚がこぞってCCTVキャスターを妻や愛人にしたがるのは、単に彼女たちが美しく聡明であるだけでなく、こうしたネットワークから自分に利益やリスクをもたらす情報を、彼女らを通じていち早く吸い上げることも目的なのである。

このようにCCTVは利権の温床であり権力闘争の舞台でもある。だから習近平もCCTVの既存の利権構造を解体し、自分がCCTVを含むテレビ・芸能業界を掌握する必要があった。それも大衆に見える形でそれを示さねばならなかった。権力闘争の観点から見れば芮成鋼らは、「トラ」ではなく「ハエ」レベルであるが、だが大衆へのアピール力はトラの摘発以上の効果がある。テレビのお茶の間に見える形で、習近平政権は芮成鋼を失脚させた「劇場型」汚職摘発を行ったのはこのためである。

高官夫人の「公共情夫」芮成鋼

その後、芮成鋼については、汚職ではなく、「間諜罪」に問われて、下手をすれば死刑の可能性もあるという情報が流れはじめた。

これは2014年9月に、社会科学院の研究員で中東・反テロ専門家の王国郷が微博《ウェイボー》上で、「芮成鋼は自分の職権を乱用して不正蓄財を行っただけでなく、国家機密を漏洩した〝間諜〟

である」とつぶやいたことが背景にある。中国の法律では、スパイ罪は最高で死刑もありうるのだと。ほぼ同時期、香港ゴシップメディアが、芮成鋼が令計画の妻・谷麗萍に「レイプされた」と涙ながらに検察の取り調べで訴えたと報道した。50も半ばを過ぎた谷麗萍が20歳近くも年下の芮成鋼をレイプできるのか、という問題はさておき、芮成鋼は谷麗萍から、中央弁公庁主任の令計画の職務や動静について知る可能性があるくらいは親密な関係であったという。さらに、芮成鋼が関係していた党中央幹部の夫人は谷麗萍だけでなく、20人以上はいるという噂も流れた。

共青団系企業の資本が入った民生銀行が党中央とのパイプ作りのために谷麗萍や元全国人民政治協商会議副主席の蘇栄《そえい》（2014年6月、汚職で失脚）の妻ら十数人の党中央官僚・政治家幹部夫人に名目上の役職を与え高給で雇用していた。彼女らは通称「夫人クラブ」と呼ばれ、民生銀行が用意したホテルなどで「会議」を開くこともある。実際は、たんなる宴会だが、その時に芮成鋼がハンサムで知的なホスト代わりにしばしば呼ばれ夫人たちと関係を深めた。いわゆる「公共情夫」である。

こうして党中央高官夫人とのピロートークから集めた党中央内部の情報を米CIAなどに売り渡していたという。しかも、芮成鋼は夫人たちとのセックスビデオを撮っていたという噂も流れた。

2015年2月に人民大学政治学部教授の張鳴が「芮成鋼の桃色誘惑」という論評を中国のニュースサイト捜狐に発表したことで、この芮成鋼の007ばりの色仕掛けの諜報活動は、中国国内でもほぼ「事実」と認定された。

芮成鋼とは一つ違いの同僚でかなり仲がよかった沈冰の告白本によれば、芮成鋼はキャスターの仕事以外にペガサスという企業に出資しており、これは世界最大のＰＲ企業、米エデルマンの中国法人の一つだった。芮成鋼は一時期ペガサス株の7・92％から最高36％を長期に保持していた。２０１０年にそれら株はすべて譲渡した。また２００９年から２０１０年までの間、ペガサスはＣＣＴＶ財経チャンネルの大口スポンサーであったという。

おそらく、こうした米広告業界との密接な関係を通じて、米インテリジェンスとのコネができたのではないかと推測されている。もっとも、沈冰自身は、「彼がスパイだなんて、私の想像を超えている」と信じられない様子だった。

エリート美女・ハンサムがひしめくきらびやかなＣＣＴＶの世界で繰り広げられた、色と金と権力の絡む激しい闘争は、貧富の差や不条理など世の中に漠然と不満をもった大衆にとって最高に面白いゴシップ・ニュースであり、習近平政権になって次々と暴かれるこうした裏事情と、キャスターたちへのバッシングと嘲笑は、社会に蔓延する不満のガス抜き効果が確かにあった。

いまやＣＣＴＶもアンタッチャブルな秘密の花園ではなく、大衆のための権力闘争劇場であり、習近平政権はこれを効果的に使って大衆を喜ばせつつ、政敵を倒し、メディア利権を奪い、記者・キャスター管理・言論統制・センサーシップを強化しているのである。

第五章　経済も事件も権力闘争の策謀

株の乱高下は江沢民派の仕業？

2015年夏の官製株バブルとその崩壊

２０１５年は中国経済が崩壊寸前であることを暴露する事件が相次いだ。その一つが中国の株式市場の恐るべき乱高下だろう。中国には上海と深圳《しんせん》に証券取引所があるが、その中心は上海だ。中国の株式の代表的な指標は上海総合指数である。２００８年、北京五輪開幕直前に上海の株バブルがはじけて以来２０１４年の夏までは、上海総合指数は２０００台で、それと比べるとこの原稿執筆時の２０１５年夏の時点で３６００台だから、まだ高いとは言える。だが、この乱高下が中国の経済の実態とほぼ無縁の危ういバブルであることは日本人の目からみても明らかだった。そして、バブル崩壊によって勝ち逃げできるのはほんの一握りの選ばれし人たちだけなのだ。

中国の株式市場は、自由主義経済の国々とは大きく異なる。一つは個人投資家が非常に多い。株式投資人口９０００万人のうち8割以上が個人投資家である。しかも、個人投資家には二種類ある。一般庶民と、金融権貴族と呼ばれる政治的背景のある民間人、つまり党中央幹部や解放軍幹部の子弟、親族たちである。その中でも、トップクラスの１００人に満たない超金融権貴族たちが、株価に影響する政策の変更や政府主導の開発計画などの情報を公表前にキャッチし、巨額の資金で株価を操作し、ほぼ必ず利益を得ることができる。

もう一つは、中国の株価は政府の介入によって非常に細かく管理されている。たとえば２０１２年、習近平《しゅうきんぺい》が総書記に就任した直後、株価が暴落した。政権にとって、これは面目を失うことであり、この時、政府はＩＰＯ（新規公開株）の一時停止を決めて株価維持に努めた。一方、習近平政権は、金融市場の活性化を経済政策の柱に置いており、２０１４年にＩＰＯを再開。金融緩和も進めて、株高誘導政策を進める。具体的には香港市場と上海市場の相互取引実施によって個人投資家および外国機関投資家への門戸を拡大し、四度にわたって利下げを行い、銀行の資金を株式市場に誘導。こういった政策をうけて、２０００年代前半の株高、株バブルをつくりだしたかつての温州仕手集団メンバーなども、２０１４年春ごろには中国市場に戻ってきていたという。

こうした株高誘導政策によって、２０１４年5月から２０１５年5月にかけて上海総合指数は2・5倍を超える急上昇を見た。このころ、私は上海を訪れたが、証券会社の窓口は、さながら鉄火場のような熱気にあふれ、今株を買わない奴は馬鹿だ、と言わんばかりの勧誘もあった。

インサイダー情報を持っていない庶民ですら、政府主導で株価が上がるらしいから、今が買い時だと、「場外配資」と呼ばれるネット上の信用取引の仕組みを利用して、5〜10倍の高レバレッジの信用取引にはまっていた。

だが、どんなに業績の悪い企業も一様に株価が上がっており、明らかに不正常な現象である。地方の工場地帯を歩けば、一目瞭然の景気後退。工場閉鎖や縮小、給与や経済保障金をめぐるトラブル、理財商品の償還不履行騒ぎなどが毎日のようにニュースとなっていた。

この官製株バブルが崩壊しはじめたのが2015年5月28日。一旦もち直したものの6月19日、6月25日と大暴落が続き、6月半ばから7月頭までに28％の下落を記録した。

これに習近平政権は狼狽したようだった。この株価暴落は官製誘導ではない。政府はＩＰＯを再度停止し、信用取引規制を緩和させて、追加証拠金を入れるための株式換金売りを食い止めようとした。さらには21社の証券会社に株価を下支えするため1200億元を上場投資信託に投資させ、また大量保有株主の株式売却をとりあえず半年間禁止するなど、異例の対応策を発表するまでになった。

株式市場を操る江沢民ファミリー

習近平政権の鉄板に見えた株高誘導政策がなぜ急に、破たんしたのか。

一般に言われているのは、「ギリシャ危機の影響」「実態経済を反映していない官製誘導の中国株バブルはいずれはじける運命」「外国の著名投資家が空売りを推奨した」などだ。ようするに、中国の市場は、昔のように簡単に当局のコントロールが利く程度の規模でなくなった。時価総額にして、上海、深圳の合計は世界2位だ。

だがここでも、いかにもチャイナ・ゴシップ的な一つの噂がある。株価暴落の背後には習近平と江沢民《こうたくみん》派の権力闘争があるという説である。

香港蘋果日報《ひんかにっぽう》、自由亜洲ラジオなどの香港メディアによれば、5月28日の株価暴落は、中国国有投資会社・中央滙金《わいきん》が２００８年以来保持していた四大銀行株を35億元分売ったことが一つのきっかけと言われている。これが引き金になり、上海総合指数は６・５％暴落した。５月29日、中央滙金の取締役社長の解植春の解任が発表されたため、いろいろと憶測が飛んだ。解植春自身はすでに2月に辞意を伝えており、ようやく承認されたので、株価暴落とは関係ない、と説明していた。

この中央滙金は中国投資有限公司（中投）の傘下企業であるが、中投は江沢民ファミリーと非常に密接な関係があると言われている。中投は２００７年9月に国の外貨準備を多元的に投資する目的で作られた国有企業だが、この設立に関わったのが、２００３年から２００５年にかけて外貨準備管理局長だった江沢民の長男・江綿恒《こうめんこう》だったという。江綿恒の息子の江志成《こうしせい》は、ハーバード大学卒業後、ゴールドマンサックスに入社し、投資手腕を磨いたのち、投資会社・博裕資本を創業したが、これには世界最大の投資ファンド運用会社・ブラックストーングループの出資があった。ブラックストーンが２００７年に上場した際は、中投から30億ドルの投資を受けている。この時、中投が取得したブラックストーン株は、この7年間、年利にして４・38％の収益を上げた。

５月28日の暴落をきっかけに、外国機関投資家の上海市場撤退が相次いだという。6月の第3週目に21億ドル相当の資金が引き揚げられ、その前の週には71億ドル相当が引き揚げられたと、オーストラリア・ニュージーランド銀行がリポートしている。

さらに、6月15日、中央財経大学中国企業研究センター主任の劉妹威の微博《ウェイボー》上の発言に「楽視ネット（中国の動画サイト）の会長・賈躍亭はわずか3日で25億元分の株を売った」という一文があった。楽視が令計画《れいけいかく》（失脚済）の弟・令完成《れいかんせい》から巨額投資を受けており、賈躍亭と令完成が昵懇であったことは知られている。そして、反共ネットメディアの大紀元によれば、令完成は江綿恒ともビジネス上の深い付き合いがあったとか。令完成は「王誠」の偽名で、「滙金立方」という投資会社の事実上のオーナーであり、２００８年7月、滙金立方から楽視に２０００万元を投資、楽視の6・06％の株を保有した。その後、楽視は上場、株価は11倍になった。この滙金立方と中央滙金に関係があるのか、単に名前が似ているだけなのかはわからない。

もっとさらに言えば、元中央宣伝部長の劉雲山《りゅううんざん》の息子の劉楽飛が副董事長を務める中信証券は自社株の持ち株比率を２０１５年1月13日から16日のわずか3日で20％から17％までに減らしていた。これは１１０億元に相当したという。劉楽飛は、目下、習近平の汚職ターゲットに浮上している人物でもある。江沢民派の金融界の大物であった元人民銀行総裁の戴相竜《たいそうりゅう》が3月に規律検査委に「自首」し、その娘婿の事業家・車峰が6月に拘束され、その車峰と親交のあった劉楽飛が拘束されるのも時間の問題と言われている。中国株式市場の、一般庶民でない個人投資家というのは、習近平の反腐敗キャンペーンでターゲットになっている人たちの親族、友人が多いことは確かである。

中央滙金の「四大銀株売り」が、習近平の株高誘導政策に対する挑発であったことは、実はその後、証券当局と滙金幹部のメディア上の論争からもうかがえる。やはり反共ネットニュースサイトの大紀元が上手く整理していたので、参考にすると、6月12日、証券監督管理委員会主席の蕭鋼《しょうこう》は中央党校での講義で、「改革を推し進めていく論理はすでに成立している。市場を支えるのは銭が足りないことではない。実態経済が悪いのに株式市場がバブルであるという言い方は道理にかなっていない。株式市場が強気なのは中国が7％成長を維持できるという予測を基礎にしている」などと発言。これに対し、中央滙金の副会長である李剣閣が「改革の推進が市場の強気の理由というのは、困惑させられる。7％成長が市場の強気の根拠というなら、10％成長の時の株価はどうだったか。もし、7％成長が失速したら、市場の強気は維持できるのか？」とメディア上で批判していた。この李剣閣の反論について、中国政法大学資本金融研究院院長の劉紀鵬が6月30日に「国家の牛（強気）を屠って滙金は何がしたいのか」と題する論評を発表。今の市場の乱高下の裏に、政治的対立があることをほのめかせた。

これをさらに受けて、著名国際政治・経済学者の呉稼祥《ごかしょう》も7月1日に微博上でこう発言した。「中国証券当局は、手をつけかねて無策に陥っている。彼らは病巣が探せないのである。探せても、おそらく納得できないのである。劉紀鵬はこの（株式）戦争について、こう診断している。現物はカラであり、つまりは先物もカラであり、これらがぶつかり合っている、と。中国証券当局は、いい加減なことをして国を過たせるな」と述べた。

呉稼祥のつぶやきは、ネットでかなり論議の的となった。あるネットユーザーは、呉稼祥に

「すでに単純な株式市場の問題ではなく、背後に激烈な政治の博打的な駆け引きがある！　目的は改革のプロセスの扼殺だ」と述べていた。呉稼祥は「中国最大の敵は、内鬼（獅子身中の虫）である」と語り、これに呼応したネットユーザーは「それは絶対にガマガエルと慶親王だ」と答えていた。ガマガエルは江沢民、慶親王は曾慶紅を意味する隠語である。

証券監督管理委員会は、習近平の側近でもある孟慶豊《もうけいほう》・公安副部長率いる捜査チームとともに、7月より株価暴落に市場操作の疑いがあるとして公安当局と連携して調査を開始している。「株価操作」などで捜査対象になった中には、中鉄二局有限公司（鉄道インフラ建設会社）や松芝ホールディングス、陽谷華泰、摩恩電気などの大企業の筆頭株主らが含まれた。また中信証券、華泰証券、長城証券、国信証券、銀河証券など中国証券会社の筆頭企業が次々と業務一時停止命令を受け、取り調べを受けた。こうした企業には、多かれ少なかれ、江沢民の孫の江志成、劉雲山の息子の劉楽飛、曾慶紅の息子の曾偉ら、官僚・政治家の子弟ら金融権貴族と関係があると疑われている。

証券監督管理委員会がEコマースの雄、アリババの会長・馬雲（ジャック・マー）が大株主でもある恒生電子の調査を開始しているという報道もあったが、馬雲が江綿恒の息子・江志成や劉雲山の息子の劉楽飛と懇意にしていることは、かなり知られた話であり、今回の株価乱高下の「内鬼」探しに関係があるとみられている。

本当に中国の株式市場の乱高下が、江沢民ファミリーら金融権貴族らの悪意ある習近平政権への攻撃だと言いきるだけの根拠は今のところ私にはない。むしろ、中国の上場企業の大株主たちがなんらかの形で金融権貴族と関わっており、情報量が多い彼らは、習近平政権の強引な株高誘導ぶりに、いずれ破たんするとみて売り急いだだけかもしれない。そもそも株の売買に悪意も善意も関係ない。ただ、利益を上げることだけが目的だ。だが、経済も金融も共産党中央がコントロールすることが前提の中国においては、個々が利益を追う経済活動の結果もすべて政治的意味を見出し、権力闘争に直結するのである。

中央企業の汚職摘発も権力闘争

江沢民ファミリー利権の牙城・電信業界にメス

習近平政権は中央規律検査委員会の別働部隊・中央巡視組を各省・機関・中央企業などに送りこみ立ち入り捜査を行う方法で、汚職摘発を行っているが、どこに中央巡視組を派遣するか、ということがすでに、権力闘争の意味を持っている。たとえば、2014年に中国電信大手の中国聯通《れんつう》を含む13中央企業・機関に中央巡視組の立ち入り捜査が入ったことは、明らかに江沢民ファミリーをターゲットにしている。

この13中央企業・機関のうち、不正があった企業として詳細が報じられたのは中国聯通を含む6企業。中国聯通の名に国内外のチャイナウォッチャーは反応するだろう。中国聯通を含む中国電信産業は江沢民の長男、江綿恒の利権の温床となっているからだ。

聯通は江沢民政権が1994年に、中国電信一社が独占していた電信業界に「健全な市場競争を起こす」ために設立した国有企業だ。江沢民は権力掌握期の93年から2004年にかけて電信情報産業界の大再編成を実行するが、そのキーマンに、米国留学後に米ヒューレット・パッカードに勤めていた長男の江綿恒を呼び戻した。

江綿恒は中国科学院に所属し冶金研究所所長の肩書きが与えられるが、99年に、やはり江沢民が94年に創業させた国有独資の投資会社・上海聯和投資公司のトップに就く。この上海聯和が次々と国家の基幹産業に投資し、国有企業の株式上場を進めてゆく。主な投資先企業としては、中国網通、上海汽車、上海空港集団、宏力半導体、上海マイクロソフト、香港フェニックステレビなど。江綿恒はそれら大企業の取締役に名を連ねると同時に、中国株式市場の戦略投資家の地位を得て、上海市場を左右する力も持つようになった。その資金の由来は国庫であったという説もある。江沢民は総書記にして国家主席、中央軍事主席をバックにしているので、外国企業もこぞって中国進出のパートナーに上海聯和を選んだ。

上海聯和の投資分野は電信情報産業、生物医薬、新エネルギー、環境、金融サービスと幅広いが、中でも電信情報産業界への投資は、江沢民の電信情報産業再編計画と連動して大規模なものだった。たとえば、旧中国電信は2000年に中国電信と中国移動に固定通信と移動通信分野に二分割され、さらに2002年には中国電信が南北に分割され、北部の市場はそのまま網通に吸収される。さらに中国網通は2008年に中国聯通に吸収され、三つの通信メガグループ、中国電信、中国聯通、中国移動に集約されていく。この再々編成は江沢民が江綿恒をキーマンにして進め、江綿恒は「電信王子」のあだ名が付けられた。

江沢民としては最も信頼する長男に、サイバー攻撃など国防・防諜諜報の要でもあり、言論報道統制およびネット世論コントロールのキモでもある電信産業を把握させることが、業界再編成の動機であったともとられている。

だが、習近平政権はこの江沢民ファミリー利権の牙城ともいえる電信情報産業界に反腐敗のメスを入れた。

２０１４年12月、聯通の張智江（聯通網絡分公司副総経理）と宗新華（聯通情報化電子ビジネス事業部総経理）が相次いで取り調べを受けた。二人とも江綿恒の腹心だということは周知の事実。さらにいえば、２００９年から聯通の会長を務める陸益民は、江沢民の腹心で国家副主席を務めたこともある曾慶紅の元秘書である。

ここで興味深いのは、新華社はじめ中央メディアの報道ぶりだ。

「中国聯通には、軽視できない問題がいくつか存在する。ある指導者とキーパーソンが、職権を利用し、請負企業やサプライヤーと結託して、権力と金、権力と性の取り引きをしていたのだ」（2月6日　新華社）。

「中央巡視組が指摘するところによれば、中国聯通には職権を利用し、請負会社やサプライヤーと結託して権力と金、権力と色の取引を行うトップやキーパーソンがいた」（2月6日　人民網）

「聯通の余震は止まらない。泥の中のダイコンを引き出せば、捜査はより深く発展していき、ますます問題が水面に浮上してくるだろう」（2月6日　ＩＴ時代週刊）

聯通汚職問題の背後には、ある指導者とキーパーソンがいた、という言い方が誰を指しているのかは、少なくとも中国の政治経済事情に通じている人ならわかる。こういう報道の仕方は、習近平の江沢民ファミリーに対する宣戦布告だと受け取られている。

２０１５年の春節明けには、中国移動、中国電信にも中央巡視組の進駐がはじまったので、やはりターゲットは江綿恒ではないかという観測が強まった。

中国「財経」誌が２０１５年7月23日に報じたところによると、4月23日に中国移動集団の湖南有限公司の元書記・王建根ほか局長級９人以上の取り調べが始まった。

また中国移動北京公司の副総経理・李大川も規律検査当局に連行された。彼が湖南移動時代に関わった汚職が関係あるらしい。中国移動広東公司の副総経理・温乃粘、福建公司の副総経理・林柏江も、重大な規律違反で取り調べを受け、山西公司の董事長兼総経理の苗倹中も取り調べを受けている。中国移動全体で23件の汚職が立件され、司法機関に移送されたのは８人、処分を受けたのは40人、うち5件は重大案件として中央規律検査委が直接捜査にあたっているとか。この中国移動大規模汚職事件も、江沢民ファミリーをターゲットにした権力闘争であるという見方が主流だ。

２０１５年1月、江綿恒が中国科学院上海分院の院長職を1年4カ月の任期を残して、突如「年齢」を理由に辞任したのも、習近平の「巻狩り」がいよいよ江綿恒を追い詰めているのだ、という憶測を呼んだ。

中国移動の汚職事件については、２００９年に江綿恒の腹心で元書記の張春江が失脚している。当時、これは胡錦濤ら共青団派と江沢民ら上海閥の権力闘争の文脈で語られていた。胡錦濤は、江綿恒が上海富豪の汚職事件・周正毅《しゅうせいき》事件（２００３年）に関与していることをカードに江沢民派と激しい権力闘争を展開してきたが、結局のところは、江綿恒汚職カードで江沢民を脅して、ある程度の妥協を引き出したにすぎない。だが、習近平政権の「虎狩り」は、そうした駆け引きの猶予も与えずに、完全失脚を目指しているような勢いでもある。

そういう憶測が出てくるのは7月の習近平政権の江沢民周辺に対する攻め方のものすごさである。7月22日、上海最大の乳業企業・光明乳業の元総裁・郭本恒が重大な規律違反で拘束されたことが明らかになった。光明乳業は6月に郭本恒の辞任を発表していた。光明乳業はかつて江沢民が副工場長を務めていた益民食品工場が前身の、江沢民利権企業という。

戦略投資家の手法によって基幹産業界を牛耳っていくやり方は、先に述べたように、その息子、江沢民の孫の江志成《こうしせい》に受け継がれている。

江志成は米ゴールドマンサックスで経験を積んだ後、2010年、香港でプライベートエクイティファンド・博裕投資顧問を立ち上げた。2012年、馬雲（ジャック・マー）がアリペイをアリババ集団の連結子会社から外して、ヤフーやソフトバンクから非難を受けた件は、江志成らの介入があったと言われている。この時、馬雲がヤフーの保有するアリババ株を買い戻さねばならなかったが、江志成の博裕投資顧問が5000万ドルをアリババに投入し、何％かのアリババ株を譲渡されたとも言われている。ちなみに、規律検査委当局と公安当局は、インサイダー情報漏洩の疑いで方正証券の取り調べも開始しているが、こちらは令計画事件に連座しかかった北京大学出身の実業家・李友をCEOとする方正集団の子会社だ。

中国の電信、金融業界にメスを入れれば、必ず江沢民ファミリーにぶち当たる。それだけ江沢民ファミリーの利権構造が圧倒的に広く深いからである。しかも、上海という国際都市が中心舞台であったその利権構造には少なからぬ外資系企業も関わっている。果たして、この広く深く絡み合う利権を解体すれば、公平でフェアな市場に生まれ変わるのか、というのはまた別の問題である。

中央企業の不正摘発は、やはり純然たる権力闘争とみるべきだろう。

公営宝くじの利権

国家審計署（会計検査院に相当）が発表した２０１４年度審計公告で、一番話題になったのは、公営宝くじ（彩票）の収益１６９億元についての不正流用である。なぜなら、これは明らかに習近平政権が仕掛けた曾慶紅《そうけいこう》への権力闘争に見えるからだ。公益宝くじ利権は曾慶紅が関わっていると信じられている。

２０１２年から２０１４年10月の18省における公営宝くじ収入６５８・15億元について抽出審査をしたところ、その４分の１を超える資金が不正に利用されていたという。ちなみに、この期間18省の宝くじ収入は合計６６８７・84億元、うち福利くじは３７４３・６億元、スポーツくじは２９４４・24億元。くじの売り上げのうち、中央および地方の宝くじ公益金として１８５５・54億元（27・74％）を留保しておくことになっている。くじの発行費（人件費など）は９４０・39億元（14・06％）、くじの賞金は３８９１・91億元（58・２％）。これらの経費を引いた純利益は、福利くじなら地域の社会福祉に、スポーツくじなら、地域のスポーツ振興に使われなければならない。

だが、抽出審査のサンプルは全体の収益のわずか18％だが、その審査結果によれば、169億元について、虚偽の申告がなされており、実際には地方の官僚たちが別の経費の補てんに使ったり、虚偽のプロジェクトの申告によって着服したり、違法に会館を造ったり、違法な公用車購入や、出張、研修旅行などの名目の海外旅行遊興費に流用していた。

また17省の公営宝くじについて、違法なインターネットによる宝くじ販売を行って630・4億元の売り上げを上げていたことも判明。公営宝くじが、地方政府官僚らの不正の温床であったことを印象付ける発表だった。

ちなみに、このほかの話題としては、14の中央企業および46の中央省庁、3つの金融機構で会計上の不正が報告され、中でも中国電力投資集団傘下の企業が1753・66万元も経費で高級酒を買ったとか、中国国電集団傘下の企業が143・54万元も経費で酒とたばこを買っていたとか、会議費名目で中糧集団高官が傘下の不動産企業から不動産を購入しているのに、手付金を払っただけで全額払わなかったとか、そういう不正報告もあげられていた。地方政府の収入報告の5割が虚偽報告であるとか、6省政府の22部局で106億元も違法な鉱山権取引に投資しているとか、中国の政府・中央企業の会計のでたらめぶりは、詳細に読んでいくと、それなりに面白い。ただ、中国の地方政府や企業の会計が実は荒唐無稽というほど粉飾され、でたらめなのは、今に始まったわけでもないし、また今回、名指しで批判された省や企業だけの問題でもないのは、中国経済に多少かかわったことがある方々ならばご存知の通りである。

ではなぜ、公営宝くじがターゲットになったか。

実は2月、すでに宝くじサイト「新浪愛彩」、「百度楽彩」「500彩票ネット」などが軒並み販売停止に追い込まれていた。これらネット宝くじの元締めは、「中福在線」である。

中福在線は2002年、国の宝くじ運営の元締めである、中国福彩センター傘下に作られたオンライン宝くじ企業で、いわば国の持ち株会社みたいなものだ。それまで宝くじのネット販売はなかった。設立時の出資者は中国福彩センターのほか、北京銀都新天地科技有限公司、北京華遠中興デジタル科技有限公司。会長は福彩センターから派遣された。技術的な運営、サポートは高科技有限公司という国有企業だ。

2014年にはオンライン宝くじだけで1300億元以上の売り上げがあり、いまや宝くじとネットは切り離せない関係になった。中福在線の総経理は賀文という人物で、銀都新天地、華遠中興の大株主でもあり、オンライン宝くじの利権をおおかた握っていた。役員、その他株主は、だいたい賀文の家族か深い関係の人物である。

不正摘発で曾慶紅へ宣戦布告

賀文は、中福在線の利権でもって27億元を懐にいれていたという。これに対し、筆頭株主の福彩センターの収入は18億元だった。中国報道では、賀文が何者かは明らかにされていない。だが、個人で27億元もの横領ができる人間は、必ず強い政治的背景があるはずである。その政治的背景について、2014年11月、審計署が彩票をターゲットに動き出したころ、ある人気微博《ウェイボー》アカウントがこうつぶやいたので、ネット上では話題になった。

「習近平は曾慶紅に対して動きはじめた。大芝居がまもなく開演するぞ。香港の衝突は江沢民集団の軍師曾慶紅が、習近平を困難に陥れるために仕組んだのだが、現在香港はほとんどひっくり返ってしまった。まさにロード・オブ・リングの結末と一緒で、魔の指輪が消滅すれば、その他妖怪も雲散霧消する。最近発表された二つのニュース、警察が香港で1・5トンの麻薬を押収したというニュースと、会計審査当局が宝くじ資金を臨時審査というニュース、まさに、ポルノ、賭け事、麻薬を掌握している曾慶紅がターゲットだ」

このつぶやきは華夏正道という匿名のアカウントが発信したものだ。彼は2015年4月に、政権転覆扇動罪で広州市警察に逮捕されている。この情報に根拠があるのかどうかはわからないが、もう一つ気になるのは、2月に宝くじサイトが軒並み閉鎖した当時、中央規律検査委のサイトがある評論文を掲載した。タイトルは「大清〝裸官〟慶親王の作風問題」。

慶親王とは清朝の皇族の位で、この論評で語られているのは、清朝末期に中国史上最初に作られた慶親王内閣の総理大臣・奕劻《えききょう》のことである。彼は財政予算をほしいままにし、美食に麻雀、投資に明け暮れ、中国を侵略している外国勢力と親しく付き合い、英国の銀行に712・5万ポンドを蓄財し、中国民族系銀行に一銭も貯金していなかった。今でいう「裸官」（公金を横領して不正に蓄財した資産を外国に移転して、将来失脚したときに備える官僚。すべてを外国に移転しているので、裸の官僚、と揶揄される）だった、と痛烈に批判し、彼の物語を、今の我々は「居安思危《きょあんしき》」の教材とせねばならない、と結んでいる。

この「慶親王」がインターネット界で曾慶紅のことを指す隠語であることはよく知られている。この論評は、中央規律検査委から曾慶紅に対する宣戦布告である、と受け取られている。なので、2015年4月の香港誌「争鳴」も、曾慶紅家族が宝くじ利権にかかわっているとの立場で分析していた。

中国の福利宝くじ産業が不正や腐敗の温床であったことは、実はかなり以前から噂ではあった。だが、ある意味、アンタッチャブルの業界でもあった。そもそも、この福利宝くじは1986年、三峡ダム建設による移民補償の資金が足りないという当時の民政部長の訴えをうけて、副首相だった李鵬が提案した集金システムだ。そこに、さまざまな利権が絡んだことは想像がつく。しかも、この数年の間に、ニセ宝くじ問題、宝くじ当選操作問題など、さまざまな問題が噴出していた。

だが、習近平政権になってその宝くじ業界にメスが入りはじめた。11月に審計署の抜き打ち審査に続いて、2014年12月にはこの20年来、累計1・7兆元分の宝くじを発行してきたのに、その用途が不明である、という批判報道を新華社が流した。諸費用、賞金分をのぞいても普通35%が公益金として残るはずなのに、福祉民生にどのように利用されたか、はっきりしない、というのである。

また2015年1月、中国の宝くじ抽選生中継が突如中止になり、抽選結果発表後すぐ、広州の若い移民労働者が当選した、と公表された件については、「予定外の人間が当選したので、発行元が慌てた」という説が流れた。普通に考えれば、抽選結果が分かってすぐ、当選者が判明することは不自然ではないか、というわけだ。この真相はいまだ霧の中だ。

もっとも大事なのは真相ではない。中国共産党の歴史が生んだような太子党の純潔種であり、党内で一番広い人脈と富を掌握してきた〝ラスボス〟級の曾慶紅と対峙できるだけの力を習近平が本当にもっているか、である。

曾慶紅は、父親が紅軍幹部の曾山、母親の鄧六金は長征に参加した女性革命兵士27人のうちの一人である。鄧六金は1948年の淮海戦役前、華東保育院を創設し、戦役に参加する華東野戦軍高級幹部の子女100人以上を母親父親代わりになって面倒をみた人物である。このことから、紅二代（革命家二代目）たちにとって、鄧六金は母と同じ、曾慶紅は兄弟と同じ親近感を抱き、また中国的価値観からいえば、裏切ることのできない恩を受けていると言われていた。曾慶紅の広く濃密な太子党人脈はこの「偉大なる革命家両親の遺産」であり、曾慶紅を失脚させるということは、自らも太子党の一員でありながら、太子党の大多数を敵に回すということにもなりかねない。

しかも、曾慶紅は習近平に対して反撃の切り札を持っているのだ。それは次に解説しよう。

米国をも巻き込む権力闘争

政商・郭文貴が持ち出した習近平政権を恐れさせる機密

２０１５年春、中国メディアの「財経」が、闇の政商こと郭文貴《かくぶんき》に対し総力を挙げて批判し、郭文貴が香港メディアのインタビューに答えて反論するという、興味深い出来事があった。この背景には、２０１５年1月にあった国家安全部の「虎退治」、すなわち馬建副部長が汚職容疑で失脚させられた事件がある。

習近平の反腐敗キャンペーンが実のところ、権力闘争であることはすでに多くのメディアが指摘してきたことだが、この郭文貴事件によって、中国の対外インテリジェンス機関である国家安全部の情報収集能力が実は党中央の政敵にも向けられ、馬建が、習近平を含む党中央指導者のスキャンダルを相当握っていたことが、このとき広く知られることになった。そして、政治家、官僚、政商たちが、こうした情報を、たとえば香港メディアを含む海外メディア、ひいては外国の政府に流すことによって権力闘争の駆け引きをする構造も見てとれるようになった。もちろん、そうやって流す情報には、ガセ情報も含まれ、また香港のゴシップ誌にしか書けない「裏のとれない話」として流されることも多い。

1月初旬、国家安全部の副部長の馬建が重大な規律違反で身柄を拘束された。中国の報道によれば、彼は６つの別荘と６人の情婦と２人の私生児をもち、しかも諜報機関幹部の立場を利用して、指導者たちの会話を盗聴するなど非合法な活動もしていたとか。

馬建はかつて安全部第十局（対外保防偵察、海外の中国人駐在員や留学生の監視）の任務なども負っていたが、２００６年に副部長に昇進、当時は次期部長候補とも目されていた。その昇進を推したのが元国家副主席の曾慶紅という。この馬建は、先に失脚した元統一戦線部長の令計画の事件にも連座しているという話もある。令計画の妻・谷麗萍《こくれいへい》の国外逃亡（失敗）に協力するよう、元北大方正集団ＣＥＯ李友から３０００万元の賄賂を受け取ったらしい。李友は令計画やその妻の腐敗の温床と化していた西山会《せいざん》（山西《さんせい》省出身官僚利権グループ）に資金提供していた政商で、谷麗萍への贈賄などの疑いがある。

しかし、馬建が「狩られた」本当の理由は、習近平含む国家指導者たちの秘密を盗聴などの非合法行為を通じて握っていたからだと見られている。その秘密情報を闇の政商の呼び名もある郭文貴が受け取った可能性があり、そのまま米国に高飛びしているという。

郭文貴は１９６７年生まれ、山東《さんとう》省の農村出身。頭がよく、人脈を作るのがうまく、事業に頭角を現してゆく。河南《かなん》で起業後、著名俳優・朱時茂との共同出資で北京に投資会社を創った。この会社が、後に摩根投資、北京盤古投資会社と名を変える。また、郭は２００２年、新たに政泉不動産（後に政泉ホールディングス）を起業、北京五輪公園の開発計画で摩根、政泉は暗躍した。習近平政権において反腐敗キャンペーンで辣腕を振るっている規律検査委トップの王《おう》岐山《きざん》は五輪準備時代の当時、北京市長で、副市長は劉志華《りゅうしか》（２００９年失脚済）だ。郭文貴は馬建と組んで劉志華から便宜を図ってもらい、巨額の利益を得た。五輪公園を見下ろす七つ星ホテル・盤古大観は、盤古投資のものだ。ここの最上階のレストランは、国家安全部幹部はじめ党中央官僚たちの御用達でもあった。

国家安全部は諜報・防諜活動のためという建前で巨額の「特費」と呼ばれる予算を自由に使える身分であり腐敗しやすい背景がある。その職務の特殊性から政商と結びつき、情報と金、保護と金という利権関係に陥りやすかった。馬建と郭文貴はまさに、そういう相互利益供与による同盟関係にあったという。また馬建は、太子党の〝ラスボス〟曾慶紅の「私兵」とまで言われる忠実な腹心。郭文貴が巨額の北京五輪利権をモノにしたのは曾慶紅の後押しがあったとも言われている。ちなみに、郭文貴は李友とも、また王岐山とも相互利益供与の関係にあり、3人が仲良く写っている写真が中国ネットで出回っている。つまり、このころの北京五輪利権には王岐山自身も加担している可能性があり、郭文貴はその証拠を握っているかもしれない。

郭文貴の人物像について書いたものはいろいろあるが、香港ゴシップ本「郭文貴挑戦胡舒立曾慶紅向王岐山亮剣」（環球実業）によれば、盤古大観の部屋には隠しカメラが仕込んであり、政治家・官僚らの「風流ビデオ」（性接待などスキャンダルビデオ）を多数押さえてあったといわれている。1990年代後半に厦門（アモイ）で発覚した大規模密輸脱税事件「遠華《えんか》事件」の主犯、頼昌星《らいしょうせい》と同じやり口であり、インテリジェンス・情報機関（頼の場合は解放軍総参謀部第二部）との関係も似ていることから、同じ特務タイプの人間かもしれない。

さて、馬建が失脚した後の3月27日、中国メディア・財新グループが徹底した郭文貴批判の調査報道「権力猟手郭文貴」を発表した。財新は中国メディア界の女傑と呼ばれる胡舒立《こじょりつ》が立ち上げたメディアグループ。その報道では、郭文貴が失脚した馬建の盟友であること、郭文貴と結託していた河南省の官僚が巨額の汚職で死刑になっても郭文貴が無事でおられたこと、李友とのビジネス上のトラブルや確執、劉志華の乱交を盗撮ビデオに収めて、党中央上層部に刺したのは郭文貴の自衛のためであったこと、その他もろもろの悪行を事細かに暴露した。1月中旬に李友ら方正集団幹部が令計画失脚に連座する形で取り調べにあったと見られており、これらのネタは李友サイドが「捜査協力」として当局に提供した可能性がある。

ところがこの「財新」報道に対して、半年前から米国に滞在している郭文貴サイドが3月29日、ネットを通じて、反論を発表した。いわく、財新の報道は事実無根であり、郭文貴本人と盤古大観の名誉を大いに棄損した。胡舒立はメディア人の立場を利用して、悪意をもってニセの情報で世論を操作し、これは報道倫理にもとる。郭文貴サイドはオフィシャルな場で、胡舒立との公開討論を望む、という。

しかも、胡舒立について、「自由の闘士、人権闘士、法律の防衛者と外部に喧伝しているが、巨大な政治人物をバックにつけている。正義の士として、どんな強大な政治的人物にケツモチさせているか公開してはいかが?」と王岐山の庇護を受けていることをにおわせたうえで、「私は妻一筋30年、あなたと李友、その仲間たちのように私生児はいない」と、胡舒立が李友の愛人で、子供までいるといった発言も飛び出た。

さらに、香港メディア「香港商報」「サウスチャイナ・モーニングポスト」「ボイスオブアメリカ」などの取材を受けて「自分の手のうちには一部の人たちの致命的な情報がある」「北京五輪期間中、私と王岐山との関係は非常によかった」「米国に来てから、わたしは米国政府やいくつかの国ともずっとやり取りを続けている。米国が私の行動を支持し、未だ公開していない情報も把握している」などと語り、実は王岐山に関する致命的な情報を握っており、いざとなればこれを公開するといった恫喝をにおわせた発言もした。しかも、彼は米国政府が自分を守ってくれるといっているのだ。この郭文貴の反論に対しては、財新側は「胡舒立女史の人格を棄損した。法的手段に訴える」との声明を発表した。

胡舒立の「私生児」問題については、郭文貴は自信満々に誕生日と身分証明証番号まで公開して見せたが、まもなく李友の三番目の弟が、それは自分と妻の子であるとDNA鑑定結果を挙げて反論し、事実無根であったということで落ち着いている。だが、胡舒立と王岐山のただならぬ関係はすでに中国の巷の噂であり、しかも、郭文貴は何やら証拠も握っているようなそぶりでもあり、この「攻撃」は胡舒立の評判を落とすには十分であった。

もちろん、この郭文貴VS.胡舒立の香港メディアを巻き込んだ「舌戦」は、当然、ふたりの背後にいる曾慶紅VS.王岐山の権力闘争の文脈でとらえられた。馬建失脚は明らかに権力闘争の矛先が曾慶紅に向いてきたことを示しており、危機感を募らせた曾慶紅が、郭文貴にメディアをつかった情報戦を仕掛けた、と見られている。

ジョーカーを保持する米国の狙い

薄熙来の失脚は、彼の腹心の重慶市公安局長・王立軍《おうりつぐん》が機密情報をもったまま成都市の米国総領事館に逃げ込んだことから始まった。政敵の情報と財産を握って米国へ逃げる、というのは中国の権力闘争を生き抜く政治家・官僚の様式美になっている。だが、米国はこれまで逃げてきた政治家・官僚を決して歓迎はしていない。王立軍事件については、おそらく情報の提供は受けたとしても、その身柄については、政治亡命を認めず、胡錦濤《こきんとう》政権に引き渡し、中国のメンツを立てたのだった。だが、ここにきて、米国側は、情報をもって懐に逃げ込んでくる中国権力闘争のキーマンを庇護するそぶりをみせている。

王岐山は内々に、米国政府に郭文貴の引き渡しを求め、そのために7月にも訪米したい旨を伝えたが、米国が出した答えは、米司法省および米証券取引委員会が金融大手JPモルガン・チェースなど6社金融大手に対し、王岐山を含む中国高官ら35人との通信記録を提出するように求めるというものだった。つまりJPモルガンら6社が王岐山ら中国政府高官の要請を受けて縁故採用した疑惑を米国の海外腐敗行為防止法に基づいて捜査しようというアクションである。これで王岐山の訪米計画は立ち消えになった。胡錦濤政権時代、中国のメンツを配慮したオバマ政権は、習近平政権に対してはかなり挑発的な姿勢をとるようになったのだ。

さらに8月3日、ニューヨークタイムズが令計画《れいけいかく》の弟・令完成《れいかんせい》が米国に逃亡し、政治亡命手続きを開始していることを伝えた。中国政府はその身柄引き渡しを要求しているが、米国政府はその要求を目下拒否しているという。

令完成が「核爆弾級」の機密をもったまま、シンガポール経由で米国に逃亡したことは香港メディアが「ゴシップニュース」として伝えていたが、ここにきて米国メディアが「複数の米当局者」の話としてこれを伝える。あきらかに秋の習近平訪米を前にした米国側の中国に対する揺さぶりといえる。

令完成は１９６０年生まれ、すでに失脚している元党中央書記処書記、元中央弁公庁主任という中南海の機密情報を管理する立場にあった令計画の弟だ。吉林大学経済学部を卒業後、国営通信新華社通信に入社。新華社弁公庁副主任を経て新華社傘下の広告会社社長に出向。その後、新華社を離れて中央企業の総裁などを経験したのち、偽名・王誠を名乗ってファンドを立ち上げた。実のところ、実業家のふりをしながら、兄のために、成報などの香港メディアや楽視などのネットメディアに対し、投資を通じてコントロールを強め、世論誘導などを行う工作員的な役割を担っていたふしもある。妻は元ＣＣＴＶの美人キャスター・李平。

令完成は２０１４年10月に妻とともに中国当局に逮捕されたという「情報」が一時期流れたが、これは令計画ファミリーを追い詰めるために習近平政権があえて流したガセ情報らしい。実のところは早々に米国に逃亡していた模様だ。

この令完成の持ち出した機密は「軍、政治、外交、経済、文化にわたる絶密を含む国家機密２７００件」と伝えられ、郭文貴の持ち出したと噂される「王岐山の下半身スキャンダル」や高官汚職ネタよりも、確実に米国政府が欲しがりそうなものが含まれているようだ。米国に潜入している中国人スパイリストなども含まれるという噂もある。

しかも令完成も党中央指導者らの「風流ビデオ」を持ち出しているという説もある。これは、完全に香港発のワイドショー的ゴシップな話だが、習近平が福建省《ふっけん》副書記時代、「遠華《えんか》事件」に関わっていた証拠として、「紅楼」での「性接待を受けていたスキャンダルビデオ」が令完成の手に渡っているのではないかという噂があるのだ。

1996～99年に起きた建国史上最大級の密輸脱税事件「遠華事件」の主犯、頼昌星《らいしょうせい》は香港パスポートを持っていたので、危機一髪でカナダに逃亡することができたが、2011年7月、12年ぶりに強制送還された。ときの胡錦濤政権はやがて自分の政敵になるであろう習近平に対する切り札として彼を利用するつもりであったという。頼昌星はカナダにいた間に受けたジャーナリスト・盛雪のインタビューで、福建省党委書記であった賈慶林《かけいりん》と昵懇であったことを暴露しているが、それ以上の、中央規律検査委も捜査する度胸がないような大物の関与を示す証拠を握っていることをほのめかしている。

これが誰なのか、というと1996年当時、賈慶林の部下として福建省党委副書記の地位にあった習近平ではないかとささやかれている。胡錦濤政権は頼の身柄を押さえた時点で、習近平の遠華事件関与の証拠を手に入れ、切り札として温存したのではないか。頼は無期懲役判決をうけて今も監獄暮らしである。

胡錦濤政権の大番頭である令計画は、頼が握っていた証拠も当然見ることができる立場であったといえる。そして、それをひそかにコピーして弟に預けた……かもしれない、という話である。まあ、出来すぎな話なので、私自身、習近平のセックススキャンダルビデオの存在はあまり信じていないのだが、頼昌星の送還が、胡錦濤の習近平に対する揺さぶり目的であることはまず確かである。

アメリカで令完成を捜す中国の覆面捜査員

ウォールストリート・ジャーナル（2015年8月17日付）によると、令完成は、身の安全のために李平とは離婚を偽装、米国籍女性と結婚して、すでに米国のグリーンカードを取得し、米カリフォルニアに豪邸をもち、2014年の大半はそこでゴルフ三昧の優雅な生活を送っていたもよう。だが14年10月ごろから令完成の行方はわからなくなる。その後、令完成の行方を追って、「中国政府の代理人」を名乗る男たちが米国内で秘密捜索をし、令完成が身分を偽って結婚した女性の前夫のところや、隣人のところにも、訪ねてきたという。一方、米国土安全保障省の人間も2015年5、6月ごろまでは、令完成の行方を捜しまわっており、当時は米国政府側も令完成の居場所をつかめていなかったと見られる。

香港ゴシップ報道によれば、中国政府は、100人以上の覆面捜査員を米国に派遣し、令完成を捕獲、あるいは暗殺しようと行方を追っていたとか。現在の米国メディアの報道ぶりをみれば、令完成というジョーカーは米国政府が先に確保したということになる。

令完成カードを米国政府がどのように利用しようとしているかは、今のところはっきりしていない。

だが、オバマ政権の足元をみたような南シナ海への急速な進出、米ドル基軸に挑戦するようなＡＩＩＢの設立に対し、米国はいらだちを隠しておらず、この2年の間、かなり対中対決姿勢を打ち出してきた。アジアリバランス政策や海外腐敗行為防止法を利用した王岐山に対する牽制は、明らかに習近平政権への警戒感からきている。習近平ファミリーの不正蓄財疑惑をニューヨークタイムズなど米メディアがたびたび報じてきたことも、そうしたオバマ政権の対中姿勢の影響を受けているかもしれない。一応、表向きは、米国に逃亡してきた汚職官僚・政治家の追跡捕獲作戦、通称「狐狩り作戦」に対して、協力するとの態度は示し、ホワイトハウスとしては「米国はいかなる国の汚職摘発も妨害するつもりはない」とのコメントを出しているが、習近平政権が香港に逃亡してきた元ＣＩＡ職員スノーデンの情報をどのように使ったかを振り返れば、米国も、令計画の情報を同じ様に利用するのではないか。

２０１３年6月、ＣＩＡや国家安全保障局（ＮＳＡ）局員として機密に接する立場にいた情報工学者、エドワード・スノーデンが香港でガーディアン、ワシントン・ポスト、サウスチャイナ・モーニングポストなどの取材を受け、ＮＳＡの極秘通信監視プログラム・プリズム計画の手口を暴露した。世間ではスノーデン事件と呼ばれている。だが、これは単純に正義感の強い青年情報工学者が米国の悪事を暴いたという事件ではなく、同年5月に香港入りしたスノーデンに対して解放軍総参謀部第二部（軍の情報機関）が働きかけて、6月の習近平が国家主席として初訪米するタイミングで暴露するよう仕組んだ事件でもあったという。

つまり習近平政権は米国が人権やサイバーテロなどを持ち出すことで中国に対して外交上優

位に立てないようにするのが狙いであった。この米国のメンツを正面から叩き潰すような習近平政権の対米外交は、今の米中間の緊張の始まりであったともいえるのだが、米国は令完成カードで習近平政権に「仕返し」をしたいところかもしれない。

実は中国の権力闘争は、こうした米国の反応を織り込んだ上で展開されているフシもある。たとえば、2014年12月18日に共青団派のホープである汪洋《おうよう》副首相がシカゴで開催された第25回中米合同商業貿易委員会（JCCT）に出席したさいの演説で「米中はグローバルなビジネスパートナーではあるが、世界を導いているのはアメリカである。アメリカは既に秩序とルールを主導している。中国はこの秩序に参加したい、規則を尊重したい」と発言した。

これは、習近平政権が常々打ち出している「中華民族の偉大なる復興」路線とは真逆の主張である。習近平政権が目指すのは、西側秩序とは違う中華秩序圏の確立であり、最終的には米国秩序と中華秩序で世界を二分する新しい大国関係・米中G2時代の到来である。習近平政権は大学で西側の普遍的価値観などを教えることすら禁じ、西洋の立憲民主制度や自由・民主・人権が永遠・普遍であるといった価値観など七項目について「誤ったイデオロギーの風潮」として警告するイデオロギー統制強化の秘密文書九号文件を党内に通達している。この文書はニューヨークタイムズなどのスクープで存在が明らかになった。

汪洋の演説は、そこまで西側秩序を徹底的に否定してきた習近平政権に、まさしくケンカを売るような演説であり、実際、習近平はこの演説を共青団からの挑戦と受け取って激怒し、令計画の双規を前倒しして12月22日に発表したといわれている。

つまり、共青団としては、米国に対し、我々は習近平政権とは考えが違うということを訴えることで、米国に中国の権力闘争にコミットさせようという狙いがあるのかもしれない。共産圏に民主主義を拡大させることは、米国の主張するところの正義であり、実際、米国の世論誘導や介入が外国の政変あるいは政権交代に影響を与えることは過去にも例がある。２０１４年の香港の普通選挙を求める「雨傘革命」運動も、米国の支援を間接的に受けているという噂が信じられている。

少し想像をたくましくすれば、米国が、西側のイデオロギーに徹底した敵愾心《てきがいしん》を持つ習近平政権よりも、米国的なスタンダードを尊重し、開放されたフェアな市場を目指す改革派の指導者が率いる政権の誕生を望むとすれば、ひょっとすると、令完成や郭文貴といった懐に飛び込んできたジョーカーを利用して、中国の権力闘争にコミットしてくることはできるかもしれない。

中国では権力闘争は内政にとどまらず、外国までも巻き込むスケールに発展しかねないのである。

偶発事件は権力闘争に利用される

天津爆発事件は人災

2015年8月12日深夜、天津《てんしん》市の浜海新区《ひんかいしん》で、死者160人、負傷者700人を超える大爆発が起きた。天津港の埠頭に近い化学薬品倉庫で火災が発生、消防隊が消火活動にあたっていたところ、火柱とキノコ雲が立ち上るような大爆発が2分間の間に4回起きおよそ5000平米を吹き飛ばし、その爆風は3キロ離れたマンションの窓や壁もぶち抜いた。爆心地から500メートルほどのところに高速道路の高架があるが、そこを走っていた自動車も瞬時にまるこげになった。現場の倉庫には保管許可量24トンを30倍近く上回るシアン化ナトリウム700トンほか、硝酸アンモニウム800トン、硝酸ナトリウム500トンといった危険化学薬物が3000トン以上保管されていた。爆発直後、周辺の水中のシアン化ナトリウム濃度は基準値の277倍となり、爆心地から6キロも離れた海河の水面は死んだ魚で埋め尽くされた。

この爆発事件は明らかな人災である。中国の法律では、まず危険物倉庫の周辺1キロに、公共インフラ施設や居民区があってはならない。だが現実には爆心地から500メートルほどのところに高速道路の高架があり、600メートルのところにモノレール駅があり、800メートルほどのところに大手デベロッパー万科集団の高級マンション群が二つもあった。周囲3キロ以内に居民区は15以上あったという。また爆発当時、天津安全管理当局は、倉庫の中身の化学薬品リストを把握しておらず、火災発生の一報をうけて現場に急行した消防隊は倉庫の中身を知らずに放水による消火活動を行った。解放軍関係者はこの放水の水が、倉庫内に保管されていた金属ナトリウムと化学反応して爆発を引き起こしたという見方を示した。

では、なぜ認可されていた以上の膨大な量の危険な化学薬品を保管し、本来許可されないような場所に建てられた危険物倉庫が、地元公安当局や安全管理当局の目にとまらなかったのか。当然、そこには政治的背景があると思われている。

倉庫の所有者は瑞海国際物流有限公司という2012年に出資金1億元で設立された民間物流企業である。この企業の55%の株を所有しているのは李亮といい、残りの45%の株は舒錚という男が保有している。一時香港メディアは、この李亮が元天津市党委書記で政治局常務委まで上り詰めた長老・李瑞環《りずいかん》の甥だと報じたが、その後の新華社通信の報道によれば、李亮は「普通の家庭出身」で、株保有については李亮も舒錚も単なる名義を貸しただけだという。

本当の大株主は、元天津港公安局長の息子の董社軒《とうしゃけん》と、中化集団天津支社（中化天津）副社長を2012年9月に退職した于学偉《うがくい》という人物だという。二人は酒席で出会い、化学危険物の扱いを熟知している于学偉と、天津濱公安局にコネのある董社軒が組んで、危険品を取り扱う物流倉庫の経営を思いついたという。危険品化学製品の取り扱いは認可制で、競合他社がほとんどなく市場がほぼ独占できるため、大きな利権となる。

さらに、中国メディアはこの于学偉という人物が、2012年に汚職で失脚した中化集団天津支社の元社長・王飛の有能な部下で、この汚職にも関わっていたと見ている。だが王飛が逮捕される前に、于学偉は人脈と部下と顧客を引き抜く形で独立。これを資源として瑞海国際物流を創設した。雇われ社長の只峰、監事の陳雅佺らは、于学偉がかつて社長を務めたこともある中化集団の子会社、天津浜海物流から引き抜いた人材でもあった。ちなみに、王飛の汚職事件によって、中化天津は中化プラスチック公司に合併された。

于学偉は中化天津が汚職で経営がガタガタだったのに見切りをつけ、その人材、人脈、顧客、市場を奪った。なかなかの切れ者である。

中国の捜査当局は于学偉、董社軒、只峰、陳雅佺ら10人の瑞海国際物流幹部を身柄拘束した。また国家安全生産監督管理局長で2012年5月上旬まで天津《てんしん》市副市長であった楊棟梁《ようとうりょう》が真っ先に「重大な規律違反」で拘束され取り調べを受けた。

新華社の報道が必ずしも真相とは限らないが、その報道は政権の意向を反映している。少なくとも習近平政権としては、于学偉、董社軒、楊棟梁らを事件の責任者として刑事責任を問う方向に進めたいということである。

ではなぜ彼らだけが責任を追及されることになったのか。普通に考えれば、天津市市長で代理書記も兼務している黄興国《こうこうこく》にも責任追及の矛先が向かいそうなものである。

習近平VS.石油閥の権力闘争に

ここからは、香港のゴシップメディアを参考とした憶測である。

まず、現在の天津市長兼代理書記、黄興国は習近平が次の党大会（２０１７年）で政治局入りさせたいと考えているほど信頼している部下らしい。２００２年習近平が浙江省党委書記になったとき、黄興国は浙江《せっこう》省党委常務委員で、寧波《ねいは》市党委書記として仕えた。２００３年11月に天津市党委副書記に異動になり、２００８年から戴相竜の後任として市長を務めている。

２０１４年12月、天津市党委書記の孫春蘭《そんしゅんらん》が、失脚した令計画の後任として中央統一戦線部長に突然異動になったあと、習近平はあえて正式な天津市党委書記をつけず、黄興国を代理書記とした。直轄市の書記は党中央政治局委員という不文律があり、黄興国を正式な書記にするには習近平といえども、躊躇があった。この人事は、習近平が黄興国を次の政治局委員にするという意志を示すものであった。

次の党大会で政治局委員になれば、その次の党大会で政治局常務委、つまり最高指導部メンバー入りする可能性が出てくる。習近平政権の後任政権メンバーの候補入りということである。ちなみに統戦部長というポジションは天津市党委書記よりも格下である。つまり、共青団派の孫春蘭は左遷させられたともとれる。もっとも女性が政治局常務委になった例はなく、１９５０年生まれの孫春蘭がこれ以上出世コースを駆け上る可能性はもともとなかったので、この異動は彼女にとって歯嚙みするほどくやしいものではないかもしれない。むしろ黄興国にとって、本格的に党中央の権力闘争に参戦することになったことがプレッシャーであっただろう。

そういった矢先に、天津市であきらかに人災である大爆発事故が起きた。天津市長を7年もやってきた黄興国が、まったく無関係であったと言い張れるかどうか。

爆発事件の翌朝の8月13日、奇妙な情報が流れた。湖北《こほく》省党委書記の李鴻忠《りこうちゅう》が天津市書記になるという報道である。中国のネットニュースは新華社が報じた、と流したが、そういう事実はなく、ガセニュースとして取り消された。だが、そのタイミングで、なぜそのようなガセニュースが流れたか、憶測を呼んだ。一つは、黄興国の責任問題が追及される前に、やはり習近平が信頼を置いている李鴻忠を天津市党委書記に就かせ、事後処理をうまくしようとしたところ、その情報が事前にもれてしまったというもの。

とにかく習近平としては黄興国を守りたいという考えが当初はあったのではないだろうか。それには悪役が市当局とは別のところに必要である。それが瑞海国際物流という企業と前天津副市長で国家安全生産監督管理局長の楊棟梁、ということになる。

これは習近平にとっては好都合かもしれない。楊棟梁は天津時代、石油化学プロジェクトの責任者でもあり、周永康に連なる石油閥であり、直接親密な交流もあったとされる。楊棟梁のカウンターパートであった中国石油天然ガス集団（ペトロチャイナ）は周永康の腹心であった蔣潔敏《しょうけつびん》（失脚済み）がトップであった。さらに言えば、楊棟梁は同じ石油閥の張高麗《ちょうこうれい》とも昵懇であった。

張高麗は現政治局常務委員で、習近平政権を支える最高指導部の一員だが、派閥的にいえばもともと江沢民に引き揚げられた上海閥に近い。ただ、保身重視の政治的日和見であり、江沢民の影響力が衰えると胡錦濤に擦りよっていた。第18回党大会でなんとか政治局常務委になるも、習近平からはあまり信頼されている様子はなく、経済担当の国家副首相という立場にありながら、主な任務は北京・天津・河北省一体化政策（京津冀《けいしんき》一体化）という習近平政権の掲げる経済戦略の中では比較的軽いもの一つだけである。

しかも、この政策は当初からミソがつけられ続けている。張高麗が天津市党委書記時代から主導で進めていた浜海新区開発は、中国版マンハッタンを目指すとの掛け声で2007年だけで政府系融資600億元をつっこむも、結局は資金ショートで開発が中断されるプロジェクトが続発、2012年2月には浜海新区のゴーストタウン化問題が表面化し、事実上5兆元以上が債務不履行に陥っていると国務院会議の場で政敵の汪洋副首相に公然と批判される事態になった。

さらに2015年7月24日、河北《かほく》省党委書記の周本順《しゅうほんじゅん》が突然「重大な規律違反」で双規となった。周本順は周永康の元秘書だが、周永康失脚後、周永康の悪事を洗いざらい白状し、命乞いをして、習近平に忠誠を誓ったと言われている。習近平談話精神の研究機関を全国で初めて設立したり、習近平政権のスローガン「中国の夢」をテーマにした公園を秦皇島《しんこうとう》市に建てるなど、なりふり構わぬ習近平擦り寄りを行ってきた。だが、彼も容赦なく失脚させられた。一説によると、表面で派手な習近平擦り寄りをして見せる陰で、江沢民派と通じて習近平を失脚させるための根回しを長老らに行っていたと習近平が疑っていたという話もある。

天津浜海新区開発の失敗、河北省党委書記の失脚に続き、そしてこの化学薬品倉庫の大爆発である。習近平政権としては、京津冀一体化政策の遅延を含めて、もろもろの責任追及の矛先を石油閥の一人である張高麗に向けることで、自分が目をかけている部下の責任を回避させ、しかも石油利権を解体できるという狙いではないだろうか。

習近平政権への打撃はいかに

黄興国は事件から一週間たった19日に、観念したように初めて自ら記者会見の場に登場し「十分な悲痛と自責を感じている」と語り、総指揮官として救援活動に全力であたることを約束した。この謝罪で、責任が回避できるのかどうかは、わからない。

そもそも、子飼いの部下の責任回避問題以上に、この事件は習近平政権自体の屋台骨を揺るがしかねない危険性もはらむ。

根拠のない噂ではあるが、この爆発が習近平政権に対する敵対勢力、たとえば江沢民派の「陰謀」であったという説をささやく者もいる。最初の火災の原因が不明であるため、いろいろと疑心暗鬼が募っているのだ。そもそも習近平は総書記に着任してから少なくとも6回、暗殺未遂を経験していると言われ、歴代総書記の中でもっとも暗殺を警戒しているという。それだけ敵が多いのだ。

しかも、この天津市爆発事件はまだ収束していない。世界4位の貨物量を誇る天津港はしばらく機能マヒに陥るだろうし、長引けば、ただでさえ失速中の中国経済にとどめを刺すかもしれない。また周辺の大気、海水、地下水への汚染拡大は人々が想像しているより深刻だ。しばらくあの土地は、使い物にならないかもしれない。大勢の犠牲者、遺族、家財産を失った人々の怒りはどこに向かうのか。今のところは抗議活動にも「親愛なる党」といった枕言葉を必ず使うようにしているが、当局が対応を過てば、社会不安を引き起こし、その矛先が政権批判へと向かいかねない危険もはらむ。

これを避けるために、習近平政権は、派手に汚職官僚・政治家を取り締まり、米国や日本を挑発して見せ、一方で言論統制、イデオロギー統制を強化し、党中央への批判言論を、「政権転覆扇動罪」などとして取り締まるのである。だがやり過ぎれば、国際社会からの中国に対する不信感が一層高まり、中国はさらに孤立化するかもしれない。

習近平政権が、この危機をどのように切り抜けていくのか、切り抜けていくことができるのかは、まだしばらくの観察が必要である。

第六章　習近平政権、権力闘争のこれから

2015年夏の北戴河会議　習近平の下剋上成ったか？

クライマックスは第19回党大会

ながながと中国の権力闘争について説明してきたが、結局のところ、中国で起きる内政、経済、外交、社会事件のあらゆることがすべて権力闘争の文脈で解説できてしまうのが中国である。そして習近平《しゅうきんぺい》政権の権力闘争がこれから迎えるクライマックスは2017年秋の第19回党大会であろう。2015年8月3日から16日（あるいは10日から16日）まで開かれた北戴河《ほくたいが》会議では、第19回党大会に向けた人事の行方が少しうかがえる。

北戴河会議とは、中国共産党の現役指導部と引退した長老たちが8月に、バカンスをかねて避暑地・北戴河に集まり開く非公式の密室会議のことである。中国では秋の中央委員会全体会議で主要政策および主要人事が裁決されるが、その正式の党中央委員会全会を前にした、根回しを行う。翌年3月の全人代（国会のようなもの）は、党中央委員会が決定したことを改めて討議し裁決するのだが、実のところほとんど影響力がなく、全国人民代表によって政治が運営されているという議会政治のふりをするためだけのパフォーマンスである。言い換えれば、中国政治において本当に重要な決定や方針、人事が決められるのはこの北戴河会議である。

2015年8月の北戴河会議は例年とは違い、ありえないことが多かった。まず、長老の代表格で元国家主席の江沢民《こうたくみん》が出席した様子がない。元国家副主席で太子党《たいしとう》の筆頭の曾慶紅《そうけいこう》も出席していない。

北戴河会議は現役指導部が長老（引退指導部）と意見をすり合わせる、中国的長幼の序を重んじた慣例からくる会議である。そこにこの二人がいないということは、上海閥筆頭と太子党筆頭のこの二人が事実上、力を失ったという証ではないか。

また中央宣伝部長の劉奇葆《りゅうきほう》も出席していない。健康問題を理由に欠席したというが、表向きの理由。劉奇葆は共産主義青年団出身という点で団派、つまり胡錦濤《こきんとう》派に属する政治家だが、周永康《しゅうえいこう》とも親密な関係で、徐才厚《じょさいこう》や令計画《れいけいかく》や張春賢《ちょうしゅんけん》らとともに周永康の誕生日を祝った際に、お返しにドイツ製の拳銃をプレゼントにもらったという香港ゴシップ報道まで出ている。

そもそも、２０１５年は北戴河会議が行われない、という観測もあった。国営新華社通信傘下の雑誌「財経国家週刊」が「今年の北戴河会議は行われないので、待つな」という意味の論評記事を２０１５年8月5日、ウェブサイトで流した。これは奇妙なことである。まず、「北戴河会議」というのは秘密会議なので、建前上、中国中央の公式メディアでその存在について言及されることはなかった。内部通達や内部参考なら別だが、一般市民が読めるメディアで、北戴河会議なるものがあり、長老が政治に口を挟んでいることを公然と批判している。

この論評記事では、「中国政治は透明化に向かっている。もう『神秘的な』北戴河はいらない」「7月20日、30日と二回も政治局会議を連続して開いているのに、なぜまた北戴河会議を開く必要があるのか」と論じている。北戴河会議は毛沢東《もうたくとう》時代の産物で文革時代に中断して鄧《とう》小平《しょうへい》がこの慣例を復活させたあとは、２００３年の胡錦濤政権時代にＳＡＲＳ蔓延の非常事態を理由に指導部が「夏休みを返上」して中止した一回以外、中止されたことはない。

さらに国内外の人々が驚いたのは2015年8月10日付人民日報が掲載した「人走茶涼（客が去れば茶は冷める）をどう見るか弁証する」と題した顧伯冲という作家の論評だ。これは、明らかに江沢民院政を批判したものだと国内外で話題になった。「客が去れば茶は冷める」とは本来は、現役を引退するとたんに人の態度が冷淡になるという人情の移ろいやすさを示すことわざだが、政治的用語として、党中央指導者が引退したあと、影響力を失うことを暗喩している。

この論評では「一部の幹部は在職中の腹心の部下を配置して引退後も影響力を発揮し、元の職場の重要問題に口をだす。少しでも思い通りにいかないと、〝人去って茶冷める〟といって、他人の冷淡さを権勢に目がくらんだと批判する。この種の現象は、新指導者を困らせるだけでなく、大胆な政策を行うことに支障をきたし、一部職場を低俗凡庸なムードに染め、派閥を産み、リーダーが林立し、人心が乱れ、正常な業務が難しくなり、党組織の弱体化を招く……」と、長老政治を批判している。

新華社系雑誌と人民日報の論評がともに発信しているメッセージは、習近平政権は長老・江沢民らに、政治に口をはさむことはもう許さない、ということだ。そして、それを人目につくメディアで公表したことで、習近平はいよいよ江沢民を失脚させるのだと、あるいはすでに江沢民は失脚しているのかもしれない、と人々の憶測を呼んだ。そして、それを裏付けるように北戴河会議は開かれたが、そこに江沢民は出席しなかった。8月16日、共産党中央長老の一人で7日に病で死去した尉健行の葬儀が北京市八宝山で行われたが、中央メディアは出席者として習近平、李克強《りこっきょう》らを含む7人の政治局常務委と胡錦濤らの名前を挙げたのち、わざわざ江沢民は遠方より花輪を送り哀悼を示した、と出席していないことを強調した。

こうした目に見える現象から、2015年の北戴河会議では、江沢民派（上海閥）ら長老が関与することなく習近平中心に話し合いが運ばれたのではないかと推測されている。

北戴河会議で提示された人事リスト

RFI（フランス国際放送）の華字ニュースサイトや香港雑誌「動向」など独立系華字メディアを総合すると、この北戴河会議で話し合われたことは①2016年から始まる中期経済戦略・第13次五カ年計画の骨子②2015年後半から2016年秋までの反腐敗キャンペーン計画③軍制改革④第19回党大会に向けた人事である。反腐敗キャンペーン計画については、周永康、令計画、徐才厚、郭伯雄《かくはくゆう》の党と政治と軍内に残る影響力を完全に排除することで出席者の合意が得られたという。また習近平は、徐才厚と郭伯雄ら解放軍内外の残党が騒乱を企てることを警戒するよう訴えたともいう。第19回党大会に向けた人事については、まず関係官僚の主要人事について、習近平がそのリストを示し、それを元に議論が進められたという。

習近平政権は「指導幹部の〝能上能下（昇格降格）〟推進に関する若干の規定（試行）」を7月28日に中央弁公庁発で各省庁部局に通達している。規定では、【1】退職年齢に達した者【2】任期を満了した者【3】責任問題に問われた者【4】現職に適任でない者【5】健康により職務がまっとうできない者【6】規律法規を違反した者に関して、退職、免職、異動を行う——というもので、建前上は、官僚の問責制を確立し、組織を活性化させるために、能力のない者、凡庸な者を淘汰し、有能なものを出世させるという内容だ。

要するに、政敵派閥の官僚の排除をこれまでは汚職摘発という方法だけでやってきたが、汚職だけでなく能力査定や健康査定による昇格降格という方法も使うということである。特に、明確にしたのが、中央の高官と地方官僚の入れ替え人事を頻繁に行うという点で、たとえば中央に残る周永康・令計画・徐才厚・郭伯雄の息のかかった官僚らに対し、無能ということで左遷していくということだろう。

そして習近平はすでに左遷したい人間と出世させたい人間のリストを用意しており、北戴河ではその人事リストが提示された。これはもちろん第19回党大会、あるいは次の第20回党大会に向けた習近平の望む指導部人事の下地となるものである。

あちこちで漏れ伝えられるところを総合すると、この能力に応じた昇格降格のルールは政治局常務委も例外ではないという。習近平人事リストには現役政治局常務委員の張高麗《ちょうこうれい》も含まれているらしい。張高麗は派閥で言えば江沢民派であり、この〝能上能下〟の規定を利用して、任期満了前に党中央の江沢民閥も徹底排除していきたいようだ。折しも北戴河会議開催中、天津市浜海新区で大爆発が発生。浜海新区は不合理な開発でいろいろ問題を抱えるいびつな地域だが、その開発の音頭を取って推進したのは当時天津市党委書記であった張高麗であったので、まさしく「能力の問題」で張高麗を追及することはできるかもしれない。

急に流れ出した江沢民のネガティブ情報

このほか中央宣伝部長の劉奇葆、北京市党委書記の郭金龍《かくきんりゅう》、上海市党委書記の韓正《かんせい》も左遷リストに入っているという。劉奇葆も郭金龍も胡錦濤派の団派に属するが、彼らについては全国政治協商会議の副主席や全国人民代表の副委員長に降格したい考えのようだ。韓正は江沢民派だが、習近平と一緒に仕事をしたこともある元部下である。彼に関しては国務院で李克強の補佐にあたる部署を用意したいとか。また天津市書記代理の黄興国《こうこうこく》の配置換えもこのリストに含まれているようだ。２０１４年暮れに天津市党委書記だった孫春蘭《そんしゅんらん》（団派）が党中央統一戦線部長に左遷させられたのも、まさしく「能力の問題」かもしれない。

そして習近平が出世させたいリストの筆頭は現在、党中央弁公庁主任の栗戦書《りっせんしょ》。いずれ自分の後継者に育てたい考えで北京市党委書記につけたいようだ。そして上海市党委書記には習近平政権のブレーンでもある王滬寧《おうこねい》。天津市党委書記は中央書記処書記で国務院弁公室秘書長の楊晶《ようしょう》の名前が挙がっている。そして栗戦書の後釜は、習近平弁公室主任の丁薛祥《ていせっしょう》ではないかとみられている。この人事がすんなり通るかは別として、そういう習近平の意向は伝えられたもようである。

江沢民の処遇に関しても何らかの合意に至った可能性がある。というのも、北戴河会議終了後、ネットではまるで〝解禁〟とばかりに、江沢民のネガティブ情報がどっと流れだしたのだ。例えば、党中央校南門の江沢民揮毫の石碑が撤去された、とか、あるいは江沢民が公安当局者らしきいかめしい男たちに両腕を抱えられるように連行されている合成写真とともに「ガマガエルが逮捕された」といったコメントが流れたのだ。ネットの言論がいかに厳重に統制されているかを知っていれば、このネットの噂を装った江沢民ネガティブ情報氾濫は、一つの政治メッセージともいえる。つまり江沢民は事実上政治的影響力を失ったというシグナルではないか。

さらに香港誌「動向」の報道を信じるならば、北戴河会議では、胡錦濤、朱鎔基《しゅようき》、宋平《そうへい》、李瑞環《りずいかん》、李嵐清《りらんせい》ら長老および41人の退職幹部による「自己批判座談会」が開かれたともいう。これが事実ならば、現役の習近平が長老たちに過去の過ちを自己批判させた下剋上会議であったとも言える。だが、これに団派や他の太子党の若手政治家は異を唱えないのだろうか。このまま、習近平の独裁政治は確立してしまうのだろうか。

習近平政権がたどる四つのシナリオ

人民から圧倒的人気の習近平政権

習近平政権は独裁を確立していくのか。もし、そうなれば中国という国はどうなっていくのか。確かに、一部の発展途上の小国では、強いリーダーが権力を完全に掌握することで、経済や社会が安定することがある。だが、習近平政権の独裁色が濃くなっていくにつれ、中国の経済・社会・外交は安心感が出ているだろうか。答えはノーである。

習近平がリーダーシップをとった金融緩和、株高誘導や人民元切り下げ政策は、むしろ裏目に出ており、8月下旬には世界同時株安を引き起こした。

産経新聞によれば、「人民元切り下げ」は長老・朱鎔基の提案らしいが、最終的判断は習近平である。2015年にとった経済政策は、2013年の三中全会で打ち出され、国際社会が比較的期待を示した「リコノミクス」とかなり違う。

今の経済政策は「キンペーノミクス」と言われている。抽象的な言い方をすればリコノミクスが法治、規制緩和、政治干渉を減らすという方針であったのに対し、キンペーノミクスは行政指導による中央政府の管理強化に走っている。

またリコノミクスには中国の病状を把握しながら薬を飲みつつ、体質改善を進めていこうという慎重さがあったのに対し、キンペーノミクスは、病状が深刻なのにもかかわらず、過激な健康療法を取り入れてさらに病状を悪化させているようなものだろう。
社会も安定しているとはいえない。天津《てんしん》大爆発だけでなく、その前後に遼寧《りょうねい》省や山東《さんとう》省、河南《かなん》省で次々と化学工場が爆発した。これが偶発で起きたにしろ人為的に起こされたにしろ、人災であることは疑いない。宗教、民族、貧困問題を原因とした無差別殺人、テロ事件なども急増している。9月3日の抗日戦争・反ファシスト戦争勝利70周年記念の大閲兵式軍事パレード練習中、解放軍ヘリが墜落するなどの不穏な事件も、軍内の人心が安定していないという背景があるだろう。外交をみても、胡錦濤政権時代の多極外交から一転して、国際社会での孤立化が進んでいる。

習近平政権は基層民（農民・労働者）を中心とした人民の圧倒的支持を得ている。それは遠山の金さんよろしく、悪徳政治家、悪徳官僚をばっさばっさと失脚させていき、中国社会特有の汚職文化、賄賂文化にメスをいれ、庶民の味方であるように見えるからだ。

また、一部改革派知識人たちからも支持を得ている。それは習近平が独裁者のように権力を自分一人に集中させるのは、やがて思い切った改革を断行するためだろうという期待があるからだ。習近平の父親・習仲勲《しゅうちゅうくん》が開明派政治家の代表であったので、息子にもそういう思想が受け継がれているはずだと信じているのだ。そして旧ソ連のゴルバチョフもペレストロイカを断行する前には独裁者のように権力掌握に努めたことを思い出して、習近平は将来、中国のゴルバチョフになるのではないかと夢想している。

だが、経済・社会がここまで不安定化すれば、それは為政者として人民の期待に応えたということになるだろうか。また、習近平が現在行っている異様に厳しい言論・報道・ネット統制、密告奨励制、そして人権弁護士や公民運動、宗教活動に対する苛烈な弾圧の状況を見てもまだ、習近平が隠れ改革派だと期待できるだろうか。

そんな国家を安定的な発展に導けない指導者が一層独裁的になれば、中国はどうなるのだろう。習近平政権の中国は今後どうなりますか？という質問に対して、私は明確にこうだ、と答えられるほどの知見はないのだが、四つのシナリオを提示してみたい。

習近平政権は２０１７年秋の党大会で終わる？

一つ目のシナリオは、今の習近平の専横ぶりをみるとにわかに信じられない話だろうが、習近平政権が一期で終わる可能性である。北戴河会議では、習近平人事を披露し、長老の介入を抑えて、思う通りの政治を行おうとしているが、習近平のやり方に対して、胡錦濤派・団派の政治家たちは、今までのところあまりに無抵抗である。団派の政治家・官僚は、大卒エリート集団であり官僚的ではあるが国際的であり頭脳派がそろっているので、このまま習近平路線が続くことで国家がさらに不安定化すると思えば、そろそろ本気で反撃に出てくるのではないだろうか。

すでに習近平政権は団派のホープである令計画を失脚させ、同じく団派の国家副主席の李源《りげん》潮《ちょう》周辺の汚職の摘発も始めるなど、習近平VS.胡錦濤・団派の権力闘争は静かに始まっているが、これが２０１６年から２０１７年にかけて激化し、最終的には団派の総書記候補になると目されている広東省党委書記の胡春華《こしゅんか》の生き残りをかけた闘いが展開されるかもしれない。この権力闘争で、習近平が団派かほかの誰かに実権を奪われて引退するというシナリオは有りうると考える。

過去に華国鋒《かこくほう》という毛沢東の隠し子と噂もあった独裁志向の強い政治家が、鄧小平に実権を奪われる形で引退に追い込まれた。華国鋒は毛沢東の死後、文化大革命の首謀者であった毛沢東夫人・江青《こうせい》ら四人組を電撃逮捕し文革を終結させ、党主席および党中央軍事主席の地位を継いだ。

だが政治家としては無能であり、毛沢東の威光をかさに着て政治を運営するしかなかったため、１９７８年12月の三中全会で実力に勝る鄧小平に追い落とされ、現職を引退する。党籍は剝奪されず、政治の影響力を失う形で穏便にフェードアウトしていくのである。

この華国鋒と習近平はかねてから類似点が多いと言われている。例えば毛沢東の威光、あるいは父親の威光をフルに活用しているし、肩書きコレクターと呼ばれるほど、さまざまな組織の長という肩書きを持っている。毛沢東も鄧小平も、本当に実力派の中国の指導者はむしろ肩書きがなくても実力を持っている人物であり、肩書きを多く持ちたがる華国鋒、習近平などは逆に、政治家として自信が足りないことの表れではないか、とも言われてきた。

今の経済状況、社会不安、人心の不安定化の様子をみると、その責任を政治局メンバーや胡錦濤ら長老に責められて、李克強ともども現政治局常務委そろって引退し、全く新しい政治局常務委メンバーが選出されるという可能性はあるのではないか。想像をたくましくすれば、そういった党内習近平派・団派の駆け引きで、キーマンとなるのは、王岐山《おうきざん》ではないだろうか。

王岐山は習近平の幼馴染にして片腕。中央規律検査委書記として反汚職キャンペーンの陣頭指揮を執っている人物である。この汚職取り締まりの苛烈さにより、多くの恨みを買っており、習近平以上の少なくとも12回の暗殺未遂に遭っているという。

だが王岐山自身の思想的傾向はおそらく、開明派である。かつて温家宝《おんかほう》内閣で金融・商務・市場管理担当の副首相を務め、リーマンショックの危機の際には4兆元の大規模財政出動を主導している。このころ、王岐山は国際金融会議の場で、多くの日欧米官僚や外国人記者たちと接触しているが、彼らの王岐山の印象は国際派の金融通の新自由主義派に影響を受けている開明派政治家であろう。

王岐山はもともと歴史好きで西北大学歴史学部を卒業、一時は中国社会科学院近代史研究所で史学研究に従事したこともある。また愛読書にトクヴィルの『旧体制と大革命』やハンチントンの『文明の衝突』、岡田英弘の『世界史の誕生』などを公言しており、世界史や文明史に対する知識素養を基礎とした視野の広さもありそうだ。

胡錦濤政権下においても忠実な官僚として仕事をしてきた王岐山が、暴走・迷走する習近平の独裁化に終止符をうつ役目を担う、というシナリオはどうであろう。逆にいうと、今、習近平に引退や路線変更を求めることのできる政治家は王岐山ぐらいしかいない気がする。

習近平は汚職・腐敗を理由に政敵を次々と倒しているのだが、習近平自身にも汚職疑惑、スキャンダルがある。習近平の姉・橋橋《きょうきょう》が経営する投資会社が大連万達集団の株を2009年に

2860万ドル分を購入し、それを習近平が国家主席に就任した2013年に知人に譲渡したというスクープを2015年4月、米紙ニューヨークタイムズがすっぱ抜いた。譲渡額は不明であるが、2015年4月段階でその株が2億4000万ドルにまで急騰していることを考えれば相当な利益であっただろう。

この株購入が習近平の便宜によって行われたという証拠はないが、当然、国家指導者の姉という立場だからこそ叶えられた株売買であったという見方は強い。2012年6月には、習近平の姉の蓄財額が3億7600万ドルであるといったブルームバーグのスクープが流れたが、この報道によってブルームバーグ北京支社が強制ガサ入れや記者に対するビザ更新拒否など当局の強い圧力を受けたことも知られた話だ。そういう意味では、習近平も必ずしもクリーンではない。

女性スキャンダルもある。福建省アモイ市副市長時代の地元テレビ局美人キャスターとの不倫騒動なども、知る人ぞ知る公然の秘密である。しかも、そうした習近平に不利な情報が、令完成や郭文貴によって米国に持ち出されている可能性がある。

従来の習近平路線が続く限り、中国経済や外交が不安定化したままであると国際社会が考えれば、習近平スキャンダルが国外メディアによって暴かれる可能性も上昇するだろう。そうした国際社会の空気が、党内の権力闘争の行方に全く影響を与えないとも言えないのだ。

暗殺や政変の危機は去っていない

第二のシナリオは、習近平政権が引退という穏やかな形ではなく、暗殺や政変、クーデターという形で突如変わる可能性である。そんな国際陰謀小説のようなことがそうそうあってたまるか、と普通なら思うが、これまで書いてきた通り、習近平政権には政変、クーデター未遂の噂がたびたび持ち上がっている。また暗殺未遂も総書記になってから少なくとも6回はある、と言われている。2015年8月の天津市の大爆発事件ですら、暗殺未遂説がささやかれているぐらいなのだ。

よく知られている2013年北戴河会議前後の事件だけでなく、その他にも河北《かほく》省石家荘《せっかそう》、河南《かなん》省鄭州《ていしゅう》、湖北《こほく》省武漢《ぶかん》、福建《ふっけん》省福州《ふくしゅう》、山東《さんとう》省青島《チンタオ》などの視察旅行中、暗殺未遂事件に遭ったという話がある。個々の暗殺未遂説が事実かどうかは裏のとりようがないのだが、習近平が非常に暗殺を恐れていることは本当だろう。

実際、中国の国家指導者が暗殺未遂に遭うのは、よくあることであり、こと習近平は軍の幹部や多くの官僚たちの不満、恨みを買っている。習近平暗殺未遂事件の黒幕である周永康、その背後の江沢民や曾慶紅は2015年夏の段階でほとんど政治的影響力を失っているようなのだが、習近平は引き続き、その子分たちの徹底排除を進めていく方針であるらしく、北戴河会議で習近平自身が徐才厚や郭伯雄の〝残党〟の報復の可能性を懸念する発言をしているという。

2015年に入って『誰が習近平を謀殺できるか？（誰会謀害習近平？）』という電子書籍がネットで話題になった。黄子佑という仮名の作者が何者かはわからない。習近平の反腐敗キャンペーンを毛沢東の文革と比較する形で分析し、「習近平が党内軍内で〝トラ退治〟を発動したことで、政変、クーデター、暗殺の可能性を予測したり考えたりする人がますます多くなっている」と指摘している。反共の華人政治評論家・王琨は、この三つの可能性のうち一番成功率が高いのは暗殺だと、コメントした。

ただ、暗殺にしろ政変にしろ、習近平ほど、基層民の支持が高い国家指導者が突如、不自然な形で姿を消したとき、その後任となる政権を中国人民が支持するかどうか、は大きな問題だ。不正常な政権交代は、中国国内の内乱状態を引き起こす可能性があるが、そこをうまくコントロールできる実力のあるの政治家がほとんど見当たらないのが、今の中国の不幸かもしれない。

ゴルバチョフになる可能性

第三のシナリオは、習近平政権の独裁路線が突如変わる可能性である。多くの習仲勲を評価する老改革派知識人たちは、ひそかにこのシナリオを願っている。習近平が国家中央安全委員会を設立し自らその主席となった2014年当初、少なからぬ知識人が習近平は第二のゴルバチョフを目指し、中国で従来できなかったような大胆な政治改革を行うのではないか、と期待した。

というのも、旧ソ連末期、ゴルバチョフがペレストロイカ改革にともなう社会混乱を軍事力で抑える事前準備として国家安全保障会議を設立したり、軍権掌握を行った歴史を思い出す声が、中国メディア上の識者のコメントの中にもちらほら登場したからだ。例えば「エリツィン時代にチェチェン問題やコソボ問題など、一連の重大事件の緊急協議と決策が行われたのは安全保障会議によってだった」（馮玉軍・現代国際関係研究院院長）といった指摘などだ。

そして2013年三中全会の決定には、大胆な軍制改革や経済改革案が盛り込まれており、こうした思い切った改革を行うに当たって、かなりの社会混乱、あるいは民族蜂起が予測され、それを力ずくで、抑え込むつもりで軍権掌握、強権化を進めているのではないか、という見立てである。こうした見立てから、この時は改革派知識人たちも期待を寄せていたのだ。

だが、その後、この三中全会の決定の起草にも多少かかわった、政府のシンクタンクに属する政治学者と話をする機会があり、習近平は中国のゴルバチョフになりうるか、と率直な質問をすると、「中国の将来を考える上で、旧ソ連の歴史を研究することは重要であるが、習近平はゴルバチョフにはならない。ゴルバチョフは改革に失敗し、共産党政権を崩壊させた。習近平はそういう失敗を犯さない」と答えていた。

その後、他の学者から習近平はゴルバチョフではなく、プーチンを参考にしたいと考えている、という話を聞いた。習近平はプーチンに関する書籍を非常によく読み、研究している。なので、しぐさも最近プーチンに似てきた、という。

プーチンは言わずもがな、ロシアの指導者であり、選挙で選ばれた〝ツァーリ（君主）〟である。スパイ小説に憧れてKGB情報部員となり、90年に政界に転身。有能であったことは間違いないが、エリツィンに引き立てられて首相になる前は、存在感はほとんどなく、むしろ権力欲のない真面目な実務派という評価があったという。

大統領になってからは「強いロシア」を目指し、中央集権化を進め、警察・軍からの人材を登用し、新興財閥の脱税を徹底的に取り締まり、恭順を示す企業以外を潰し、企業のスポンサーシップを通じてメディアを服従させるなど、独裁体制を確立させた。確かに今の習近平を見れば、プーチン路線を目指しているようである。目下の習近平の言動を見る限りは、習近平がペレストロイカやグラスノスチを推進するようにはとても思えない。習近平のゴルバチョフ化は可能性としてはゼロではないが、シナリオの中ではもっとも薄いセンではなかろうか。

プーチンになる可能性

では習近平はプーチンになれるのだろうか。そしてプーチンのように皇帝然とした独裁で強い中国を導き、長期政権を築けるのだろうか。

プーチンがロシアの強い指導者になれたのは、一番は経済危機を脱して貧困を半減しＧＤＰを増大させた成果があるからだ。依然、ロシアにはさまざまな内政・外交上の問題が山積しているものの、90年代のどん底から比較すれば国家を建て直した功績は、人権侵害、民族弾圧といったネガティブな評価を差し引いても、国内では高い評価に落ち着く。

だが習近平の場合、中国はまだどん底ではなく、習近平政権の政策によっていよいよこれから中国経済のハードランディングにつっこみそうだという状況だ。プーチン時代のように石油資源の値上りによる経済成長も期待できない。この上、あまりに厳しいメディアコントロールや公民権運動・宗教活動の弾圧、知識人・人権派弁護士狩り、少数民族への迫害といった非人道的な政策は、国際社会や一定レベルの国内知識人、文化人にとっては受け入れがたい。さらに言えば、対米、対日を含めた国際関係は胡錦濤政権よりも格段に悪くなっている。西側の価値観・思想・秩序を徹底的に排除し、中華的価値観・思想・秩序圏を拡大させようという西側との対立姿勢は、やがて新冷戦構造を生むのではないかという懸念にもなっている。

習近平政権の今の雰囲気を、1930年代の日本やドイツに例える中国知識人も多い。たとえば改革派知識人で、雑誌「中国改革」の元社長・李偉東だ。だが彼は、今の中国は往年のナチスには全く及ばないという。李偉東は2014年12月、北京APECに関する自由アジア放送のインタビューに答えてこう語っていた。

「今日の中国共産党は往年のナチスドイツには及ばない。ナチスは（どん底の）ドイツを台頭させ、しかも中国共産党が備えていない三つの美点があった。一、自分たちが世界で最も優秀な種族であるという頑強な信念・信仰。二、当時のナチスは清廉であり、ほとんど腐敗スキャンダルがない。三、ナチス内部の団結は相当なものであった。この三つが中国共産党にはない」

信念も清廉さも団結力もない中国共産党に往年のナチスのように中国経済を復興させ国際社会で台頭させる実力はない、と見ている。

李偉東と実際に会ったとき、その意見を直接聞いたが、彼はこう語っていた。「習近平政権が目指すのは赤い帝国主義です。しかしそれは、為さぬ赤い帝国主義です」

中国が赤い帝国主義路線、新ファシスト路線をこのまま邁進していけば、必ず危機が訪れるというのだ。

習近平が独裁を推し進めた結果、国内の経済失速と社会の不安定状況が後戻りできないほどの極限に来た時、どういう事態が想像できるだろうか。内戦、動乱、分裂？　中国は過去に行き過ぎた権力闘争から大きな動乱を引き起こしたことが何度もあった。また内戦も経験している。ウイグル、チベットを内包する広大な国家は分裂のリスクも抱えている。

そうなると、こうした内部分裂や動乱を避け、人民と党内の団結を図るために外に敵を求めるという可能性もゼロではないだろう。内戦・内乱というものをほとんど経験したことのない国には想像しがたいことだが、内乱と対外紛争では、対外紛争の方が国としての消耗は小さいとする判断はあるのだ。その矛先が、日本に向くという想像はしたくはないが、日本の心構えが足りなければ、付け入られるスキが全くないともいえないかもしれない。そのような事態にならなくても、難民の流入、経済上の打撃といった危機に否が応でも巻き込まれることになるだろう。

妄想力をはばたかせるのはこのぐらいにしておこう。

中国の権力闘争を理解し、その行く末の可能性をいろいろと仮定しながら、日本が対中国外交の方策を適切に探ることは、日本の行く末の安全と安定にとって極めて大切なことだといいたい。

あとがき

最後まで読んでいただきありがとうございます。習近平《しゅうきんぺい》政権の権力闘争は現在進行中であり、本書がお手元にとどいたころには、少々情勢が変わっているかもしれませんが、中国の権力闘争というものの本質については、おおむねご理解いただけたと思います。中国で起きている様々な現象は、ほとんど権力闘争と結びつく、あるいは権力闘争に利用され政治化していくのです。それは中国共産党政権の特質というより、中国人というものの本質かもしれません。これには中国人（特に漢族）が、異民族に征服されてきた歴史が長いということと関係あるかもしれません。元も清も中国人の国というよりは、今中国で少数民族とされているモンゴル族や満州族の国家であり、そこで被征服民族として生き抜くためには際立った政治力が必要であったことでしょう。

習近平政権が今後、どうなるかについては、大きな流れは最終章で私の考えをまとめてみましたが、そこに至るまでの２０１７年の第19回党大会に向けての権力闘争の具体的ハイライトとなる場面をここで、いくつか予想しておきましょう。これは、あくまで競馬の予想みたいなもので、読者の皆様がこの本を読むころには、当たりもはずれも判明している可能性がありますす。

まず、江沢民《こうたくみん》、李鵬《りほう》、曾慶紅《そうけいこう》といった長老メンバーの子供たち兄弟が汚職で逮捕され、その失脚が明確になるかどうか。

2015年9月3日、習近平政権初の大閲兵式と軍事パレードが行われました。これは抗日戦争・反ファシスト戦争勝利70周年を記念したイベントで、習近平が権力掌握を国内外にアピールすることが一つの大きな目的でした。ですが、この大閲兵式で話題になったのは、この時、8月の北戴河《ほくたいが》会議に欠席し、失脚、軟禁の噂まで立っていた江沢民や曾慶紅ら長老が天安門楼閣上に習近平と並んで登場したことでした。江沢民は両手の人差し指、中指、薬指の三本の奇妙な手つきで欄干を握っていたのですが、ネットユーザーの間では、それが江沢民の提唱した党の代表理論「三つの代表論」をアピールしているのではないか、とささやかれました。

事情通の解説によれば、8月の江沢民失脚説は、習近平サイドがあえて流した噂であり、江沢民派、上海閥の官僚や政治家や企業家を牽制するのが目的であったようですが、結局、習近平は江沢民ら長老を完全に抑えきるだけの実力はまだなかったとのこと。江沢民に巻き返しを図るだけの余力があるかは不明ですが、天安門楼閣に立ち、三本指で欄干をつかんで見せた江沢民の姿に、習近平の上海閥粛正に怯えていた〝子分たち〞がたいそう勇気づけられたことは間違いないでしょう。習近平と江沢民ら上海閥との熾烈な権力闘争はまだ当分続きそうです。

次に、胡錦濤《こきんとう》の後継者と目されている胡春華《こしゅんか》の〝汚職問題〞が発覚するか。これは、江沢民が陳希同《ちんきどう》を、胡錦濤が陳良宇《ちんりょうう》を汚職摘発してきたように、時の権力者にとって政敵の後継者を早めに潰しておくことが大事だからです。習近平の跡目を狙える胡錦濤の忠実な部下は、目下、広東省党委書記の胡春華と重慶市党委書記の孫政才《そんせいさい》と言われています。逆にこの二人さえ潰せれば、習近平長期政権の可能性がぐっと高くなるのです。

孫政才を重慶市党委書記に異動させたのは習近平の策略でした。なぜなら重慶市政情は薄熙《はくき》来《らい》失脚以降、非常に混乱していて、孫政才はその対応に追われて中央の権力闘争に参加できる余力を割けないからです。王立軍《おうりつぐん》、薄熙来の「打黒」キャンペーンで投獄された官僚ら家族が名誉回復のために毎日市政府に陳情に来ているそうです。元高級官僚たちですから、普通の庶民の陳情とは影響力が違います。孫政才・市政府としては無視もできず、ほとんどノイローゼになりそうなほどの多忙を極めているとか。

なので、習近平の権力闘争の今後の本命ターゲットは胡春華に絞られてくるようです。そして、栗戦書《りつせんしょ》といった習近平派のホープを後継者として政治局常務委入りさせようとしてくるでしょう。


ところで2015年9月3日の大閲兵式のとき、やはり天安門楼閣上に現れた胡錦濤の健康状態が話題になりました。胡錦濤の両手がずっとぶるぶると震え続けていたのです。能面のようなその表情も加えて、胡錦濤はパーキンソン氏病ではないかという噂がたちました。89歳の江沢民の方がよほど矍鑠《かくしゃく》としていたのです。胡錦濤はほかにも腎臓が悪いと言われています。胡錦濤の健康状態が、胡春華を守り切れるかどうかの重要な鍵であるとすれば、共青団《きょうせいだん》派は目下かなり不利な状況だといえそうです。

もうひとつの注目点は2017年に、王岐山《おうきざん》の政治局常務委続投を実現するための引退年齢制限（内規）を撤廃するかどうか。1948年7月生まれの王岐山は2017年秋の党大会開催時点で引退年齢68歳を超えています。この内規の引退年齢制限を無効にできれば、2022年の第20回党大会に習近平が国家指導者を引退しなくてもよいという口実になりますので習近平政権は三期続き、15年にわたる長期政権によって、習近平独裁体制を確立する可能性が出てきています。そうなったとき習近平が今のプチ毛沢東《もうたくとう》路線を維持できるかどうか。今から2022年の北京冬季五輪が、平和とスポーツの祭典になるのか独裁政権のためのプロパガンダになるのかも、これによって変わることでしょう。

私としては中国の社会と経済が安定することが日本にとっても良いことであると、それを望んでいますが、言論の自由も思想の自由もなく、人権が踏みにじられて少数民族や宗教が迫害され続けるような体制の下で得られる安定は見せかけの安定だと思いますので、この独裁体制が早く終焉を迎えるように願っています。

本書の装画、本文挿絵を担当してくれた中国人の風刺漫画家・変態辣椒（ラージャオ）氏は、かつて描いた政治風刺漫画が習近平政権の逆鱗に触れ、祖国に戻れなくなった事実上の亡命者です。彼が「いつ祖国に帰れるだろうか」と不安を口にしたとき、私は「2022年までには戻れるよ。北京冬季五輪は私も辣椒も北京で見よう」と答えました。

今、祖国を追われている中国人がみな帰国でき、冤罪で獄に投じられている弁護士や公民運動家や知識人たちが自由の身となり、本当の意味での「平和とスポーツの祭典」を楽しめる国になれるのなら、私は隣国の民としてどんな助力も惜しまないつもりでいます。

２０１５年9月吉日

福島香織《ふくしまかおり》

参考図書

『北京３１９政変始末』 李和田著 雙豊出版公司
『軍中第一虎 郭伯雄』 呉竺軍 内幕出版社
『中央警衛局政変始末』 馬景順著 廣度書局
『打老虎遇阻内幕』 金大偉著 内幕出版社
『趙紫陽与中国改革』 主編・陳一諮、厳家祺等 明鏡出版社
『習家女人垂簾聴政』 蘇則育著 廣度書局
『習近平崩盤危機』韋南・編著 新視界
『２０１５大猟殺』韋南仁・編著 ART CULTURE
『習近平内部講話』 馬景順・編著 廣度書局
『十八大政治局之選』〈大事件〉編集部 明鏡出版社
『遠華案 黒幕』 盛雪著 明鏡出版社
『彭麗媛干政』 江雪著 颷笛出版社
『我的壮麗青春 湯燦獄中自白』 湯燦・江雪 颷笛出版社
『中国第一弟媳 張瀾瀾』 孫月著 廣度書局
『郭文貴挑戦胡舒立 曾慶紅向王岐山亮剣』 翦光・編撰 環球実業（香港）公司
『沈冰自述 我和周永康的故事』 沈冰著 颷笛出版社

参考図書

『中国を変えた男　江沢民』　ロバート・ローレンス・クーン著　ランダムハウス講談社
『鄧小平秘録』　伊藤正著　文春文庫

明鏡、博訊、多維、大紀元、ＲＦＩといった華字ニュースサイト、動向、争鳴、内参といった香港ゴシップ雑誌、蘋果日報、明報、星報といった香港紙も参考にしているほか、日経ビジネスオンライン　チャイナ・ゴシップで執筆した原稿を改稿、引用しています。文中敬称略。

著者略歴

奈良県に生まれる。大阪大学文学部卒業後、産経新聞社大阪本社に入社。一九九八年に上海・復旦大学に一年間、語学留学。二〇〇一年に香港支局長、二〇〇二年春より二〇〇八年秋まで中国総局特派員として北京に駐在。二〇〇九年一一月末に退社後、フリー記者として取材、執筆を開始する。

テーマは「中国という国の内幕の解剖」。社会、文化、政治、経済など多角的な取材を通じて〝近くて遠い隣の大国〟との付き合い方を考える。日経ビジネスオンラインで中国新聞趣聞～チャイナ・ゴシップス、月刊「WiLL」誌上で「現代中国残酷物語」を連載している。TBSラジオ「荒川強啓 デイ・キャッチ」火曜ニュースクリップ隔週出演、「面白い」と大好評。

著書には『潜入ルポ 中国の女』(文藝春秋)、『中国「反日デモ」の深層』(扶桑社新書)、『中国複合汚染の正体』(扶桑社)、『本当は日本が大好きな中国人』(朝日新書)などがある。

権力闘争《けんりょくとうそう》がわかれば中国《ちゅうごく》がわかる
——反日《はんにち》も反腐敗《はんふはい》も権力者《けんりょくしゃ》の策謀《さくぼう》

二〇一五年一一月一三日 第一刷発行
二〇一五年一一月二五日 第二刷発行

著者 福島香織《ふくしまかおり》
発行者 古屋信吾
発行所 株式会社さくら舎 http://www.sakurasha.com
東京都千代田区富士見一-二-一一 〒一〇二-〇〇七一
電話 営業 〇三-五二一一-六五三三 FAX 〇三-五二一一-六四八一
編集 〇三-五二一一-六四八〇
振替 〇〇一九〇-八-四〇二〇六〇

イラスト 辣椒
装丁 アルビレオ
印刷・製本 中央精版印刷株式会社

ISBN978-4-86581-033-2